Marco Wicklein

Biobanken zwischen Wissenschaftsfreiheit, Eigentumsrecht und Persönlichkeitsschutz

Marco Wicklein

Biobanken zwischen Wissenschaftsfreiheit, Eigentumsrecht und Persönlichkeitsschutz

Tectum Verlag

Marco Wicklein

Biobanken zwischen Wissenschaftsfreiheit, Eigentumsrecht und Persönlichkeitsschutz
Zugl.: Mannheim, Univ. Diss. 2007
ISBN: 978-3-8288-9381-8
Umschlagabbildung: www.stockxpert.de

Besuchen Sie uns im Internet
www.tectum-verlag.de

Bibliografische Informationen der Deutschen Nationalbibliothek
Die Deutsche Nationalbibliothek verzeichnet diese Publikation in der Deutschen Nationalbibliografie; detaillierte bibliografische Angaben sind im Internet über http://dnb.ddb.de abrufbar.

Vorwort

Die vorliegende Arbeit wurde im Frühjahrssemester 2007 von der Universität Mannheim als Dissertation angenommen. Literatur und Rechtsprechung befinden sich auf dem Stand von Juni 2007.

Ganz herzlich bedanken möchte ich mich an dieser Stelle zunächst bei Herrn Professor Dr. Taupitz für die Anregungen zur vorliegenden Thematik und die fachliche Betreuung der Arbeit während meiner Tätigkeit als wissenschaftlicher Mitarbeiter an der Universität Mannheim.

Herrn Christian Rodde danke ich vielmals für die Durchsicht des Manuskripts und seine zahlreichen Anregungen, die von unschätzbarem Wert für das Gelingen der vorliegenden Arbeit waren. Auch Herrn Dr. Andreas Pitz danke ich für die Durchsicht des Manuskripts, darüber hinaus aber auch für die unzähligen Gespräche während des Entstehens dieser Arbeit, ohne die ich oft den Blick für das Wesentliche verloren hätte. Danken möchte ich zudem Herrn Hans-Joachim Weitz, der mir mit seinen Anregungen stets hilfreich zur Seite stand.

Mein ganz besonderer Dank gilt meinen Eltern Christine und Heinz-Dieter Wicklein sowie meiner Ehefrau Alyona Wicklein. Sie haben nicht nur meine Arbeit gefördert und an mich geglaubt, sondern standen mir auch stets mit Geduld und Einfühlungsvermögen zur Seite und haben dadurch diese Arbeit erst ermöglicht. Ihnen widme ich diese Arbeit.

Mannheim, im Juni 2007

Marco Wicklein

Inhaltsverzeichnis

Abkürzungsverzeichnis

Abs. .... Absatz

AcP .... Zeitschrift »Archiv für die civilistische Praxis«

AöR .... Zeitschrift »Archiv des öffentlichen Rechts«

Art. .... Artikel

ArztR .... Zeitschrift »Arztrecht«

BAG .... Bundesarbeitsgericht

BAGE .... Entscheidungen des Bundesarbeitsgerichts

BayVerfGH .. Bayerischer Verfassungsgerichtshof

BB .... Zeitschrift »Betriebs- Berater«

BDSG .... Bundesdatenschutzgesetz

Begr. .... Begründer[in]

BGB .... Bürgerliches Gesetzbuch

BGH .... Bundesgerichtshof

BGHSt .... Entscheidungen des Bundesgerichtshofes in Strafsachen

BGHZ .... Entscheidungen des Bundesgerichtshofes in Zivilsachen

BT-Drs. ...... Bundestags- Drucksache

BVerfG .... Bundesverfassungsgericht

BVerfGE ..... Entscheidungen des Bundesverfassungsgerichts

BVerwG ...... Bundesverwaltungsgericht

BVerwGE .... Entscheidungen des Bundesverwaltungsgerichts

bzw. .... beziehungsweise

CD .... Compact Disc

CR .... Zeitschrift »Computer und Recht«

DÄBl. .... Zeitschrift »Deutsches Ärzteblatt«

DFG .... Deutsche Forschungsgemeinschaft

d. h. .... das heißt

DMW .... Zeitschrift »Deutsche Medizinische Wochenschrift«

DNA .... Desoxyribose Nucleic Acid, *dt.*: DNS

DNS .... Desoxyribonukleinsäure, *engl.*: DNA

DÖV .... Zeitschrift »Die öffentliche Verwaltung«

DSRL .... Richtlinie 95/46/EG des Europäischen Parlaments und des Rates vom 24. Oktober 1995 zum Schutz natürlicher Personen bei der Verarbeitung personenbezogener Daten und zum freien Datenverkehr (Europäische Datenschutzrichtlinie)

DuD .... Zeitschrift »Datenschutz und Datensicherheit«

DVBl. .... Zeitschrift »Deutsches Verwaltungsblatt«

ESchG .... Gesetz zum Schutz von Embryonen (Embryonenschutzgesetz)

EuGRZ .... »Europäische Grundrechte-Zeitschrift«

et al. .... et alii = und andere

etc. .... et cetera = und so weiter

f. .... und folgende [Seite]

ff. .... und folgende [Seiten]

Fn. .... Fußnote[n]

GenDG ...... Diskussionsentwurf eines Gesetzes über genetische Untersuchungen bei Menschen (Gendiagnostikgesetz) – Stand: 15. Oktober 2004

GewArch .... Zeitschrift »Gewerbearchiv«

GG .... Grundgesetz für die Bundesrepublik Deutschland

ggf. .... gegebenenfalls

GRUR .... Zeitschrift »Gewerblicher Rechtsschutz und Urheberrecht«

HbdStR ...... Handbuch des Staatsrechts

HbdWissR ... Handbuch des Wissenschaftsrechts

Hrsg. .... Herausgeber[in]

IfSG .... Gesetz zur Verhütung und Bekämpfung von Infektionskrankheiten beim Menschen (Infektionsschutzgesetz)

i. V. m. .... in Verbindung mit

JA .... Zeitschrift »Juristische Arbeitsblätter«

JIBL .... Zeitschrift »Journal of International Biotechnology Law«

JR .... Zeitschrift »Juristische Rundschau«

Jura .... Zeitschrift »Jura«

JuS .... Zeitschrift »Juristische Schulung«

JZ .... Zeitschrift »Juristenzeitung«

KHuR .... Zeitschrift »Krankenhaus & Recht«

KJ .... Zeitschrift »Kritische Justiz«

KrW-/AbfG ... Gesetz zur Förderung der Kreislaufwirtschaft und Sicherung der umweltverträglichen Beseitigung von Abfällen

LG .... Landgericht

LK-StGB ..... Leipziger Kommentar zum Strafgesetzbuch

LuftSiG ...... Luftsicherheitsgesetz

MDR .... Zeitschrift »Monatsschrift für Deutsches Recht«

MedR .... Zeitschrift »Medizinrecht«

m. w. N. ...... mit weiteren Nachweisen

NJW .... Zeitschrift »Neue Juristische Wochenschrift«

NStZ .... »Neue Zeitschrift für Strafrecht«

NVwZ .... »Neue Zeitschrift für Verwaltungsrecht«

OLG .... Oberlandesgericht

PatG .... Patentgesetz

RdA .... Zeitschrift »Recht der Arbeit«

Rec(2006)4 .. Recommendation Rec(2006)4 of the Committee of Ministers to Member States on Research on Biological Materials of Human Origin vom März 2006 – abgedruckt im Jahrbuch für Wissenschaft und Ethik [11] 2006 ab Seite 387

RG .... Reichsgericht

RGZ .... Entscheidungen des Reichsgerichts in Zivilsachen

RM .... Zeitschrift »Rechtsmedizin«

Rn. .... Randnummer[n]

RPG .... Zeitschrift »Recht und Politik im Gesundheitswesen«

S. .... Seite[n] bzw. Satz

sog. .... sogenannt[e]

StGB .... Strafgesetzbuch

StV .... Zeitschrift »Strafverteidiger«

StVO .... Verordnung über das Verhalten im Straßenverkehr (Straßenverkehrs-Ordnung)

TierSchG .... Tierschutzgesetz

TPG .... Gesetz über die Spende, Entnahme und Übertragung von Organen (Transplantationsgesetz)

u. a. .... und andere

u. U. .... unter Umständen

VersR .... Zeitschrift »Versicherungsrecht«

vgl. .... vergleiche

VVDStRL .... Zeitschrift »Veröffentlichungen der Vereinigung der Deutschen Staatsrechtslehrer«

WissR .... Zeitschrift »Wissenschaftsrecht«

z. B. .... zum Beispiel

ZMGR .... »Zeitschrift für das gesamte Medizin- und Gesundheitsrecht«

zugl. .... zugleich

1. Teil:

Einleitung und Grundlagen

§ 1. Einführung

A. Biobanken als Infrastruktur für medizinische Forschungen

Forschungen mit Körpersubstanzen sind nichts wesentlich Neues, sondern sie sind schon seit langer Zeit alltäglicher Teil der medizinischen Wissenschaft. Selbst die *Aufbewahrung* und *Sammlung* von Körpersubstanzen für spätere Forschungsvorhaben gibt es schon seit Beginn der wissenschaftlichen Medizin; entsprechende Nachweise reichen zurück bis ins dritte vorchristliche Jahrhundert[1]. Ursprünglich dienten Sammlungen von Körpersubstanzen vor allem der allgemeinen Bildung und Ausbildung, aber spätestens seit den Erweiterungen der diagnostischen Möglichkeiten etablierten sie sich im 20. Jahrhundert auch für langfristige Forschungsvorhaben oder zur Unterstützung der Patientenbehandlung[2]. Sie sind für die medizinische Forschung von immenser Bedeutung, was man schon allein daran erkennen kann, dass ein großer Teil unseres heutigen medizinischen Wissens mithilfe von Körpersubstanzsammlungen entstanden ist[3].

Sammlungen von Körpersubstanzen und Forschungen mit Körpersubstanzen gibt es also schon länger, ohne dass dafür bisher ein besonderer Regulierungsbedarf gesehen wurde. Das hat sich in den letzten Jahren je-

---

[1] Siehe zur Geschichte SEMLER/FÖLSCH in: SIMON et al., Biomaterialbanken, S. xv.
[2] Siehe SEMLER/FÖLSCH in: SIMON et al., Biomaterialbanken, S. xv.
[3] Siehe NATIONALER ETHIKRAT, Biobanken, S. 36.

doch geändert. Das liegt zum einen daran, dass sich durch Spezialisierungen sowie durch die mittlerweile standortübergreifende wissenschaftliche Zusammenarbeit neue Organisationsformen für Sammlungen von Körpersubstanzen gebildet haben. Während die Sammlungen früher in aller Regel beim einzelnen Forscher[4] lokalisiert waren, entstehen nun zunehmend Sammlungen, die von einem einzelnen Forscher und einzelnen Forschungsprojekten unabhängig sind[5]. Zudem sind die Möglichkeiten der Verbreitung der in Sammlungen enthaltenen Informationen infolge der elektronischen Datenverarbeitung gestiegen, und der Informationsgehalt der Sammlungen von Körpersubstanzen hat aufgrund der modernen Methoden der molekulargenetischen Analyse erheblich zugenommen[6]. Aus diesen Gründen rücken Sammlungen von Körpersubstanzen zunehmend ins öffentliche Bewusstsein.

Diese gesteigerte öffentliche Wahrnehmung gilt in besonderem Maße für Sammlungen von Körpersubstanzen, die gleichzeitig Informationen über den ehemaligen Substanzträger enthalten. Diese sind mittlerweile eine wichtige Ressource zur Aufklärung der Ursachen und Mechanismen von zahlreichen Krankheiten geworden, insbesondere von solchen, die in der Bevölkerung weit verbreitet sind. Denn durch das immer bessere Verständnis des menschlichen Genoms können inzwischen nicht nur äußere Faktoren wie Umwelteinflüsse oder Lebensstil, sondern auch die Erbanlagen (Gene) als Krankheitsursachen oder -dispositionen nachgewiesen werden. Für diese systematisch angelegten Sammlungen, die sowohl menschliche Körpersubstanzen als auch Informationen über den Spender enthalten (z. B. demografische Daten, Krankheitstyp, genetische Daten), hat sich mittlerweile der Begriff »**BIOBANKEN**« etabliert. Wegen deren Doppelcharakter als Körpersubstanz- und Datensammlung werden oft spezielle ge-

[4] Der Einfachheit halber wird in dieser Arbeit die maskuline Form für beide Geschlechter verwendet.

[5] Siehe SEMLER/FÖLSCH in: SIMON et al., Biomaterialbanken, S. xv f.

[6] Siehe ZENTRALE ETHIKKOMMISSION, Körpermaterialien, S. 2; NATIONALER ETHIKRAT, Biobanken, S. 27; MAND, MedR 2005, 565 (565).

setzliche Regelungen gefordert[7].

B. Probleme und Befürchtungen

Biobanken sind nicht nur Hoffnungsträger für die medizinische und pharmazeutische Forschung, sie lösen bei vielen auch Ängste und Misstrauen aus. Im Vordergrund steht die Sorge um den Schutz des »Substanzspenders«, also derjenigen Person, von deren Körper die Substanzen stammen. Vor dem Hintergrund der Fortschritte im Bereich der Gendiagnostik, der zunehmenden Vernetzung von Forschungseinrichtungen und der damit einhergehenden Missbrauchsgefahr von Biobanken wird insbesondere befürchtet, dass Proben und Daten unkontrolliert verwendet werden[8]. Unterstützt wird diese Befürchtung durch die Eigenart der Biobanken, die darin besteht, dass zum Zeitpunkt der Aufnahme der Körpersubstanzen häufig noch nicht absehbar ist, welche zusätzlichen Informationen aus den Substanzen gewonnen und mit den Personendaten in Verbindung gebracht werden können. Es sind daher zum Schutz der Substanzspender Regeln erforderlich, die einer beliebigen Beschaffung, Weitergabe und Verknüpfung der für Biobanken gesammelten Proben und Daten Grenzen ziehen.

Aber nicht nur zum Schutz der Substanzspender werden spezielle Regelungen für Biobanken gefordert, sondern ebenso zum Schutz der Forscher und der Betreiber von Biobanken, die sich einer erheblichen Rechtsunsicherheit bei der Weiterverwendung von Körpersubstanzen ausgesetzt sehen[9]. Denn in Deutschland ist die Frage, unter welchen Voraussetzungen menschliche Körpersubstanzen für Forschungszwecke oder sonstige Zwe-

7 Siehe unter anderem NATIONALER ETHIKRAT, Biobanken; ANTONOW, Zulässigkeit von Biobanken.
8 Siehe beispielsweise NATIONALER ETHIKRAT, Biobanken, S. 27 f.; WELLBROCK, DuD 2007, 17 (17).
9 Siehe SEMLER/FÖLSCH in: SIMON et al., Biomaterialbanken, S. xvi; TAUPITZ/WICKLEIN, Biobanken, S. 3.

cke über den Primärzweck (z. B. einer therapeutischen Entnahme) hinaus weiterverwendet werden dürfen, derzeit sehr umstritten. Insbesondere bestehen unterschiedliche Auffassungen darüber, welche Nutzung (etwa des Restmaterials) auch ohne Einwilligung des Betroffenen erlaubt ist und ob der Betroffene bei Erforderlichkeit einer Einwilligung auch eine weit gefasste (»globale«) Einwilligung zur Nutzung seiner Körpersubstanzen erteilen kann.

C. Anliegen der Untersuchung

Aufgrund der vorgenannten Probleme und Befürchtungen sollte der Gesetzgeber tätig werden und spezielle Regelungen für die Weiterverwendung von Körpersubstanzen und Daten zu entwickeln, die sowohl dem Schutz des Substanzspenders dienen als auch die medizinische Wissenschaft unterstützen. Er hat hierbei natürlich einen Gestaltungsspielraum, weil er zwar die Grundrechte der Betroffenen beachten muss, diese aber in der Regel nicht eine bestimmte Regelung verlangen, sondern lediglich Ober- und Untergrenzen für Regelungen vorgeben. Es kann deshalb nicht das Ziel der vorliegenden Arbeit sein, ein »Biobankgesetz« auszuarbeiten. In dieser Arbeit werden vielmehr zwei zentrale Probleme bei der Tätigkeit einer Biobank herausgegriffen und untersucht, inwieweit zur Lösung dieser Probleme vergleichbare Regelungsmodelle (z. B. im geplanten Gendiagnostikgesetz, im Transplantationsgesetz oder in den Datenschutzgesetzen) in verfassungskonformer Weise auf Biobanken übertragen werden können. Es handelt sich dabei um folgende zwei Probleme:

1. Zum einen wird das Problem der Möglichkeit einer »globalen« Einwilligung des Substanzspenders für die Weiterverwendung seiner Körpersubstanzen genauer untersucht, weil diese Frage seit den

Stellungnahmen der Zentralen Ethikkommission[10] und des Nationalen Ethikrates zu Biobanken[11] zunehmend an Bedeutung gewonnen hat und eine »globale« Einwilligung auf den ersten Blick einen adäquaten Ausgleich zwischen den Interessen des Substanzspenders und den Interessen der Forscher bzw. Biobankbetreiber gewährleistet.

2. Zum anderen wird das Problem behandelt, in welchen Fällen bei der Weiterverwendung von Körpersubstanzen von einer Einwilligung des Betroffenen abgesehen werden kann. Schließlich wird der Forscher oder Betreiber einer Biobank nicht in jedem Fall in direktem Kontakt zu dem ehemaligen Substanzträger stehen, sondern die Körpersubstanzen beispielsweise von einem Arzt oder eventuell sogar von einem »Substanz-Makler« erhalten. Wieso sollten sie dann noch Kosten und Mühen auf sich nehmen, um für die Weiterverwendung der Körpersubstanzen die Einwilligung des – ihnen unbekannten – Substanzspenders zu erhalten? Reicht es nicht aus, einfach die Körpersubstanzen zu besitzen? Aufgeworfen wird damit die Frage, welche (Grund-) Rechte des Betroffenen an den Körpersubstanzen nach ihrer Trennung von seinem Körper bestehen und ob der Gesetzgeber hierfür eine verallgemeinernde Regelung treffen kann.

Das Augenmerk soll sich bei der vorliegenden Untersuchung vor allem auf die Aufbewahrung und Nutzung derjenigen Körpersubstanzen richten, die bereits vom Körper des Betroffenen getrennt wurden (z. B. aus diagnostischen Gründen) und nun nicht mehr für den Primärzweck benötigt werden, etwa weil die Diagnose mittlerweile feststeht (sog. *verbliebene Körpersubstanzen*). Denn die medizinische Forschung ist in vielen Fällen auf die Weiterverwendung dieser Körpersubstanzen angewiesen, weil Körpersubstanzen für die Forschungsvorhaben oft eine spezifische Beschaf-

[10] ZENTRALE ETHIKKOMMISSION, Körpermaterialien, S. 7 f.
[11] NATIONALER ETHIKRAT, Biobanken, S. 58 ff.

fenheit (z. B. Tumorgewebe) aufweisen müssen und deshalb nur sehr selten durch gezieltes Anwerben von Substanzspendern (z. B. Blutspender) erlangt werden können. Die Voraussetzungen für die Weiterverwendung verbliebener Körpersubstanzen sind jedoch besonders stark umstritten, obwohl deren Weiterverwendung für Forschungsvorhaben auf dem ersten Blick die beste Lösung ist. Immerhin müssen diese Körpersubstanzen nicht mehr vom Körper des Betroffenen getrennt werden, und sie können dadurch noch einem nützlichen Zweck zugeführt werden, anstatt »nur« vernichtet zu werden.

D. Gang der Untersuchung

Im Folgenden sollen zunächst die verfassungsrechtlichen Rahmenbedingungen für eine gesetzgeberische Regelung aufgezeigt werden, insbesondere die betroffenen Grundrechte der Beteiligten (siehe im 2. Teil). Danach kann im 3. Teil der Untersuchung die Frage beantwortet werden, ob die Erlaubnis einer »globalen« Einwilligung verfassungsrechtlich zulässig ist (§ 8.) und ob der Gesetzgeber regeln darf, dass eine Weiterverwendung der Körpersubstanzen in Biobanken auch ohne Einwilligung des Substanzspenders zulässig ist (§ 9.). Um den Rahmen dieser Arbeit nicht zu sprengen, sollen die Ausführungen aber auf Biobanken beschränkt sein, die Forschungszwecken dienen.

2. Teil:

Betroffene Grundrechte

§ 2. Grundrechte der Biobankbetreiber

Entgegen gängiger Diskussion sind die Grundrechte der Biobankbetreiber und nicht das allgemeine Persönlichkeitsrecht oder sonstige Grundrechte der Substanzspender der *Ausgangspunkt* einer *verfassungsrechtlichen* Bewertung von Regelungen zu Biobanken. Denn die Adressaten entsprechender Regelungen sind in erster Linie die *Biobankbetreiber*, da *ihre* Tätigkeit *beschränkend* geregelt wird, so dass *ihre Grundrechte* den *Ausgangspunkt* einer jeden Erörterung zu bilden haben. In Betracht kommen hierbei die Berufung der Biobankbetreiber auf die Wissenschaftsfreiheit aus Art. 5 Abs. 3 GG, auf die Eigentumsgarantie aus Art. 14 Abs. 1 GG, auf die Berufsfreiheit aus Art. 12 Abs. 1 GG sowie auf die allgemeine Handlungsfreiheit aus Art. 2 Abs. 1 GG.

A. Grundrechtsberechtigung

Problematisch hinsichtlich der Grundrechtsträgerschaft von Biobanken ist, dass Biobanken keine natürlichen Personen, sondern nur ein Konstrukt sind, um die Aufbewahrungsstätte von Körpersubstanzen zu beschreiben. Als Träger dieser Stätten kommen sowohl öffentliche Einrichtungen in Betracht als auch Einzelpersonen sowie private Organisationen[12]. In Frage stehen demnach nicht die Grundrechte von Biobanken, sondern die der Biobank*betreiber*.

Die unterschiedliche Trägerschaft der Biobanken hat Auswirkung auf die jeweilige Grundrechtsberechtigung. Während Einzelpersonen ohne weiteres grundrechtsberechtigt sind, können sich inländische juristische Personen gemäß Art. 19 Abs. 3 GG nur dann auf Grundrechte berufen, wenn die Grundrechte *»ihrem Wesen nach«* auf diese Personen anwendbar sind.

Für die weitere Prüfung bedeutet dies, dass für jedes Grundrecht separat geprüft werden muss, ob es auch auf inländische juristische Personen des Privatrechts oder auf inländische juristische Personen des öffentlichen Rechts anwendbar ist. Ausländischen juristischen Personen stehen die Grundrechte angesichts des Wortlauts von Art. 19 Abs. 3 GG jedenfalls nicht zu[13].

B. Wissenschaftsfreiheit nach Art. 5 Abs. 3 GG

Hinsichtlich der Sammlung, Aufbereitung und Weitergabe von Körpersubstanzen und personenbezogenen Daten in Biobanken kommt bei den Grundrechten der Biobankbetreiber zunächst eine Zuordnung zur Wissenschaftsfreiheit in Betracht. Deren verfassungsrechtliche Verankerung findet sich – zusammen mit der Kunstfreiheit – im Art. 5 Abs. 3 GG:

> *»Kunst und Wissenschaft, Forschung und Lehre sind frei. Die Freiheit der Lehre entbindet nicht von der Treue zur Verfassung.«*

---

[12] NATIONALER ETHIKRAT, Biobanken, S. 30, mit Beispielen ab S. 38 ff. Ausführlich zu den Rechtsformen für Biobanken: SIMON et al., Biomaterialbanken, S. 9 ff., 45.

[13] BVerfGE 21, 207 (208); HUBER in: VON MANGOLDT/KLEIN/STARCK, GG, Art. 19 Rn. 296 ff.; JARASS in: JARASS/PIEROTH, GG, Art. 19 Rn. 20-27.

I. Schutzbereich

Die Wissenschaft soll nach der Konzeption des Grundgesetzes »ein von staatlicher Fremdbestimmung freier Bereich persönlicher und autonomer Verantwortung des einzelnen Wissenschaftlers« sein[14]. Die Wissenschaftsfreiheit aus Art. 5 Abs. 3 GG gewährt deshalb jedem, der in Wissenschaft, Forschung und Lehre tätig ist oder tätig werden will, ein individuelles Freiheitsrecht auf Abwehr »jeder staatlichen Einwirkung auf den Prozess der Gewinnung und Vermittlung wissenschaftlicher Erkenntnisse«[15].

Die Zuordnung der Tätigkeit einer Biobank zum Schutzbereich der Wissenschaftsfreiheit stellt sich allerdings unter mehreren Aspekten als problematisch dar:

Zum einen ist zu berücksichtigen, dass eine Biobank in vielen Fällen nicht uneigennützig handelt, sondern mit ihrer Tätigkeit eine wirtschaftliche Zielsetzung verfolgt. Zu denken ist hier insbesondere an Biobanken, die innerhalb von Pharmaunternehmen angelegt werden, damit deren Forschungsabteilungen genügend Körpersubstanzen zur Verfügung stehen. Dies wirft die Frage auf, ob auch wirtschaftsorientierte Forschung in den Schutzbereich des Art. 5 Abs. 3 GG fällt. Dazu wird unter 1. Stellung bezogen.

Zum anderen ist problematisch, dass eine Biobank nicht immer selbst Forschungsvorhaben durchführt, sondern durch die Sammlung, Aufbereitung und Weitergabe der Körpersubstanzen und personenbezogenen Daten spätere Forschungsvorhaben oft lediglich vorbereitet. Deshalb wird unter 2. untersucht, ob der Schutzbereich der Wissenschaftsfreiheit nur die eigentliche Forschungstätigkeit umfasst oder auch schon entsprechende Vorarbeiten und ob die Sammlung, Aufbereitung und Weitergabe der Körper-

[14] Siehe BVerfGE 35, 79 (112) »Hochschul-Urteil«; 111, 333 (354); BVerwGE 102, 304 (307).

[15] Siehe z. B. BVerfGE 15, 256 (263 f.); 35, 79 (112) »Hochschul-Urteil«; 90, 1 (12); 111, 333 (353); OPPERMANN in: ISENSEE/KIRCHHOF, HbdStR VI, § 145 Rn. 34.

substanzen und Daten in einer Biobank zu den – von der Wissenschaftsfreiheit – geschützten Vorarbeiten zählt.

1. Einbeziehung wirtschaftsorientierter Forschung?

Zunächst ist die Frage zu beantworten, ob auch die mit wirtschaftlicher Zielsetzung betriebene Forschung unter den Schutzbereich des Art. 5 Abs. 3 GG fällt, ob also beispielsweise auch die Forschung in Pharmaunternehmen durch die Wissenschaftsfreiheit geschützt ist oder nur die »reine« Universitätsforschung[16]. Mit anderen Worten: Hindert eine wirtschaftliche Zielsetzung die Zuordnung zur Wissenschaftsfreiheit?

a) Wortlaut, Systematik und Gesetzgebungsgeschichte

Der Wortlaut, die Systematik und die Gesetzgebungsgeschichte des Art. 5 Abs. 3 S. 1 GG bieten für die Beantwortung der ausgeworfenen Frage wenig Anhaltspunkte. Die historische Auslegung des Art. 5 Abs. 3 S. 1 GG ist wenig ergiebig, weil die Frage nach der Einbeziehung der wirtschaftsorientierten Forschung in den Schutzbereich der Wissenschaftsfreiheit bei den Beratungen zum Grundgesetz unerörtert geblieben ist. Auch aus dem Wortlaut des Art. 5 Abs. 3 S. 1 GG lässt sich zu dieser Frage nichts ableiten, weil die verwendeten Begriffe darin nicht erklärt, sondern vorausgesetzt werden[17]. Bei einem Blick auf die Systematik des Grundgesetzes und die Stellung des Art. 5 Abs. 3 GG zeigt sich zwar, dass wirtschaftliches Tätigwerden regelmäßig von der Berufsfreiheit aus Art. 12 GG, der Eigentumsgarantie aus Art. 14 GG oder der allgemeinen Handlungsfreiheit aus Art. 2 Abs. 1 GG geschützt ist. Aber es kann durchaus auch von anderen

[16] Umfassend zu dieser Frage: KAMP, Forschungsfreiheit und Kommerz, S. 1 ff.; DICKERT, Naturwissenschaften und Forschungsfreiheit, S. 259 ff.

[17] DICKERT, Naturwissenschaften und Forschungsfreiheit, S. 118; KAMP, Forschungsfreiheit und Kommerz, S. 49.

Grundrechten erfasst sein. Dies zeigt sich insbesondere bei der Presse- und Rundfunkfreiheit aus Art. 5 Abs. 1 GG.

b) Rechtsprechung

Auch die höchstrichterliche Rechtsprechung ist zu dieser Frage unergiebig[18]. Das *Bundesverfassungsgericht* hat dazu nicht explizit Stellung genommen, allerdings hat es den individuellen Charakter der Wissenschaftsfreiheit als »Jedermann«- Grundrecht betont und seine allgemeinen Erwägungen nicht ausdrücklich auf den Bereich der Hochschulen beschränkt[19]. Jedoch hat es in einer Entscheidung zur Verfassungsmäßigkeit von § 8 TierSchG[20] Art. 5 Abs. 3 GG nicht angewandt, sondern ausschließlich Art. 12 GG, obwohl zu einer Prüfung des Art. 5 Abs. 3 GG durchaus Anlass bestanden hätte, was wiederum gegen eine Einbeziehung industrieller Forschung spricht[21]. In diese Richtung geht auch ein kürzlich veröffentlichter Beschluss des Bundesverfassungsgericht zur Verpflichtung von Professoren zur Ablieferung ihrer Nebeneinkünfte[22]. Dort führte das Bundesverfassungsgericht aus, dass die »verfassungsrechtlich verbürgte Freiheit wissenschaftlicher Betätigung [...] nicht den Schutz eines Gewinn- und Erwerbsstrebens«[23] umfasse. Dies kann man sowohl dahingehend interpretieren, dass die mit einem Gewinn- und Erwerbsstreben verbundene wissenschaftliche Betätigung ganz aus dem Schutzbereich der Wissenschaftsfreiheit herausfällt, als auch dahingehend, dass in diesem Fall lediglich die Verdienstmöglichkeiten nicht vom Schutzbereich erfasst werden.

Zumindest das *Bundesverwaltungsgericht* sieht die ökonomische Ausrichtung wissenschaftlicher Tätigkeit aber als unschädlich an, wenn es aus-

---

[18] Siehe ausführlich KLEINDIEK, Wissenschaft und Freiheit in der Risikogesellschaft, S. 173 ff.; KAMP, Forschungsfreiheit und Kommerz, S. 44 ff.

[19] Siehe BVerfGE 35, 79 (125, 127); 90, 1 (11 f.).

[20] BVerfGE 48, 376 (377, 388).

[21] KLEINDIEK, Wissenschaft und Freiheit in der Risikogesellschaft, S. 175 f. Gegen diese Sichtweise jedoch mit guten Gründen KAMP, Forschungsfreiheit und Kommerz, S. 44 f.

[22] BVerfG, Beschluss vom 16.01.2007 – 2 BvR 1188/05 – JZ 2007, 519.

[23] Siehe BVerfG JZ 2007, 519 (520).

führt, dass eine »ernsthafte wissenschaftliche Forschung auch um ihrer selbst willen denkbar ist und dass das Gewinn- und Erwerbsstreben des Forschers demgegenüber völlig zurücktreten kann«[24].

c) Äußerungen in der Literatur

In der Literatur wird nur von wenigen Autoren zur Frage der Schädlichkeit wirtschaftlicher Motivation für den grundrechtlichen Schutz durch Art. 5 Abs. 3 GG ausdrücklich Stellung bezogen[25]. Es findet sich hinsichtlich dieser Frage zumeist nur die allgemeine Äußerung, dass sich der Schutzbereich nicht auf die wissenschaftliche Tätigkeit an Hochschulen beschränke[26]. Teilweise finden sich auch weitergehende Äußerungen dergestalt, dass sich auch privat getragene Forschungseinrichtungen mit privatwirtschaftlicher Ausrichtung auf die Wissenschaftsfreiheit aus Art. 5 Abs. 3 GG berufen können[27] oder dass auch angewandte Forschung bzw. Zweckforschung grundsätzlich in den Schutzbereich der Wissenschaftsfreiheit falle[28]. Weitgehende Einigkeit besteht aber zu Recht darin, dass die *Verwertung* wissenschaftlicher Erkenntnisse außerhalb des Schutzbereichs von Art. 5 Abs. 3 GG liegt, weil sie keine Wissenschaft, sondern nur eine Folge von Wissenschaft ist[29].

d) Argumente gegen die Einbeziehung

Gegen die Einbeziehung der mit wirtschaftlicher Zielsetzung betriebenen Forschung in den Schutzbereich der Wissenschaftsfreiheit wird vor-

[24] BVerwGE 13, 112 (113 f.).
[25] Siehe die Kritik von A. BLANKENAGEL, AöR 116 [1991], 494 (495).
[26] Siehe beispielsweise JARASS in: JARASS/PIEROTH, GG, Art. 5 Rn. 125; BETHGE in: SACHS, Grundgesetz, Art. 5 Rn. 209 und 213; CLASSEN, Wissenschaftsfreiheit, S. 139 ff.
[27] Siehe beispielsweise PERNICE in: DREIER, GG, Art. 5 III (Wissenschaft) Rn. 21; PIEROTH/SCHLINK, Grundrechte, Rn. 623.
[28] So z. B. ZÖBELEY in: UMBACH/CLEMENS, GG, Art. 5 Rn. 244; SCHOLZ in: MAUNZ/DÜRIG, GG, Art. 5 Abs. III Rn. 98 f.
[29] SCHOLZ in: MAUNZ/DÜRIG, GG, Art. 5 Abs. III Rn. 84; CLASSEN, Wissenschaftsfreiheit, S. 76; zuletzt GÄRDITZ, JZ 2007, 521 (522). Anders aber KARPEN, Wissenschaftsverwertung, S. 79.

gebracht, dass die Orientierung an der wirtschaftlichen Verwertung unvereinbar mit den Bedingungen autonomer Forschung sei[30]. Denn das Ziel sei nicht die Erweiterung des Wissens und das Streben nach Wahrheit, sondern die wirtschaftsorientierte Forschung sei »an den Imperativen der Produktion und des wirtschaftlichen Ertrages« orientiert[31]. Es gebe auch keine eigenständige Wahl der Forschungsgegenstände, was jedoch für Wissenschaft besonders ausschlaggebend sei[32]. Darüber hinaus spreche gegen eine Einbeziehung wirtschaftsorientierter Forschung die fehlende bzw. zu langsame Veröffentlichung der gefundenen Forschungsergebnisse[33].

Danach könne es sich zwar um Wissenschaft bzw. Forschung handeln, aber diese falle nicht in den Schutzbereich des Art. 5 Abs. 3 GG, sondern sei der Berufsfreiheit (Art. 12 Abs. 1 S. 1 GG), der Eigentumsgarantie (Art. 14 Abs. 1 S. 1 GG) und/oder der allgemeinen Handlungsfreiheit (Art. 2 Abs. 1 GG) zuzuordnen[34]. Eine Zuordnung zur Wissenschaftsfreiheit sei demgegenüber eine »Verbiegung des Schutzbereichs«[35].

e) Stellungnahme

Die Kritik an der Einbeziehung wirtschaftsorientierter Forschung übersieht, dass es auch bei der mit wirtschaftlicher Zielrichtung betriebenen Forschung nicht ausschließlich um die Entwicklung eines neuen Produkts geht, sondern zumindest ebenso um Erkenntnisgewinn, weil aufgrund der prinzipiellen Unabgeschlossenheit von Forschung an ihrem Beginn unklar

[30] Siehe A. BLANKENAGEL, AöR 105 [1980], 35 (63); KLEINDIEK, Wissenschaft und Freiheit in der Risikogesellschaft, S. 319 ff.; ROELLECKE, BB 1981, 1905 (1907).

[31] TRUTE, Forschung zwischen Freiheit und Institutionalisierung, S. 106; DICKERT, Naturwissenschaften und Forschungsfreiheit, S. 85; ROELLECKE, BB 1981, 1905 (1907); M. BLANKENAGEL, Wissenschaft, S. 33.

[32] So M. BLANKENAGEL, Wissenschaft, S. 92 f.

[33] M. BLANKENAGEL, Wissenschaft, S. 81 ff. In diese Richtung ebenfalls A. BLANKENAGEL, AöR 105 [1980], 35 (63) und STARCK, Forschungsfreiheit und ihre Grenzen, S. 75.

[34] A. BLANKENAGEL, AöR 125 [2000], 70 (94); KLEINDIEK, Wissenschaft und Freiheit in der Risikogesellschaft, S. 320 ff., 333; in diese Richtung auch ROELLECKE, BB 1981, 1905 (1906).

[35] A. BLANKENAGEL, AöR 125 [2000], 70 (94 ff.).

ist, zu welchem Ergebnis sie führen wird[36]. Daher lässt sich durchaus eine Trennung der eigentlichen Erkenntnissuche vom Produktionsablauf vornehmen[37]. Zudem lässt sich wegen der Unvorhersehbarkeit der Ergebnisse jeder wissenschaftlichen Tätigkeit die Erkenntnissuche de facto nicht vollkommen auf das gewünschte (verwertbare) Ergebnis konzentrieren[38].

Hinzu kommt, dass sich auch bei der universitären Forschung Begrenzungen des Forschungsgegenstands aufgrund externer Umstände vorfinden lassen[39]: Beispielsweise binden sich Universitätswissenschaftler durch die Annahme von Forschungs- und Gutachtenaufträgen und durch Beteiligung an Drittmittelprojekten[40]; sie werden sogar durch den Staat angehalten, Drittmittelgelder einzuwerben[41]. Es ist außerdem bekannt, dass juristische Dissertationen in einigen Fällen zum Einstieg in den Anwaltsmarkt und zur Erhöhung des Einstiegsgehalts angefertigt werden[42]. Die ökonomische Ausrichtung wissenschaftlicher Tätigkeit ist also nichts Anrüchiges, sondern gehört zur Normalität. Daher muss richtigerweise zwischen dem Fall unterschieden werden, dass der Forscher zu einer Begrenzung der Themen gezwungen wird und dem, dass er sich diese selbst auferlegt[43]. Die Festlegung einer Fragestellung durch den Auftraggeber hindert dabei nicht grundsätzlich wissenschaftliches Arbeiten[44]. Maßgeblich muss insoweit sein, ob autonome Entfaltungsmöglichkeiten des Wissenschaftlers bestehen und ob die Ergebnisoffenheit gewährleistet ist[45]. Unerheb-

36 KAMP, Forschungsfreiheit und Kommerz, S. 53 ff.

37 KAMP, Forschungsfreiheit und Kommerz, S. 53; GÄRDITZ, JZ 2007, 521 (522).

38 KAMP, Forschungsfreiheit und Kommerz, S. 60 ff.

39 KAMP, Forschungsfreiheit und Kommerz, S. 60 und S. 64 f., und ähnlich auch DICKERT, Naturwissenschaften und Forschungsfreiheit, S. 305; MEUSEL, HbdWissR II, S. 1260 ff.

40 DICKERT, Naturwissenschaften und Forschungsfreiheit, S. 305.

41 TRÖGER, Drittmittel, S. 6 f.

42 KAMP, Forschungsfreiheit und Kommerz, S. 39.

43 KAMP, Forschungsfreiheit und Kommerz, S. 60, 65 ff.

44 STARCK in: VON MANGOLDT/KLEIN/STARCK, GG, Art. 5 Rn. 355; LUX, Kooperation zwischen Hochschulen und Wirtschaft, S. 18 und 27.

45 Siehe z.B. OPPERMANN in: ISENSEE/KIRCHHOF, HbdStR VI, § 145 Rn. 14; STARCK in: VON MANGOLDT/KLEIN/STARCK, GG, Art. 5 Rn. 355; CLASSEN, Wissenschaftsfreiheit, S. 85; MEUSEL, HbdWissR II, S. 1262.

lich ist jedoch, ob der Forscher an der Erzielung eines bestimmten Resultates interessiert ist, denn die zu untersuchende Fragestellung muss nur überhaupt erkenntnismäßigen Charakter aufweisen[46].

Auch die zu langsame Veröffentlichung der Forschungsergebnisse kann zu keinem anderen Ergebnis führen. Zwar hat das Bundesverfassungsgericht ausgeführt, dass Wissenschaftlern »bei ihrer Tätigkeit in Forschung und Lehre an einer öffentlichen Universität ein verfassungsrechtlicher Anspruch auf vollständiges Schweigen« nicht zustehe[47]. Das Merkmal der Publizität kann aber nur ein Hilfskriterium sein, um die Freiheit der Erkenntnissuche als Charakteristikum von Wissenschaftlichkeit näher zu beschreiben[48]. Denn wer seine Forschungsresultate veröffentlicht und zur Diskussion stellt, dürfte damit regelmäßig zeigen, dass er sich an der Sache selbst ausrichtet[49]. Als Selbstzweck darf das Erfordernis der Öffentlichkeit von Forschung aber nicht verstanden werden, weil das Einhalten wissenschaftlicher Standards auch durch andere Faktoren sichergestellt werden kann, wie insbesondere durch Wettbewerb, Ansehen und Schadensersatzforderungen[50]. Außerdem bewirkt bei der mit Verwertungsabsicht betriebenen Forschung das geltende Patentrecht eine ausreichende Publizität, weil mit Erteilung des Patents automatisch die Veröffentlichung im Patentblatt erfolgt (§ 49 Abs. 1 PatG)[51]. Die damit verbundene Verzögerung der Publizität ist ohne Belang, weil die Schnelligkeit der Zugänglichmachung der Forschungsergebnisse in keinem Zusammenhang mit der freien Erkenntnissuche steht[52]. Eine frühzeitige Veröffentlichung der Forschungsergeb-

46 CLASSEN, Wissenschaftsfreiheit, S. 84; LUX, Kooperation zwischen Hochschulen und Wirtschaft, S. 28; anderer Ansicht A. BLANKENAGEL, AöR 105 [1980], 35 (63).

47 BVerfGE 47, 327 (383).

48 Ausführlich KAMP, Forschungsfreiheit und Kommerz, S. 72 ff. Gegen eine Veröffentlichungspflicht auch MEUSEL, Veröffentlichungspflicht, S. 90 ff.

49 DICKERT, Naturwissenschaften und Forschungsfreiheit, S. 270 ff.; KAMP, Forschungsfreiheit und Kommerz, S. 73.

50 KAMP, Forschungsfreiheit und Kommerz, S. 73; CLASSEN, Wissenschaftsfreiheit, S. 89 f.; FEHLING in: BONNER KOMMENTAR, GG, Art. 5 Abs. 3 (Wissenschaftsfreiheit) Rn. 74.

51 KAMP, Forschungsfreiheit und Kommerz, S. 79.

52 KAMP, Forschungsfreiheit und Kommerz, S. 80 ff. Anders DICKERT, Naturwissenschaften und Forschungsfreiheit, S. 293 f.

nisse wird überdies im einfachen Recht durch das Patentrecht verhindert, weil die zukünftigen Patentrechtsinhaber sicherstellen müssen, dass ihre Erfindung »neu« ist (§§ 1 Abs. 1, 3 PatG), woran es aber fehlt, wenn die wissenschaftlichen Ergebnisse schon breit in der Öffentlichkeit diskutiert wurden[53]. Für die Unbeachtlichkeit einer späteren Veröffentlichung spricht auch, dass der Wissenschaftler nach dem Bundesverfassungsgericht das Recht hat, über den Zeitpunkt der Veröffentlichung selbst bestimmen zu können[54].

f) Fazit

Demzufolge ist auch die mit wirtschaftlicher Zielsetzung betriebene Forschung in den Schutzbereich des Art. 5 Abs. 3 GG einzubeziehen. Es ist somit unerheblich, ob mit der Forschungstätigkeit wirtschaftliche Zwecke verfolgt werden. Jedoch ist der Schutzbereich der Wissenschaftsfreiheit dann nicht betroffen, wenn die Beschränkung nur die – von der Forschungstätigkeit erhofften – Verdienstmöglichkeiten betrifft, also die Gewinnerwartung des Biobankbetreibers; dann ist die Berufsfreiheit aus Art. 12 Abs. 1 GG vorrangig[55]. Wenn also der Gesetzgeber eine Kommerzialisierung von Körpersubstanzen verbieten würde, dann wäre nicht der Schutzbereich der Wissenschaftsfreiheit betroffen, sondern derjenige der Berufsfreiheit[56].

---

53 KAMP, Forschungsfreiheit und Kommerz, S. 82 f.; KUHN, Wissenschaftstransfer, S. 123; LUX, Kooperation zwischen Hochschulen und Wirtschaft, S. 142.

54 BVerfGE 47, 327 (383); FEHLING in: BONNER KOMMENTAR, GG, Art. 5 Abs. 3 (Wissenschaftsfreiheit) Rn. 74.

55 So auch BREWE, Embryonenschutz, S. 65: »Die Wissenschaftsfreiheit schützt zwar die Entscheidung über die Verwertung und die Verwertung *an sich* als Beitrag zur Forschung und Lehre, nicht aber die damit unter Umständen verknüpfte wirtschaftliche Betätigung und den damit verbundenen wirtschaftlichen Gewinn.«. Ähnlich BVerfG JZ 2007, 519 (520) und GÄRDITZ, JZ 2007, 521 (522).

56 Anders aber wohl SPRANGER, Jahrbuch für Wissenschaft und Ethik 11 [2006], 107 (118), allerdings ohne Begründung.

2. Schutz der Tätigkeit einer Biobank?

Neben der soeben behandelten Frage der Zuordnung wirtschaftsorientierter Forschung zum Schutzbereich der Wissenschaftsfreiheit stellt sich auch die Frage, ob sich der Biobankbetreiber im Hinblick auf seine Tätigkeit – der Sammlung, Aufbereitung, Aufbewahrung und Weitergabe der Körpersubstanzen und Daten – auf die Wissenschaftsfreiheit berufen kann.

a) Schutz vorbereitender und unterstützender Tätigkeiten?

Problematisch ist allerdings, dass eine Biobank nicht zwangsläufig selbst Forschungsvorhaben durchführt, sondern eventuell spätere Forschungsvorhaben durch die Aufbereitung und Weitergabe der Körpersubstanzen und personenbezogenen Daten lediglich vorbereitet. Eine Berufung auf die Wissenschaftsfreiheit ist hierbei nur dann möglich, wenn der Schutzbereich der Wissenschaftsfreiheit nicht nur die eigentliche Forschungstätigkeit umfasst, sondern auch schon entsprechende Vorarbeiten und wenn die Tätigkeit der Biobank zu den – von der Wissenschaftsfreiheit – geschützten Vorarbeiten zählt.

aa) Rechtsprechung

Die Rechtsprechung hat sich bisher noch nicht ausführlich damit beschäftigt, ob und ggf. welche vorbereitende Tätigkeiten in den Schutzbereich der Wissenschaftsfreiheit fallen. Im »Hochschul-Urteil« hat das Bundesverfassungsgericht jedoch Forschung definiert als die »*geistige* Tätigkeit« mit dem Ziel der Erkenntnisgewinnung[57]. Das deutet darauf hin, dass nur geistige Tätigkeiten vom Schutzbereich der Wissenschaftsfreiheit erfasst sein sollen. Der Schutz der Wissenschaftsfreiheit würde sich dadurch von vornherein nur auf die Freiheit der Fragestellung und die Freiheit der Methodenwahl beziehen, nicht jedoch auf die Inanspruchnahme von finanzi-

[57] BVerfGE 35, 79 (113) »Hochschul-Urteil«, Hervorhebung vom Verfasser.

ellen, sachlichen und personellen Mitteln[58]. Dagegen spricht jedoch, dass diese Formulierung »geistige Tätigkeit« in folgenden Entscheidungen nicht mehr wiederholt wurde und das Bundesverfassungsgericht in seinem Urteil zum Buch »Wahrheit für Deutschland« den Schutzbereich ausdrücklich weit verstanden wissen will[59], was darauf hindeutet, dass auch vorbereitende und unterstützende Tätigkeiten geschützt sein sollen. Die Rechtsprechung lässt folglich sowohl die Tendenz erkennen, vorbereitende Tätigkeiten in den Schutzbereich einzubeziehen, als auch, solche Tätigkeiten vom Schutzbereich auszuschließen.

bb) Ansatz einer weiten Auslegung des Schutzbereiches

Ebenso wie das Bundesverfassungsgericht in seinem Urteil zum Buch »Wahrheit für Deutschland« wird auch in der Literatur teilweise vertreten, dass der Schutzbereich der Wissenschaftsfreiheit sehr weit zu verstehen sei und alle Aktivitäten der Wissenschaft davon geschützt wären, einschließlich aller vorbereitenden und unterstützenden Tätigkeiten[60]. Für diese Sichtweise spricht, dass der Begriff »Wissenschaft« und damit auch »Forschung« offene Begriffe sind und darin die Dispositionsfreiheit des einzelnen Wissenschaftlers zum Ausdruck kommt. Nach dieser Ansicht wäre auch die Sammlung, Aufbereitung, Aufbeahrung und Weitergabe von Körpersubstanzen in einer Biobank vom Schutzbereich der Wissenschaftsfreiheit erfasst, weil diese Tätigkeiten spätere Forschungen ermöglichen und unterstützen.

Dieser Ansicht kann jedoch nicht gefolgt werden. Denn es kann nicht der subjektiven Willkür des Einzelnen überlassen sein, welche Tätigkeiten in den Schutzbereich fallen[61]. Vielmehr muss es im Sinne von Rechtssicher-

---

[58] Dafür auch KÖTTGEN, Grundrechte, S. 296 ff.; WAHL, Freiburger Universitätsblätter 95 [1987], 19 (33); BÖCKENFÖRDE, Der Staat 42 [2003], 165 (184 ff.).

[59] BVerfGE 90, 1 (13).

[60] So TIEDEMANN, ZRP 1991, 54 (58); KLOEPFER, Grundrechte als Entstehenssicherung und Bestandsschutz, S. 91; MORR, Biobanken, S. 64; ANTONOW, Zulässigkeit von Biobanken, S. 120.

[61] Siehe LOSCH, Wissenschaftsfreiheit, S. 115.

heit objektive Kriterien geben. Sonst könnte sich ein Wissenschaftler beispielsweise auch dann auf die (vorbehaltlose) Wissenschaftsfreiheit berufen, wenn er mit dem Auto »temporeich« zu seinem Arbeitsplatz fährt und dabei die StVO missachtet. Der Schutzbereich der Wissenschaftsfreiheit würde dadurch unüberschaubar werden, wodurch die Konturen der Wissenschaftsfreiheit verwässert und letztlich deren hohe Bedeutung für das Gemeinwesen beeinträchtigt würde. Man könnte die Gewährleistungsinhalte der verschiedenen Grundrechte bei konsequenter Anwendung der weiten Tatbestandstheorie nicht mehr auseinander halten, obwohl sie in unterschiedlicher Weise durch das Grundgesetz geschützt sind.

cc) Lösung: Funktionelle Abgrenzung

Den Ansatz zur sachgerechten Abgrenzung vorbereitender Tätigkeiten von nicht-wissenschaftlichen Tätigkeiten liefern die Entscheidungen des Bundesverfassungsgerichts zur Besetzung von Hochschulorganen. Darin stellte das Bundesverfassungsgericht fest, dass Hochschullehrern bei »wissenschaftsrelevanten« Angelegenheiten ein maßgeblicher Einfluss gesichert sein müsse[62]. Diese Ausführungen des Bundesverfassungsgerichts zum Wissenschaftsorganisationsrecht kann man dahingehend verallgemeinern, dass all diejenigen Tätigkeiten in den Schutzbereich der Wissenschaftsfreiheit fallen, die »wissenschaftsrelevant« sind, d. h. bei denen ein »unmittelbar funktioneller Zusammenhang« mit einem Forschungsvorhaben besteht[63]. Dafür muss die in Rede stehende Tätigkeit Bestandteil des wis-

[62] Grundlegend BVerfGE 35, 79 (123) »Hochschul-Urteil«. Seitdem ständige Rechtsprechung: siehe z. B. BVerfGE 43, 242 (268); 61, 260 (279 ff.); zuletzt BVerfGE 111, 333 (357).

[63] Siehe FEHLING in: BONNER KOMMENTAR, GG, Art. 5 Abs. 3 (Wissenschaftsfreiheit) Rn. 40 und Rn. 68; KLEINDIEK, Wissenschaft und Freiheit in der Risikogesellschaft, S. 293; SCHOLZ in: MAUNZ/DÜRIG, GG, Art. 5 Abs. III Rn. 98; MAYEN, Informationsanspruch, S. 104; SCHMITT GLAESER, WissR 7 [1974], 107 (110 ff., insb. 118); STEINKEMPER, Die verfassungsrechtliche Stellung der Privathochschule, S. 106 f. In diese Richtung ebenfalls TRUTE, Forschung zwischen Freiheit und Institutionalisierung, S. 146 ff.; JARASS in: JARASS/PIEROTH, GG, Art. 5 Rn. 122a, und BREWE, Embryonenschutz, S. 64. Im Ansatz auch DICKERT, Naturwissenschaften und Forschungsfreiheit, S. 258, sowie LOSCH, Wissenschaftsfreiheit, S. 115 f.

senschaftlichen Denk- und Handlungsprozesses sein, sich darin einfügen und von seiner Zielsetzung mit umfasst werden[64].

Allein auf den »unmittelbar funktionellen Zusammenhang« abzustellen, ist aber nur der erste Schritt zu einer sachgerechten Abgrenzung vorbereitender Tätigkeiten und muss noch näher konkretisiert werden. Ausgangspunkt hierfür ist, dass vom Begriff »Forschung« insbesondere die »Fragestellung und die Grundsätze der Methodik sowie die Bewertung des Forschungsergebnisses und seine Verbreitung« erfasst werden[65]. Für eine sachgerechte Abgrenzung *vorbereitender* Tätigkeiten kann man der Fragestellung demnach eine zentrale Bedeutung zumessen[66]. Folglich besteht ein unmittelbar funktioneller Zusammenhang mit einem Forschungsvorhaben bei vorbereitenden Tätigkeiten nur dann, wenn die in Rede stehende Tätigkeit in direkte Verbindung zu einer bestimmten Fragestellung gebracht werden kann. Das ist dann der Fall, wenn die Tätigkeit entweder unmittelbar dazu dient, eine Hypothese aufzustellen oder sie zu beweisen. Nur in diesem Fall ist die vorbereitende Tätigkeit Bestandteil des wissenschaftlichen Denk- und Handlungsprozesses.

Wissenschaft umfasst danach zwar auch vorbereitende Maßnahmen, aber eben nur dann, wenn sie sich direkt auf die Fragestellung beziehen, wie etwa das Bestimmen des Standes der Wissenschaft oder die Formulierung der Hypothese[67]. Dieses Ergebnis sei am Beispiel eines Bücherkaufs verdeutlicht: Diese Tätigkeit ist als vorbereitende Tätigkeit von der Wissenschaftsfreiheit umfasst, wenn ein konkreter Bezug zu einer bestimmten

---

64 Schmitt Glaeser, WissR 7 [1974], 107 (110 ff., insb. 118); Mayen, Informationsanspruch, S. 104; Dickert, Naturwissenschaften und Forschungsfreiheit, S. 258; Brewe, Embryonenschutz, S. 64.

65 Siehe z. B. BVerfGE 35, 79 (113) »Hochschul-Urteil«; Starck in: von Mangoldt/Klein/Starck, GG, Art. 5 Rn. 361; Classen, Wissenschaftsfreiheit, S. 75 m. w. N.

66 Siehe auch Trute, Forschung zwischen Freiheit und Institutionalisierung, S. 148 ff., sowie Trute, Gedächtnisschrift Krüger, S. 392, der auf die »Erkenntnisrelevanz« abstellt.

67 Siehe Trute, Forschung zwischen Freiheit und Institutionalisierung, S. 146; Fehling in: Bonner Kommentar, GG, Art. 5 Abs. 3 (Wissenschaftsfreiheit) Rn. 72; Pernice in: Dreier, GG, Art. 5 III (Wissenschaft) Rn. 30 m. w. N.

Fragestellung besteht. Das ist etwa bei dem Kauf eines rechtswissenschaftlichen Buches zu Biobanken dann der Fall, wenn die Frage beantwortet werden soll, unter welchen Voraussetzungen sich ein Biobankbetreiber auf die Wissenschaftsfreiheit berufen kann. Wenn allerdings der Bücherkauf lediglich aus einem allgemeinen Interesse an der Materie erfolgt, ohne konkreten Bezug zu einer bestimmten Fragestellung, dann ist der Bücherkauf nicht von der Wissenschaftsfreiheit umfasst. Hier handelt der Käufer nicht in seiner spezifischen Funktion als Wissenschaftler, sondern lediglich als »Hobby- Leser«. Das gleiche gilt bei einem Bücherkauf »auf Vorrat«, der nur dazu dient, für eventuelle spätere Forschungen gerüstet zu sein.

dd) Konsequenzen für Biobanken

Die Tätigkeit einer Biobank, beispielsweise das Aufbereiten der Körpersubstanzen, steht zwar in einem Zusammenhang zu späteren Forschungsvorhaben, dient aber nicht unmittelbar dazu, eine Hypothese aufzustellen oder zu beweisen. Dazu sind vielmehr noch weitere Zwischenschritte notwendig, wie etwa mikroskopische Gewebeuntersuchungen. Außerdem wird der Biobankbetreiber oftmals nicht wissen, welche konkrete Fragestellung mithilfe der aufbewahrten Körpersubstanzen beantwortet werden soll, sondern beispielsweise nur, dass sie für ein epidemiologisches Forschungsvorhaben benötigt werden. Es fehlt der Sammlung, Aufbereitung, Aufbewahrung und Weitergabe der Körpersubstanzen und personenbezogenen Daten in einer Biobank demnach an einem hinreichend engen Bezug zu einer bestimmten Fragestellung. Anders wäre nur zu entscheiden, wenn der Biobankbetreiber selbst Forschungen durchführen würde, weil dann ein konkreter Bezug zu einer Fragestellung vorhanden sein kann. In diesem Fall wird der Biobankbetreiber nicht nur als Betreiber einer Biobank tätig, sondern ebenso als Wissenschaftler und kann sich dadurch in der Regel auch auf die Wissenschaftsfreiheit berufen[68]. Allerdings handelt

[68] Siehe zu den Voraussetzungen, unter denen sich Forscher im Zusammenhang mit der Tätigkeit einer Biobank auf die Wissenschaftsfreiheit berufen können: § 4. ab Seite 127.

es sich dann nicht um eine Biobank im hier gebrauchten allgemeinen Sinn.

ee) Fazit

Der Schutzbereich der Wissenschaftsfreiheit umfasst zwar auch vorbereitende Tätigkeiten, aber nur dann, wenn und soweit sie in einem unmittelbar funktionellen Zusammenhang zu einem Forschungsvorhaben stehen. An diesem notwendigen unmittelbar funktionellen Zusammenhang zu einem Forschungsvorhaben fehlt es bei der Tätigkeit in einer Biobank, weshalb diese Tätigkeiten dann nicht zu den von der Wissenschaftsfreiheit privilegierten Vorbereitungshandlungen zählen.

b) Schutz der Forschungsförderung?

Die Sammlung, Aufbereitung, Aufbewahrung und Weitergabe von Körpersubstanzen und personenbezogenen Daten in einer Biobank gehören also nicht zu den privilegierten wissenschaftlichen Vorarbeiten. Dieses Ergebnis bedeutet aber noch nicht, dass sich eine Biobank – bzw. der Biobankbetreiber – überhaupt nicht auf die Wissenschaftsfreiheit berufen kann. Denn ihre Tätigkeit lässt sich nicht nur als vorbereitende Forschungshandlung werten, sondern ebenso als Forschungsförderung.

Das führt zu der Frage, ob die Forschungsförderung zu den wissenschaftlichen Tätigkeiten gezählt werden kann. Dies wird von Vielen vertreten und mit der vielfachen Abhängigkeit der Wissenschaft von dem Fördern und Unterstützen von Forschungsvorhaben begründet[69]. Dabei verkennt man jedoch, dass der Förderer/Mäzen nicht selbst Erkenntnis und Wahrheit

[69] Siehe SEIFART, Stiftung und Rechnungskontrolle, S. 293; HEINRICH, Forschungsförderung, S. 16; OPPERMANN in: ISENSEE/KIRCHHOF, HbdStR VI, § 145 Rn. 59 f., und STARCK in: VON MANGOLDT/KLEIN/STARCK, GG, Art. 5 Rn. 408. In diese Richtung ebenfalls OPPERMANN, Stiftung Volkswagenwerk, S. 90; FROWEIN, Grundrecht auf Stiftung, S. 14; STEINKEMPER, Die verfassungsrechtliche Stellung der Privathochschule, S. 116 f. Anders aber PERNICE in: DREIER, GG, Art. 5 III (Wissenschaft) Rn. 34, sowie FEHLING in: BONNER KOMMENTAR, GG, Art. 5 Abs. 3 (Wissenschaftsfreiheit) Rn. 140.

sucht, sondern sie nur suchen *lässt*. Das Fördern und Unterstützen der Wissenschaft kann deshalb nicht ohne weiteres den Begriffen »Wissenschaft«, »Forschung« oder »Lehre« zugeordnet werden. Außerdem wurde oben gezeigt, dass eine Tätigkeit nur dann zum Schutzbereich der Wissenschaftsfreiheit zählt, wenn ein »unmittelbar funktioneller Zusammenhang« mit einem Forschungsvorhaben besteht[70]. An einem hinreichend engen Bezug zur eigentlichen wissenschaftlichen Betätigung fehlt es jedoch bei der Forschungsförderung[71].

Der Förderer/Mäzen ist demzufolge kein Wissenschaftler, Forscher oder Lehrer und die Forschungsförderung damit keine wissenschaftliche Tätigkeit.

c) Objektiv-rechtliche Erweiterungen des Schutzbereichs

Die Sammlung, Aufbereitung, Aufbewahrung und Weitergabe der Körpersubstanzen und Daten in einer »Biobank lassen sich also nicht den Begriffen »Wissenschaft«, »Forschung« oder »Lehre« zuordnen und sind deshalb keine wissenschaftlichen Tätigkeiten. Allerdings ist damit noch nicht gesagt, dass sich eine Biobank in keiner Weise auf die Wissenschaftsfreiheit berufen kann. Denn die in der Wissenschaftsfreiheit enthaltene objektive Wertentscheidung kann zu einer Erweiterung des individuellen Schutzbereichs führen.

aa) Die objektiv-rechtliche Seite der Wissenschaftsfreiheit

Zwar schützt Art. 5 Abs. 3 GG als klassisches Abwehrrecht an erster Stelle vor staatlichen Eingriffen in den Schutzbereich der Wissenschaftsfreiheit und damit vor Fremdbestimmung des einzelnen Wissenschaftlers[72]. Das

[70] Siehe ausführlich unter a) cc) ab Seite 23.
[71] Siehe FEHLING in: BONNER KOMMENTAR, GG, Art. 5 Abs. 3 (Wissenschaftsfreiheit) Rn. 140.
[72] Siehe BVerfGE 35, 79 (112) »Hochschul-Urteil«; 47, 327 (367); 111, 333 (354); PERNICE in: DREIER, GG, Art. 5 III (Wissenschaft) Rn. 36; BETHGE in: SACHS, Grundgesetz, Art. 5 Rn. 222.

kann man als die *individual-abwehrrechtliche* Seite der Wissenschaftsfreiheit bezeichnen. Art. 5 Abs. 3 GG beschränkt sich aber nicht nur auf ein individuelles Abwehrrecht des Einzelnen, sondern enthält gleichzeitig eine »das Verhältnis des Bereiches Wissenschaft, Forschung und Lehre zum Staat regelnde wertentscheidende Grundsatznorm«[73]. Diese Wertentscheidung des Grundgesetzes bedeutet ein »Einstehen des Staates, der sich als Kulturstaat versteht, für die Idee einer freien Wissenschaft und seine Mitwirkung an ihrer Verwirklichung«[74]. Der Staat hat demnach sein Handeln positiv nach dieser Wertentscheidung einzurichten, d. h. schützend und fördernd einer Aushöhlung dieser Freiheitsgarantie vorzubeugen[75]. Diese Seite der Wissenschaftsfreiheit kann man die *objektiv-rechtliche* Seite der Wissenschaftsfreiheit nennen. Sie zeigt sich auch im Wortlaut des Art. 5 Abs. 3 GG, denn dieser ist nicht tätigkeitsbezogen formuliert (etwa: *»das Forschen und Lehren ist frei«*) oder subjektiv (beispielsweise: *»der Forscher und Lehrende ist frei«*), sondern institutionell *(»Forschung und Lehre sind frei«)*[76].

Diese zusätzliche objektiv-rechtliche Seite dient dazu, das individuelle Freiheitsrecht zu verstärken. Denn wissenschaftliche Tätigkeit ist geradezu existenziell auf bestimmte Rahmenbedingungen angewiesen. Zu diesen Rahmenbedingungen zählt insbesondere die wissenschaftsadäquate Organisation und Finanzierung. Beispielsweise sind die Naturwissenschaften von der Benutzung teurer Apparate abhängig, etwa die Nuklearforschung von einem Forschungsreaktor, den ein einzelner Forscher aber niemals selbst bauen und finanzieren könnte. Ebenso sind die Rechtswissenschaft und andere Geisteswissenschaften darauf angewiesen, dass eine hinreichend ausgestattete Bibliothek vorhanden ist. In gleicher Weise sind für die molekulargenetische Forschung ausreichende Gewebeproben erforderlich.

---

[73] Grundlegend BVerfGE 35, 79 (112 und 114) »Hochschul-Urteil«.

[74] BVerfGE 35, 79 (114) »Hochschul-Urteil«; 111, 333 (353).

[75] BVerfGE 35, 79 (114) »Hochschul-Urteil«; siehe auch BVerfGE 85, 260 (384); 88, 129 (137); 111, 333 (354); BVerfG DVBl. 1999, 1577 (1578).

[76] Siehe auch TRUTE, Forschung zwischen Freiheit und Institutionalisierung, S. 263.

Diese Beispiele verdeutlichen, dass wissenschaftliche Forschung ohne unterstützende und fördernde Rahmenbedingungen kaum denkbar ist. Den Grundrechtsschutz auf die eigentlichen Wissenschaftler zu beschränken, würde diesen Aspekt verkennen und den Grundrechtsschutz in weiten Teilen leer laufen lassen. Bei »unliebsamen« Forschungsvorhaben könnte man dann Beschränkungen schon im Vorfeld wissenschaftlicher Tätigkeit eingreifen lassen, weil dort Grundrechte von Wissenschaftlern nicht verletzt werden würden[77].

Diese Erkenntnis zeigt den Weg, wie die bisher nur abstrakt behandelte objektiv-rechtliche Seite der Wissenschaftsfreiheit konkretisiert werden kann: Sie hat die individual-abwehrrechtliche Seite (also das Forschen oder das Lehren) so zu verstärken, dass es ihr möglich ist, sich auch unter den Bedingungen der Vergesellschaftung und Institutionalisierung durchzusetzen[78]. Die Stärkung besteht insbesondere in dem Vorhalten von Forschungsmitteln und Räumlichkeiten sowie in der Erleichterung von Kontakten mit anderen Forschern[79]. Sinn und Zweck der objektiv-rechtlichen Seite ist mit anderen Worten, die Geltungskraft der individuellen Wissenschaftsfreiheit zu verstärken[80]. Daraus resultiert gleichzeitig eine gegenständliche Begrenzung der objektiv-rechtlichen Seite: Sie muss stets auf die individual-abwehrrechtliche Seite bezogen sein; sie hat hierin sowohl ihre Wurzel als auch ihr »Gravitationszentrum«[81]. Der Grund für diesen Bezug ist, dass Wissenschaft stets das analysierende und schöpferische Individuum voraussetzt. Die objektiv-rechtliche Seite kann folglich dann

[77] Darauf weist auch CLASSEN, Wissenschaftsfreiheit, S. 111, hin.

[78] Siehe TRUTE, Forschung zwischen Freiheit und Institutionalisierung, S. 262 ff. und S. 276 f.; DICKERT, Naturwissenschaften und Forschungsfreiheit, S. 152 ff.

[79] So STARCK in: VON MANGOLDT/KLEIN/STARCK, GG, Art. 5 Rn. 384.

[80] Siehe allgemein: BVerfGE 7, 198 (205); 50, 290 (337 f.); FEHLING in: BONNER KOMMENTAR, GG, Art. 5 Abs. 3 (Wissenschaftsfreiheit) Rn. 24; STARCK in: VON MANGOLDT/KLEIN/STARCK, GG, Art. 1 Rn. 178 ff. sowie Art. 5 Rn. 384; STERN in: STERN, Staatsrecht III/1, S. 907 ff.

[81] Siehe BVerfGE 50, 290 (337 f.); TRUTE, Forschung zwischen Freiheit und Institutionalisierung, S. 275; GEIS, WissR 37 [2004], 2 (16 f.); STARCK in: VON MANGOLDT/KLEIN/STARCK, GG, Art. 5 Rn. 384; DICKERT, Naturwissenschaften und Forschungsfreiheit, S. 152 ff.

nicht eingreifen, wenn die individual-abwehrrechtliche Seite nicht betroffen ist, weil dann keine Verstärkung der individuellen Wissenschaftsfreiheit erforderlich ist.

bb) Schutz der Wissenschaftseinrichtungen

Aus diesen allgemeinen Aussagen zu der objektiv-rechtlichen Seite der Wissenschaftsfreiheit lässt sich zunächst entnehmen, dass die objektivrechtliche Seite zu einer Grundrechtsträgerschaft von Einrichtungen führen kann, in denen Wissenschaft betrieben wird (Wissenschaftseinrichtungen). Denn durch die unmittelbare organisatorische Anbindung der Wissenschaftler an die Wissenschaftseinrichtung führt eine Beeinträchtigung der Tätigkeit der Wissenschaftseinrichtung gleichzeitig zu einer Beeinträchtigung der individuellen wissenschaftlichen Tätigkeit. Ein effektiver Schutz der individuellen wissenschaftlichen Tätigkeit erfordert deswegen auch einen Schutz der Wissenschaftseinrichtungen selbst. Zwar sind in erster Linie natürliche Personen (Wissenschaftler) grundrechtsberechtigt, nach Art. 19 Abs. 3 GG gelten die Grundrechte aber auch für inländische juristische Personen, »*soweit sie ihrem Wesen nach*« auf diese anwendbar sind. Durch die objektiv-rechtliche Seite der Wissenschaftsfreiheit wird letztlich erreicht, dass die Wissenschaftsfreiheit »ihrem Wesen nach« auf juristische Personen anwendbar ist, obwohl sie selbst nicht forschen oder lehren können. Deshalb können sich sowohl private Wissenschaftseinrichtungen[82] als auch Universitäten und ihre Fakultäten[83] sowie außeruniversitäre staatliche Forschungseinrichtungen[84] auf den Schutz der Wissenschaftsfreiheit berufen.

Nach den dargelegten Grundsätzen könnten sich auch Biobanken auf die

[82] FEHLING in: BONNER KOMMENTAR, GG, Art. 5 Abs. 3 (Wissenschaftsfreiheit) Rn. 135; DICKERT, Naturwissenschaften und Forschungsfreiheit, S. 312 f.

[83] Siehe z. B. BVerfGE 15, 256 (262); 75, 192 (196); OPPERMANN in: ISENSEE/KIRCHHOF, HbdStR VI, § 145 Rn. 35; FEHLING in: BONNER KOMMENTAR, GG, Art. 5 Abs. 3 (Wissenschaftsfreiheit) Rn. 124; STERN in: STERN, Staatsrecht III/1, S. 1126.

[84] Siehe z. B. FEHLING in: BONNER KOMMENTAR, GG, Art. 5 Abs. 3 (Wissenschaftsfreiheit) Rn. 133; OPPERMANN in: ISENSEE/KIRCHHOF, HbdStR VI, § 145 Rn. 59 f.

Wissenschaftsfreiheit berufen, wenn sie Wissenschaftseinrichtungen wären. Dafür müsste in Biobanken Wissenschaft betrieben werden. Wie bereits ausgeführt, ist die Sammlung, Aufbereitung, Aufbewahrung und Weitergabe der Körpersubstanzen und Daten in einer Biobank aber nicht vom Schutzbereich der Wissenschaftsfreiheit erfasst[85]. Biobanken sind folglich keine Wissenschaftseinrichtungen.

Somit können sich zwar Wissenschaftseinrichtungen auf die Wissenschaftsfreiheit berufen, aber Biobanken sind keine Wissenschaftseinrichtungen und deshalb hat die Grundrechtsträgerschaft der Wissenschaftseinrichtungen keine direkte Bedeutung für Biobanken.

cc) Schutz der Forschungsförderung?

Die vorstehenden Ausführungen zu Wissenschaftseinrichtungen haben gezeigt, dass sich aus der objektiv-rechtlichen Seite der Wissenschaftsfreiheit eine Erweiterung des Schutzbereichs der Wissenschaftsfreiheit ergeben kann. Die Wissenschaftsfreiheit ist somit nicht auf Wissenschaftler, Forscher oder Lehrer beschränkt und kann sogar eine Grundrechtsträgerschaft juristischer Personen begründen. Im Folgenden wird nun auf die Frage eingegangen, ob sich aus der objektiv-rechtlichen Seite auch eine Grundrechtsträgerschaft für Forschungsförderer ergibt, obwohl sie ebenso wie Wissenschaftseinrichtungen nicht originär wissenschaftlich tätig sind[86].

Diese Frage ist bisher kaum untersucht worden. Das überrascht, weil die Forschungsförderung in Deutschland zum großen Teil von Forschungsförderungsorganisationen durchgeführt wird, die sich nicht auf den individual-abwehrrechtlichen Schutzbereich berufen können. Hinsichtlich der Grundrechtsträgerschaft dieser Forschungsförderungsorganisationen lassen sich dennoch kaum Ausführungen finden und wenn, dann sind die-

[85] Siehe ausführlich unter a) auf Seite 21.
[86] Siehe bereits oben unter b) ab Seite 26.

se meist nur kurz. Sie reichen von einer Anerkennung der Grundrechtsfähigkeit bis zu einer Ablehnung der Grundrechtsfähigkeit[87]. In vielen Fällen beschränken sich die Aussagen auf die Deutsche Forschungsgemeinschaft (DFG), der die Grundrechtsfähigkeit für die Wissenschaftsfreiheit exemplarisch zuerkannt wird[88], allerdings oftmals ohne inhaltliche Begründung.

Für die Grundrechtsfähigkeit der Forschungsförderer – und auch der Forschungsförderungsorganisationen – spricht zunächst, dass das Bundesverfassungsgericht im »Hochschul-Urteil«[89] seine Aussagen zur objektivrechtlichen Seite des Art. 5 Abs. 3 GG ganz allgemein auf die »funktionsfähigen Institutionen für einen freien Wissenschaftsbetrieb« adressiert hat. Außerdem spricht für die Grundrechtsträgerschaft, dass wissenschaftliche Tätigkeit heutzutage in starkem Maße von bestimmten Rahmenbedingungen abhängig ist, insbesondere von einer entsprechenden Finanzierung. Wegen dieser Abhängigkeit müssten auch Förderungsförderer von der Wissenschaftsfreiheit geschützt sein[90].

Gegen die Grundrechtsfähigkeit spricht aber, dass es eine unüberschaubare Anzahl an Einrichtungen und Personen gibt, die in irgendeiner Art und Weise Wissenschaft fördern. Beispielsweise fördert auch eine Bäckerei Wissenschaft, wenn sie Wissenschaftler mit Essen versorgt. Dieses Beispiel zeigt, dass die Bezeichnung als Forschungsförderer bei genauerer Betrach-

---

[87] Für eine Anerkennung: LIERMANN, WissR 9 [1976], 248 (254); FROWEIN, Grundrecht auf Stiftung, S. 14; REDEKER, DÖV 1986, 946 (948); SEIFART, Stiftung und Rechnungskontrolle, S. 293; HUFEN, JuS 1988, 224 (226); SCHULTE, Staat und Stiftung, S. 97 f.; STARCK in: VON MANGOLDT/KLEIN/STARCK, GG, Art. 5 Rn. 408; CLASSEN, Wissenschaftsfreiheit, S. 112 f. und S. 255 f.; OPPERMANN in: ISENSEE/KIRCHHOF, HbdStR VI, § 145 Rn. 59 f.; in diese Richtung auch schon OPPERMANN, Stiftung Volkswagenwerk, S. 90. Wohl auch STERN in: STERN, Staatsrecht III/1, S. 1126. Offen gelassen von BVerwGE 74, 58 (62). Grundsätzlich ablehnend hingegen: FEHLING in: BONNER KOMMENTAR, GG, Art. 5 Abs. 3 (Wissenschaftsfreiheit) Rn. 140 f.; BETHGE in: SACHS, Grundgesetz, Art. 5 Rn. 214; SAUER, DÖV 1986, 941 (944 Fn. 17); KARPEN, Diskussionsbeitrag, S. 298.

[88] Siehe FRIAUF, WissR Beiheft 12 [1994], 77 (100); MEUSEL, WissR 25 [1992], 124 (133); MEUSEL, WissR Beiheft 11 [1993], 81 (87 ff.).

[89] BVerfG, Urteil vom 29.05.1973 – 1 BvR 424/71 und 325/72 = »Hochschul-Urteil« = BVerfGE 35, 79 = NJW 1973, 1176.

[90] REDEKER, DÖV 1986, 946 (948); SCHULTE, Staat und Stiftung, S. 97 f. In diese Richtung bereits OPPERMANN, Stiftung Volkswagenwerk, S. 90.

tung viel zu ungenau und für eine sachgerechte Abgrenzung nicht geeignet ist. Sonst würde der spezifische Gewährleistungsinhalt der Wissenschaftsfreiheit viel zu weit überdehnt.

Die Frage, ob sich auch Forschungsförderer auf die Wissenschaftsfreiheit berufen können, kann deshalb nicht einheitlich beantwortet werden[91]. Zu berücksichtigen ist dabei, dass die Forschungsförderer nicht schutzlos gestellt sind, wenn sie sich nicht auf die Wissenschaftsfreiheit berufen können. Ihnen bleibt nämlich zumindest eine Berufung auf die allgemeine Handlungsfreiheit (Art. 2 Abs. 1 GG, bei Einrichtungen i. V. m. Art. 19 Abs. 3 GG), um Beschränkungen abzuwehren. Nur bei einem signifikanten Bezug zur Wissenschaftsfreiheit kann daher eine Berufung auf die Wissenschaftsfreiheit ernsthaft in Betracht gezogen werden. Dafür kann eine bloße Förderung der Wissenschaft noch nicht ausreichen. Die Forschungsförderer müssen sich vielmehr als »verlängerter Arm« der Wissenschaftsgemeinschaft (»scientific community«) selbst darstellen und eine hinreichend enge Anbindung an die primären Grundrechtsträger (Wissenschaftler) besitzen[92]. Nur in diesem Fall wirkt sich eine staatliche Reglementierung der Forschungsförderer direkt auf die unmittelbar geschützte wissenschaftliche Betätigung aus[93]. Und nur dann besteht der für die objektiv-rechtliche Seite der Wissenschaftsfreiheit erforderliche Individualbezug. Hier zeigt sich dann die Parallele zu Wissenschaftseinrichtungen, denn auch dort resultiert die Grundrechtsträgerschaft daraus, dass sich eine Reglementierung der Wissenschaftseinrichtung direkt auf die wissenschaftliche Betätigung auswirkt.

---

91 Siehe MEUSEL, WissR Beiheft 11 [1993], 81 (85).

92 Siehe zu dieser Voraussetzung z. B. FEHLING in: BONNER KOMMENTAR, GG, Art. 5 Abs. 3 (Wissenschaftsfreiheit) Rn. 141; CLASSEN, Wissenschaftsfreiheit, S. 109 ff., 112 f. und S. 255 f.

93 FEHLING in: BONNER KOMMENTAR, GG, Art. 5 Abs. 3 (Wissenschaftsfreiheit) Rn. 140; CLASSEN, Wissenschaftsfreiheit, S. 112.

dd) Schutz der wissenschaftlichen Selbstverwaltung

Aus den vorstehenden Ausführungen ergibt sich zwar kein Schutz der Forschungsförderer, aber dafür ein Schutz der wissenschaftlichen Selbstverwaltung. Diese kommt im wissenschaftlichen Bereich sehr häufig vor, weil dadurch die Wissenschaftler selbst für »wissenschaftsfreundliche« Rahmenbedingungen sorgen können und nicht auf andere angewiesen sind. Die Selbstverwaltung dient auf diese Weise der Neutralisation der äußeren Einflüsse und stärkt dadurch den Individualbezug[94]. Außerdem entspricht die Selbstverwaltung durch Wissenschaftler am ehesten der Eigengesetzlichkeit der Wissenschaft[95]. Dementsprechend enthält die objektivrechtliche Seite der Wissenschaftsfreiheit nach weitgehend übereinstimmender Ansicht eine institutionelle Gewährleistung für die Selbstverwaltung von Wissenschaft, Forschung und Lehre[96]. Demnach ist die Berufung auf die Wissenschaftsfreiheit vor allem dann zulässig, wenn die jeweilige Einrichtung von Wissenschaftlern selbst verwaltet wird. Sie stellt sich dann nicht nur als »verlängerter Arm« der Wissenschaftsgemeinschaft dar, sondern ist direkt in die Wissenschaftsgemeinschaft integriert.

Dies gilt auch im Fall der Forschungsförderung. Gerade da ist die Selbstverwaltung wichtig, weil sie die beste Gewähr dafür bietet, dass die Förderung der Forschung nach wissenschaftsadäquaten Kriterien erfolgt[97]. Dieser Schutz der wissenschaftlichen Selbstverwaltung ist der wahre Grund, warum sich die DFG als Forschungsförderungsorganisation auf die Wissenschaftsfreiheit berufen kann[98]. Denn bei der DFG werden in einer hierarchisch gestuften Wissenschaftler-Autonomie alle Förderentscheidungen

---

94 Siehe TRUTE, Forschung zwischen Freiheit und Institutionalisierung, S. 370.

95 Siehe GEIS, WissR 37 [2004], 2 (14).

96 Siehe z. B. BVerfGE 35, 79 (116); 85, 360 (384); FEHLING in: BONNER KOMMENTAR, GG, Art. 5 Abs. 3 (Wissenschaftsfreiheit) Rn. 26 und Rn. 206; OPPERMANN in: ISENSEE/KIRCHHOF, HbdStR VI, § 145 Rn. 18 sowie Rn. 54.

97 Siehe SCHMIDT-ASSMANN, HbdWissR II, S. 1629.

98 Siehe MEUSEL, WissR 25 [1992], 124 (133); MEUSEL, WissR Beiheft 11 [1993], 81 (87); TRUTE, Forschung zwischen Freiheit und Institutionalisierung, S. 690 ff.

auf der Grundlage des (binnen-) demokratisch ermittelten wissenschaftlichen Sachverstandes getroffen.

Eine Berufung auf die Wissenschaftsfreiheit kann aber nicht auf Selbstverwaltungseinrichtungen der Wissenschaftler beschränkt bleiben. Vielmehr ist es ausreichend, wenn fachkundige[99] Wissenschaftler auf die wissenschaftsbezogenen Entscheidungen der jeweiligen Einrichtung einen maßgeblichen Einfluss haben und sichergestellt ist, dass die Entscheidung nur nach wissenschaftsadäquaten Kriterien getroffen wird. Auch in diesem Fall stellen sich die Entscheidungen als Entscheidungen von Wissenschaftlern dar und die Einrichtung handelt dann als »verlängerter Arm« der Wissenschaftsgemeinschaft. Das bedeutet beispielsweise für eine Forschungsförderungseinrichtung, dass sie auch von Nicht-Wissenschaftlern geleitet werden kann, solange die Förderentscheidungen von fachkundigen Wissenschaftlern maßgeblich beeinflusst werden können, also etwa von einem Sachverständigenrat bestimmt werden. Es reicht aber nicht aus, wenn die wissenschaftsbezogenen Entscheidungen nur durch Wissenschaftler vorbereitet werden, etwa in Form von Gutachten[100]. Ebenso ist nicht ausreichend, dass Wissenschaftler überhaupt in den entsprechenden Entscheidungsgremien vertreten sind[101], sondern sie müssen tatsächlich einen maßgeblichen Einfluss auf die Entscheidungen haben und es muss sichergestellt sein (etwa in der Satzung der Einrichtung), dass die Entscheidung nur nach wissenschaftsadäquaten Kriterien getroffen wird. Sonst sind die Entscheidungen keine Entscheidungen der Wissenschaftsgemeinschaft. Es würde mithin an einem signifikanten Bezug zur Wissenschaftsfreiheit fehlen. Notwendig und ausreichend ist deswegen ein maßgeblicher Einfluss fachkundiger Wissenschaftler auf die wissenschaftsbezogenen Entscheidungen. Diesen maßgeblichen Einfluss haben diese Wissenschaftler nur

---

[99] Es reicht nicht aus, dass die betreffende Person überhaupt Wissenschaftler ist, sondern es ist zu verlangen, dass sie so fachnah wie möglich sein muss. Nur dann kann sie sach- und fachgerecht über die Verteilung der Mittel (Körpersubstanzen) entscheiden.

[100] So aber CLASSEN, Wissenschaftsfreiheit, S. 113.

[101] Anders wiederum CLASSEN, Wissenschaftsfreiheit, S. 113.

dann, wenn sie in den Entscheidungsgremien eine Mehrheit haben oder zumindest wenn Entscheidungen nicht gegen ihr Veto getroffen werden können.

ee) Konsequenzen für Biobanken

Bei einer Biobank besteht der Bezug zur Wissenschaft darin, dass für Forschungsvorhaben Körpersubstanzen und Daten zur Verfügung gestellt werden. Das bedeutet, dass dem Biobankbetreiber dann die Wissenschaftsfreiheit zusteht, wenn fachkundige Wissenschaftler zumindest auf Entscheidungen hinsichtlich der Weitergabe der Körpersubstanzen und der damit verbundenen Daten einen maßgeblichen Einfluss haben und sie ihre Entscheidungen nur nach wissenschaftsadäquaten Kriterien treffen. Eine Berufung auf die Wissenschaftsfreiheit kommt allerdings nur hinsichtlich derjenigen Tätigkeiten in Betracht, die der Weitergabe der Körpersubstanzen und Daten für Forschungsvorhaben dienen, also nur für wissenschaftsbezogene Tätigkeiten. Sonst fehlt es an der erforderlichen Verbindung zur Wissenschaft. Falls die Biobank die Körpersubstanzen und Daten beispielsweise auch an die Industrie für nicht-wissenschaftliche Zwecke abgibt, dann kann sich der Biobankbetreiber nur hinsichtlich der wissenschaftsbezogenen Weiterverwendung auf die Wissenschaftsfreiheit berufen.

Für Biobankbetreiber, die keine eigene Rechtspersönlichkeit besitzen, ist zu beachten, dass Art. 19 Abs. 3 GG seinem Wortlaut nach zwar nur juristischen Personen Grundrechtsschutz vermittelt, inzwischen aber allgemein anerkannt ist, dass dieser Begriff nicht einfachgesetzlich bestimmt werden kann, sondern auch solche Organisationen erfasst, denen die Rechtsordnung nur für einen bestimmten Bereich oder in bestimmter Hinsicht Rechtsfähigkeit eingeräumt hat[102]. Auch eine Biobank, die von einem nicht rechtsfähigen Verein oder einer nicht rechtsfähigen Stiftung betrieben wird, erfüllt diese Voraussetzungen. Dem Biobankbetreiber als sol-

[102] Siehe z. B. BVerfGE 6, 273 (277); 24, 236 (243) zum nicht eingetragenen Verein sowie BVerfG NJW 2002, 3533 zur BGB-Gesellschaft; DREIER in: DREIER, GG, Art. 19 III Rn. 43 ff.

chem kommt daher, ggf. vermittelt über Art. 19 Abs. 3 GG, der Grundrechtsschutz der Wissenschaftsfreiheit zu, wenn und soweit Wissenschaftler einen maßgeblichen Einfluss auf die wissenschaftsbezogenen Entscheidungen haben.

II. Schranken der Wissenschaftsfreiheit

In Fällen, in denen sich der Biobankbetreiber auf die Wissenschaftsfreiheit berufen kann, wird die Frage bedeutsam, auf welche Weise die durch Art. 5 Abs. 3 S. 1 GG vorbehaltlos gewährleistete Wissenschaftsfreiheit vom Gesetzgeber beschränkt werden kann.

Angesichts des klaren Wortlauts des Art. 5 Abs. 3 S. 1 GG können die Schrankenregelungen anderer Grundrechte nicht angewandt werden, auch nicht analog. Unzulässig ist also insbesondere, die Schranken des Art. 5 Abs. 2 GG (*»Diese Rechte finden ihre Schranken in den Vorschriften der allgemeinen Gesetze, den gesetzlichen Bestimmungen zum Schutze der Jugend und in dem Recht der persönlichen Ehre«*) auf die in Abs. 3 genannten Bereiche zu erstrecken[103]. Ebenso ist abzulehnen, die Wissenschaftsfreiheit gemäß Art. 2 Abs. 1 Halbsatz 2 GG (*»soweit er nicht die Rechte anderer verletzt und nicht gegen die verfassungsmäßige Ordnung oder das Sittengesetz verstößt«*) zu beschränken[104].

Die Vorbehaltlosigkeit bedeutet, dass die Grenzen der Wissenschaftsfreiheit nur von der Verfassung selbst zu bestimmen sind, sog. *immanente Schranken*[105]. Daher sind nur »kollidierende Grundrechte Dritter und an-

---

103 Siehe z. B. BVerfGE 30, 173 (191 f.) »Mephisto«; BVerfGE 47, 327 (368 f.); STARCK in: VON MANGOLDT/KLEIN/STARCK, GG, Art. 5 Rn. 414; MISERA-LANG, Einschränkbarkeit vorbehaltloser Freiheitsgrundrechte, S. 97 f.

104 So z. B. BVerfGE 30, 173 (192) »Mephisto«; PERNICE in: DREIER, GG, Art. 5 III (Wissenschaft) Rn. 39; MISERA-LANG, Einschränkbarkeit vorbehaltloser Freiheitsgrundrechte, S. 88 ff.

105 Siehe dazu z. B. BVerfGE 47, 327 (369); MISERA-LANG, Einschränkbarkeit vorbehaltloser Freiheitsgrundrechte, S. 142 und S. 308 ff. sowie SACHS in: STERN, Staatsrecht III/1, S. 513 ff.

dere mit Verfassungsrang ausgestattete Rechtswerte [...] mit Rücksicht auf die Einheit der Verfassung und die von ihr geschützte gesamte Wertordnung ausnahmsweise imstande, auch uneinschränkbare Grundrechte in einzelnen Beziehungen zu begrenzen«[106]. Die die Wissenschaftsfreiheit begrenzenden Rechtsgüter dürfen also nur auf der Ebene der Verfassung selbst normiert sein und nicht vom Gesetzgeber »erfunden« werden. Der Gesetzgeber ist hierbei zu keiner sachlichen Grundrechtsbegrenzung berechtigt, sondern kann »lediglich die verfassungsrechtlich begründeten Regelungsgrenzen offenlegen«[107]. Die Wissenschaftsfreiheit ist also vorbehaltlos gewährt, aber nicht schrankenlos.

III. Ergebnis

Der Betreiber einer Biobank kann sich *grundsätzlich* **nicht** auf die vorbehaltlos gewährleistete Wissenschaftsfreiheit berufen, weil die Sammlung, Aufbereitung, Aufbewahrung und Weitergabe der Körpersubstanzen und Daten in einer Biobank nicht vom Schutzbereich der Wissenschaftsfreiheit erfasst werden. *Ausnahmsweise* ist aber eine Berufung auf die Wissenschaftsfreiheit möglich, sofern Wissenschaftler auf die wissenschaftsbezogenen Entscheidungen in der Biobank einen maßgeblichen Einfluss haben oder die Biobank von Wissenschaftlern sogar selbst verwaltet wird. In diesen Fällen ist bei der Sammlung, Aufbereitung, Aufbewahrung und Weitergabe der Körpersubstanzen und der damit verbundenen Daten die Wissenschaftsfreiheit des Biobankbetreibers zu beachten, unabhängig von der Rechtsform des Biobankbetreibers.

---

[106] Grundlegend zur Einschränkbarkeit vorbehaltloser Grundrechte: BVerfGE 28, 243 (261).

[107] Taupitz, Biomedizinische Forschung, S. 25; siehe auch Losch, Wissenschaftsfreiheit, S. 67; Brewe, Embryonenschutz, S. 66.

C. Eigentumsgarantie nach Art. 14 Abs. 1 GG

Neben der Berufung auf die Wissenschaftsfreiheit aus Art. 5 Abs. 3 GG kommt bei dem Biobankbetreiber auch die Berufung auf die Eigentumsgarantie aus Art. 14 Abs. 1 GG in Betracht. Art. 14 Abs. 1 GG bestimmt Folgendes:

> *»Das Eigentum und das Erbrecht werden gewährleistet. Inhalt und Schranken werden durch die Gesetze bestimmt.«*

I. Allgemeiner Schutzbereich der Eigentumsgarantie

In **sachlicher** Hinsicht gewährleistet das Grundrecht aus Art. 14 Abs. 1 GG das »Eigentum« des Einzelnen. Dazu gehört in erster Linie das Eigentum nach bürgerlichem Recht (siehe § 903 BGB)[108]. Das Eigentum i. S. d. Art. 14 Abs. 1 GG ist aber noch viel weiter zu verstehen. Hierzu zählen grundsätzlich alle vom Gesetzgeber gewährten vermögenswerten Rechte[109]. Auch privatrechtliche Ansprüche und Forderungen sind somit »Eigentum« i. S. d. Art. 14 Abs. 1 GG[110]. Demnach ist nicht nur das zivilrechtliche Eigentum an den Körpersubstanzen von der Eigentumsgarantie geschützt, sondern ebenso daran bestehende dingliche oder obligatorische Nutzungs- und Verfügungsrechte (z. B. vertragliche Befugnis zur Verwendung der Körpersubstanzen für Forschungszwecke).

---

108 Siehe z. B. DEPENHEUER in: VON MANGOLDT/KLEIN/STARCK, GG, Art. 14 Rn. 33 sowie 112; DIETLEIN in: STERN, Staatsrecht IV/1, S. 2185 ff.; PIEROTH/SCHLINK, Grundrechte, Rn. 901.

109 Siehe z. B. BVerfGE 53, 257 (290); 91, 294 (307); 105, 252 (277); 112, 93 (107); DIETLEIN in: STERN, Staatsrecht IV/1, S. 2197 ff.; PAPIER in: MAUNZ/DÜRIG, GG, Art. 14 Rn. 55 ff.

110 Siehe z. B. BVerfGE 42, 263 (294); 112, 93 (107); DEPENHEUER in: VON MANGOLDT/KLEIN/STARCK, GG, Art. 14 Rn. 152; JARASS in: JARASS/PIEROTH, GG, Art. 14 Rn. 8; PIEROTH/SCHLINK, Grundrechte, Rn. 904.

In **persönlicher** Hinsicht schützt die Eigentumsgarantie alle natürlichen Personen sowie über Art. 19 Abs. 3 GG alle inländischen juristischen Personen des Privatrechts[111]. Juristische Personen des öffentlichen Rechts sind hingegen nicht Träger dieses Grundrechts[112]. Denn Art. 14 Abs. 1 GG schützt »nicht das Privateigentum, sondern das Eigentum Privater«[113].

Der Biobankbetreiber kann sich folglich auf die Eigentumsgarantie berufen, sofern er keine juristische Person des öffentlichen Rechts ist und sofern er ein vermögenswertes Recht besitzt.

II. Schutzbereich in Bezug auf Körpersubstanzen

Als vermögenswertes Recht des Biobankbetreibers kommt zum einen dessen zivilrechtliches Eigentum an den **Körpersubstanzen** in Betracht.

In der Literatur ist derzeit allerdings sehr umstritten, unter welchen Voraussetzungen der Betreiber einer Biobank Eigentum an den Körpersubstanzen erwirbt, insbesondere wenn der Substanzspender die abgetrennten Körpersubstanzen kommentarlos beim Erbringer der medizinischen Dienstleistung (z. B. Arzt, Krankenhaus, Blutspendeorganisation) zurückgelassen hat. In diesem Fall wird zum Teil ein Eigentumsrecht des Biobankbetreibers an den Körpersubstanzen abgelehnt[114]. Diese Ablehnung des Eigentumsrechts des Biobankbetreibers an den abgetrennten Körpersubstanzen hat schwerwiegende Folgen. Erstens kann sich der Biobankbetreiber in diesem Fall nicht auf die Eigentumsgarantie aus Art. 14 Abs. 1 GG berufen, dafür aber der Substanzspender, wodurch die Gewichtung

[111] Siehe z. B. BVerfGE 4, 7 (17); 66, 116 (130); PAPIER in: MAUNZ/DÜRIG, GG, Art. 14 Rn. 206 ff.; BERKEMANN in: UMBACH/CLEMENS, GG, Art. 14 Rn. 98 ff.

[112] Siehe z. B. BVerfGE 21, 362 (367 ff.); 61, 82 (105 ff.); DEPENHEUER in: VON MANGOLDT/KLEIN/STARCK, GG, Art. 14 Rn. 189 ff.; PAPIER in: MAUNZ/DÜRIG, GG, Art. 14 Rn. 206 ff.

[113] BVerfGE 61, 82 (108 f.).

[114] So vor allem SIMON et al., Biomaterialbanken, S. 34 ff.; ebenso VON FREIER, MedR 2005, 321 (327 f.). In diese Richtung auch BREYER, MedR 2004, 660 (661 f.), der bereits eine längere Aufbewahrung für unzulässig hält.

der gegenläufigen Grundrechte erheblich beeinflusst wird. Außerdem wäre die Weiterverwendung der Körpersubstanzen in der Biobank aus strafrechtlicher Sicht ein Diebstahl (§ 242 StGB), eine Unterschlagung (§ 246 StGB) oder eine Sachbeschädigung (§ 303 StGB), sofern der Substanzspender die Weiterverwendung nicht erlaubt hätte. Schließlich ergäben sich zivilrechtlich unter Umständen auch ein Schadensersatzanspruch des Substanzspenders gegen den Biobankbetreiber aus § 823 Abs. 1 BGB sowie ein Rückforderungsanspruch aus § 985 BGB.

Die Feststellung der Eigentumslage determiniert folglich die Zulässigkeit der Weiterverwendung der Körpersubstanzen in einer Biobank. Bei Ablehnung des Eigentumsrechts des Biobankbetreibers ist die Weiterverwendung der Körpersubstanzen nur sehr eingeschränkt möglich. Die Auffassungen, die eine Weiterverwendung der Körpersubstanzen ohne Einwilligung des Substanzspenders für unzulässig halten, basieren dementsprechend auch oft auf der Ablehnung des Eigentumsrechts des jeweiligen Verwenders (z. B. Biobankbetreibers). Aus diesem Grund ist eine ausführliche Untersuchung der Eigentumsverhältnisse an den abgetrennten Körpersubstanzen unentbehrlich.

1. Der Substanzspender als ursprünglicher Eigentümer

Während das Recht des lebenden Menschen am eigenen Körper einschließlich der einzelnen mit dem Körper verbundenen Körperbestandteile nahezu einhellig und trotz einiger Unterschiede in der Begründung und im Detail als Persönlichkeitsrecht qualifiziert wird[115], unterliegen getrennte Teile und Substanzen des menschlichen Körpers nach herrschender Meinung primär einer sachenrechtlichen Einordnung[116]. Das bedeutet, dass

[115] Und zwar entweder als Ausprägung des allgemeinen Persönlichkeitsrechts oder als besonderes Persönlichkeitsrecht, siehe beispielsweise DEUTSCH/SPICKHOFF, Medizinrecht, Rn. 609 und Rn. 612; HALÀSZ, Bio-materielle Selbstbestimmung, S. 13 ff.

[116] Siehe z. B. SCHRÖDER/TAUPITZ, Menschliches Blut, S. 42 ff.; TAUPITZ, AcP 191 [1991], 201 (209); HALÀSZ, Bio-materielle Selbstbestimmung, S. 35 ff.

der Substanzspender mit der Abtrennung vom Körper zivilrechtliches Eigentum an den Körpersubstanzen bzw. zumindest ein Aneignungsrecht an ihnen erwirbt[117]. Er kann das Eigentum danach aber wieder verloren haben, etwa weil er das Eigentum gemäß § 929 BGB auf den Arzt bzw. die Biobank übertragen hat.

Unproblematisch ist es hierbei, wenn der Substanzspender ausdrücklich das Eigentum an den abgetrennten Körpersubstanzen auf die jeweilige Biobank oder zumindest den Arzt überträgt. In der Regel wird es jedoch an einer derartigen eindeutigen Äußerung des Substanzspenders fehlen. Dieser lässt in aller Regel lediglich die Substanzentnahme geschehen und nimmt es hin, dass das medizinische Personal des Krankenhauses oder Arztes die abgetrennten Körpersubstanzen an sich nimmt. Außer einer ausdrücklichen Einwilligung in den Eingriff macht der Substanzspender also in der Regel keine weitergehenden Äußerungen. Damit fehlt es zumeist an einer ausdrücklichen Erklärung des Substanzspenders in Bezug auf die dinglichen Rechtsverhältnisse an »seinen« (abgetrennten) Körpersubstanzen.

2. Abgabe einer Willenserklärung durch den Substanzspender

Falls keine ausdrückliche und eindeutige Willensäußerung des Substanzspenders in Bezug auf die dinglichen Rechtsverhältnisse vorliegt, wie es der Regelfall ist, ist durch Auslegung nach §§ 133, 157 BGB zu ermitteln, ob der Substanzspender überhaupt eine rechtsgeschäftliche Willenserklärung abgeben hat und welchen Inhalt diese ggf. aufweist. Bezogen auf die Situation bei der Entnahme der Körpersubstanzen erscheint bereits unsicher, ob der Substanzspender überhaupt eine Willenserklärung abgibt. Denn sein Verhalten, die Substanzentnahme hinzunehmen, stellt

[117] Siehe z. B. SCHRÖDER/TAUPITZ, Menschliches Blut, S. 35 ff.; HOLCH in: MÜNCHKOMM, BGB, § 90 Rn. 29; HALÀSZ, Bio-materielle Selbstbestimmung, S. 59.

sich primär als Einwilligung in den körperlichen Eingriff dar. Verneint man dementsprechend das Vorliegen einer Willenserklärung, würde man jedoch verkennen, dass es für die Auslegung auch auf den Willen der Beteiligten sowie die Begleitumstände der Erklärung ankommt, insbesondere im Fall schlüssiger Erklärungen. Als Begleitumstände gewinnen hier vor allem der Zweck der Substanzentnahme und die Interessenlage Bedeutung. Denn die Abtrennung der Körpersubstanzen dient in aller Regel dazu, bestimmte diagnostische Untersuchungen an den Körpersubstanzen zu ermöglichen. Dies ist aber nur möglich, wenn der Substanzspender anderen (z. B. Arzt, Labor) zumindest eine rein tatsächliche Zugriffsmöglichkeit einräumt. Auch erwartet es der Substanzspender nicht, dass die abgetrennten Körpersubstanzen später wieder an ihn zurückgegeben werden[118]. Dem Verhalten des Substanzspenders, der die Trennung der Körpersubstanzen duldet, muss damit zumindest eine rechtsgeschäftliche Erklärung des Inhalts entnommen werden, dass der Arzt oder das Labor eine vertragliche Befugnis zur notwendigen tatsächlichen Einwirkung auf die Körpersubstanzen erhalten und nicht zur Rückgabe verpflichtet sein sollen[119]. Selbst in den Fällen, in denen die Substanzentnahme allein aus therapeutischen Gründen erfolgt (z. B. Blinddarmoperation oder Extraktion eines Zahns), kann nichts anderes gelten. Denn auch hier erwartet der Substanzspender nicht, dass die Körpersubstanz wieder an ihn zurückgegeben wird. Er räumt deshalb in diesen Fällen dem medizinischen Dienstleister zumindest die Befugnis ein, die Körpersubstanz zu vernichten.

3. Konsequenzen der Auslegung hinsichtlich der eigentumsrechtlichen Zuordnung

Nach dem soeben festgestellt wurde, dass der Substanzspender eine (schlüssige) Willenserklärung abgegeben hat, ist diese nun auf ihren ge-

[118] Anders aber beispielsweise in den Fällen der Eigenblutspende.
[119] Siehe ausführlich SCHRÖDER/TAUPITZ, Menschliches Blut, S. 50 f.

nauen Inhalt hinsichtlich der Eigentumsverhältnisse an abgetrennten Körpersubstanzen zu untersuchen und auszulegen. Nach der Trennung der Körpersubstanzen bieten sich dem Substanzspender verschiedene Möglichkeiten, um die Eigentumsverhältnisse an den Körpersubstanzen zu regeln. Er kann:

- das Eigentum behalten und anderen lediglich ein Nutzungsrecht an den Körpersubstanzen einräumen,
- das Eigentum aufgeben (*Dereliktion* nach § 959 BGB) oder
- das Eigentum übertragen (*Übereignung* nach § 929 BGB).

Welche dieser Möglichkeiten vom Substanzspender gewollt und für andere objektiv erkennbar ist, lässt sich nicht generell beantworten, sondern ist abhängig von den jeweiligen Umständen, insbesondere den Erklärungen und den erkennbaren Interessen des Substanzspenders. Es kann aber immerhin untersucht werden, worauf *in der Regel* der Wille des Substanzspenders gerichtet sein wird, wenn er die Substanzentnahme geschehen lässt und die abgetrennten Körpersubstanzen anschließend kommentarlos beim Erbringer der medizinischen Dienstleistung (z. B. Arzt, Krankenhaus, Blutspendeorganisation) belässt.

a) Schuldrechtliches Nutzungsrecht

Der Wille des Substanzspenders könnte zum einen darauf gerichtet sein, das Eigentum an den Körpersubstanzen zu behalten und dem medizinischen Dienstleister (z. B. Arzt oder Forscher) lediglich ein schuldrechtliches Nutzungsrecht an seinen abgetrennten Substanzen einzuräumen sowie die anschließende Vernichtung zu vereinbaren[120]. Dass der Wille des

[120] In diese Richtung SCHÜNEMANN, Die Rechte am menschlichen Körper, S. 164 und 170, und aus neuerer Zeit LIPPERT, MedR 2001, 406 (408); FREUND/WEISS, MedR 2004, 315 (316); FREUND, MedR 2005, 453 (455); VON FREIER, MedR 2005, 321 (327 f.), sowie SIMON et al., Biomaterialbanken, S. 37 ff. Im Ergebnis wohl auch BREYER, MedR 2004, 660 (661 f., 664 f.), der bereits eine längere Aufbewahrung für unzulässig hält.

Substanzspenders in der Regel auf diese Variante gerichtet sei, wird mit dem Argument begründet, dass dem Substanzspender der Eigentumsverlust nur Nachteile und keine Vorteile bringe, da die diagnostischen Untersuchungen ja auch mithilfe des Nutzungsrechts durchgeführt werden könnten[121].

Allerdings muss in diesen Fällen der Substanzspender mittelbarer Besitzer nach § 868 BGB bleiben. Das setzt voraus, dass der medizinische Dienstleister unmittelbaren Besitz ausübt, dabei dem Substanzspender gegenüber aufgrund eines bestimmten Rechtsverhältnisses auf Zeit zum Besitz berechtigt ist und den unmittelbaren Besitz in Anerkennung eines Herausgabeanspruchs des Substanzspenders ausübt. Zweifelhaft ist bereits, ob der medizinische Dienstleister den unmittelbaren Besitz überhaupt in Anerkennung des Herausgabeanspruchs des Substanzspenders ausübt oder ob er nicht vielmehr davon ausgeht, die abgetrennten Körpersubstanzen nicht mehr herausgeben zu müssen[122]. Vor allem aber fehlt es an der Besitzüberlassung *»auf Zeit«*, weil der Substanzspender die abgetrennten Körpersubstanzen nicht mehr zurückhaben möchte[123]. Außerdem hätte der Substanzspender von dieser schuldrechtlichen Lösung keineswegs nur Vorteile. Denn er wäre dann als Eigentümer der abgetrennten Körpersubstanzen grundsätzlich zu deren umweltgerechter Entsorgung verpflichtet (§§ 10 ff. KrW-/AbfG)[124].

Schließlich spricht gegen die schuldrechtliche Lösung auch, dass dabei Interessen des medizinischen Dienstleisters unberücksichtigt bleiben. Dieser müsste ja nicht nur Fremdbesitzerwillen haben, sondern auch der schuldrechtlichen Nutzungsvereinbarung zustimmen. Das brächte ihm jedoch nur Nachteile, weil er dann bei einer unsachgemäßen Behandlung der ab-

---

121 Siehe FREUND/WEISS, MedR 2004, 315 (316); FREUND, MedR 2005, 453 (455).

122 Zweifelnd auch EHRLICH, Gewinnabschöpfung, S. 51.

123 SCHRÖDER/TAUPITZ, Menschliches Blut, S. 85; EHRLICH, Gewinnabschöpfung, S. 51 f.; HALÀSZ, Bio-materielle Selbstbestimmung, S. 62 f.

124 Siehe SCHÜNEMANN, Die Rechte am menschlichen Körper, S. 160 ff., 165; SCHRÖDER/TAUPITZ, Menschliches Blut, S. 85; HALÀSZ, Bio-materielle Selbstbestimmung, S. 61.

getrennten Körpersubstanzen nicht nur aufgrund des Behandlungsvertrages schadensersatzpflichtig wäre, sondern zusätzlich auch aufgrund einer Eigentumsverletzung. Dies kann nicht ohne weitere Begleitumstände dem Willen des medizinischen Dienstleisters unterstellt werden[125].

Die Ablehnung einer Eigentumsübertragung ist letztlich dadurch motiviert, den Substanzspender vor einer Weiterverwendung seiner Körpersubstanzen zu schützen. Unberücksichtigt bleibt dabei allerdings, dass der Substanzspender auch bei Annahme einer Eigentumsübertragung keineswegs schutzlos gestellt ist. Ihm steht dann zwar nicht mehr das Eigentumsrecht an den abgetrennten Körpersubstanzen zu, aber seine Interessen werden weiterhin durch das allgemeine Persönlichkeitsrecht geschützt, dass bei der Weiterverwendung der Körpersubstanzen zu beachten bleibt[126].

Die »ohnehin gekünstelt wirkende Konstruktion«[127] der schuldrechtlichen Lösung wird somit der tatsächlichen Situation nicht gerecht und ist abzulehnen. Sofern sich aus den Begleitumständen nichts anderes ergibt, kann somit nicht angenommen werden, dass der Wille des Substanzspenders darauf gerichtet ist, das Eigentum zu behalten und anderen lediglich ein Nutzungsrecht an den Körpersubstanzen einzuräumen.

b) Dereliktion (§ 959 BGB)

Möglich wäre auch anzunehmen, dass der Wille des Substanzspenders im Regelfall darauf gerichtet ist, sein Eigentum an den abgetrennten Körpersubstanzen gemäß § 959 BGB aufzugeben (sog. Dereliktion)[128]. Die abgetrennten Körpersubstanzen würden nach der Dereliktion herrenlos, und jeder, könnte sie sich dann aneignen (§ 958 Abs. 1 BGB).

---

125 Siehe auch HALÀSZ, Bio-materielle Selbstbestimmung, S. 61.

126 Siehe dazu ausführlich bei den Grundrechten des Substanzspenders unten unter § 3. C. III. 4. ab Seite 93.

127 EHRLICH, Gewinnabschöpfung, S. 52.

128 Siehe HOLCH in: MÜNCHKOMM, BGB, § 90 Rn. 29; MARLY in: SOERGEL, BGB, § 90 Rn. 7; SPRANGER, NJW 2005, 1084 (1085); TARGIEL, JIBL 2006, 244 (263).

Eine Dereliktion kommt jedoch nur dann in Betracht, wenn dem Derelinquierenden das weitere Schicksal der Sache gleichgültig ist, wenn es ihm also unwichtig ist, ob die Sache vernichtet wird oder sie sich ein beliebiger Dritter aneignet[129]. Die Sache muss nach seinem Willen zum »Freiwild« für jedermann werden[130]. Eine Dereliktion ist demnach abzulehnen, wenn der Eigentümer das Eigentum nur zu einem bestimmten Zweck (z. B. anschließende Vernichtung) oder nur zugunsten einer bestimmten Person aufgibt[131].

Für den Fall einer Substanzentnahme aus *diagnostischen Gründen* (z. B. Blutentnahme für Laboruntersuchungen) ist davon auszugehen, dass der Substanzspender keine Dereliktion möchte. Die Aneignung durch einen beliebigen Dritten könnte nämlich die beabsichtigte diagnostische Verwendung vereiteln[132]. Selbst bei einer Substanzentnahme aus *therapeutischen Gründen* (z. B. Extraktion eines Zahns) kann nichts anderes gelten. Denn der Substanzspender geht bei einer freiwilligen Substanzentnahme stillschweigend davon aus, dass es nach Weggabe der Körpersubstanzen zur keiner Verwendung kommt, die sein Persönlichkeitsrecht verletzt[133]. Ihm kommt es deswegen darauf an, dass gerade der medizinische Dienstleister als sein Vertragspartner die Körpersubstanzen erhält, weil dieser vertraglich zur Wahrung der Interessen des Substanzspenders verpflichtet ist[134]. Zudem verstieße eine Dereliktion an Körpersubstanzen gegen umweltrechtliche Abfallvorschriften (insbesondere §§ 10 ff. KrW-/AbfG) und wäre gemäß § 134 BGB nichtig[135].

---

129 EHRLICH, Gewinnabschöpfung, S. 46; GURSKY in: STAUDINGER, BGB, § 959 Rn. 3; FRITSCHE, MDR 1962, 714 (714).

130 So einprägsam FRITSCHE, MDR 1962, 714 (714).

131 EHRLICH, Gewinnabschöpfung, S. 46; HALÀSZ, Bio-materielle Selbstbestimmung, S. 63 f.; GURSKY in: STAUDINGER, BGB, § 959 Rn. 3 f.; FRITSCHE, MDR 1962, 714 (714).

132 SCHRÖDER/TAUPITZ, Menschliches Blut, S. 85 f.; EHRLICH, Gewinnabschöpfung, S. 47.

133 Siehe EHRLICH, Gewinnabschöpfung, S. 47 ff.; HALÀSZ, Bio-materielle Selbstbestimmung, S. 64.

134 SCHRÖDER/TAUPITZ, Menschliches Blut, S. 86.

135 LG Ravensburg NJW 1987, 3142 (3143); EHRLICH, Gewinnabschöpfung, S. 50; HALÀSZ, Bio-materielle Selbstbestimmung, S. 64; QUACK in: MÜNCHKOMM, BGB, § 959 Rn. 14;

Aufgrund des Missbrauchspotentials ist somit grundsätzlich davon auszugehen, dass keine Dereliktion stattfinden soll.

c) Eigentumsübertragung (§ 929 BGB)

Im Regelfall entspricht es also dem Interesse des Substanzspenders, dass der medizinische Diensleister als sein Vertragspartner an den abgetrennten Körpersubstanzen Eigentum erwirbt[136]. Daraus ergibt sich, dass er stillschweigend eine Einigungserklärung mit dem Inhalt der Eigentumsübertragung abgibt[137]. Durch Entgegennahme der abgetrennten Körpersubstanzen nimmt der Erbringer der medizinischen Dienstleistung dieses Übereignungsangebot an. Der Zugang der Annahmeerklärung an den Substanzspender ist gemäß § 151 Satz 1 BGB entbehrlich[138]; die notwendige Manifestation des Annahmewillens erfolgt spätestens durch die Weitergabe der Körpersubstanzen an die Biobank. Der medizinische Dienstleister erwirbt somit in der Regel Eigentum an den abgetrennten Körpersubstanzen[139].

Dagegen wird – wie bereits oben ausgeführt – vorgebracht, dass der Substanzspender sein Eigentum nicht aufgebe, weil ihm der Eigentumsverlust nur Nachteile und keine Vorteile bringe[140]. Die Annahme einer Eigentumsübertragung würde sich »bei genauerem Hinsehen als eine unbegründete

HENSSLER in: SOERGEL, BGB, § 959 Rn. 4. Anders aber GURSKY in: STAUDINGER, BGB, § 959 Rn. 8.

136 Siehe z.B. SCHRÖDER/TAUPITZ, Menschliches Blut, S. 86 f. und 94; EHRLICH, Gewinnabschöpfung, S. 53 ff.; HALÀSZ, Bio-materielle Selbstbestimmung, S. 60 f.; R. MÜLLER, Körpersubstanzen, S. 147 ff.

137 Die Einigungserklärung kann – je nach Bewusstseinszustand des Substanzspenders – entweder in der Duldung der Inbesitznahme durch das Personal des medizinischen Dienstleisters oder erst in der Zurücklassung der Körpersubstanzen liegen: EHRLICH, Gewinnabschöpfung, S. 53 f.; HALÀSZ, Bio-materielle Selbstbestimmung, S. 60 f.

138 SCHRÖDER/TAUPITZ, Menschliches Blut, S. 87; EHRLICH, Gewinnabschöpfung, S. 55; HALÀSZ, Bio-materielle Selbstbestimmung, S. 61; FINK, Biobanken, 151.

139 So auch TAUPITZ/WICKLEIN, Biobanken, S. 3 für die Schweizer Rechtslage.

140 FREUND/WEISS, MedR 2004, 315 (316); FREUND, MedR 2005, 453 (455); ähnlich auch OFNER, Gewinnung und Verwertung menschlicher Körpersubstanzen aus operativen Eingriffen, S. 192 ff., für die Rechtslage in Österreich.

und unbelegte Behauptung«[141] erweisen. Dem kann jedoch nicht gefolgt werden. Denn dabei wird verkannt, dass man nicht nur ausdrückliche Willenserklärungen auslegen kann, sondern auch schlüssige Erklärungen und Verhaltensweisen. Sinnbildlich ausgedrückt: Man kann bei juristischer Betrachtung auch reden, ohne den Mund zu bewegen. Es sind also auch schlüssige Erklärungen nach §§ 133, 157 BGB so auszulegen, wie sie ein objektiver Empfänger nach Treu und Glauben unter Berücksichtigung der Verkehrssitte verstehen durfte. Hier überlässt der Substanzspender seine Körpersubstanzen dem medizinischen Dienstleister und räumt ihm dabei unstreitig die Befugnis ein, alle notwendigen Untersuchungen daran durchzuführen und die Sache anschließend ggf. zu vernichten. Wenn aber jemand eine Sache einem anderen gibt und sie nicht mehr zurückerhalten möchte, dann kann ein objektiver Empfänger diesem Verhalten in der Regel entnehmen, dass das Eigentum übertragen werden soll, weil dieses nun einmal für die Eigentumsübertragung typisch ist. Auch in vielen anderen vergleichbaren Fällen bringt eine Eigentumsübertragung dem früheren Eigentümer keine konkreten Vorteile; man denke etwa an ein Restaurant, in dem der Wirt dem Gast das Essen bringt; dort wird man auch nicht annehmen, dass der Gast vor dem Verspeisen kein Eigentum an dem Essen erwirbt.

Wenn also der Substanzspender die abgetrennten Körpersubstanzen kommentarlos beim Erbringer der medizinischen Dienstleistung belässt, dann gibt er damit eine Einigungserklärung mit dem Inhalt der Eigentumsübertragung ab. Dieses Übereignungsangebot wird durch die Entgegennahme der Körpersubstanzen angenommen.

d) Fazit

Folglich erwirbt der Erbringer der medizinischen Dienstleistung in der Regel Eigentum an den Körpersubstanzen. Mit der Weitergabe an die Bio-

141 Freund/Weiss, MedR 2004, 315 (316).

bank wird das Eigentum dann auf die Biobank übertragen. Falls der medizinische Dienstleister ausnahmsweise doch nicht Eigentum an den Körpersubstanzen erlangt hat, dann würde die Biobank gemäß §§ 932 ff. BGB gutgläubig Eigentum daran erwerben, weil der Substanzspender seinen Eigenbesitz freiwillig aufgegeben haben dürfte und die Biobank auch davon ausgehen darf, dass der medizinische Dienstleister das Eigentum vom Substanzspender übertragen bekommen hat[142]. Hierin zeigt sich letztlich, dass das Eigentumsrecht für den Schutz persönlicher Belange des Substanzspenders nicht die geeignete Rechtsform ist; es ist auf die Wahrung von Sachinteressen zugeschnitten. Die persönliche Nähebeziehung des Einzelnen zu seinen Körpersubstanzen kann dabei – im Gegensatz zum persönlichkeitsrechtlichen Schutz[143] – nicht in ausreichendem Maße berücksichtigt werden, weil es für das Eigentumsrecht keine Rolle spielt, ob es sich um Körpersubstanzen oder um andere Sachen (z. B. Müll) handelt.

Der Biobankbetreiber erwirbt somit regelmäßig zivilrechtliches Eigentum an den abgetrennten Körpersubstanzen und damit ein vermögenswertes Recht. Er kann sich daher in der Regel auf die Eigentumsgarantie aus Art. 14 Abs. 1 GG berufen, sofern er keine juristische Person des öffentlichen Rechts ist.

III. Schutzbereich in Bezug auf personenbezogene Daten

Zum anderen könnte dem Biobankbetreiber auch ein vermögenswertes Recht an den **personenbezogenen Daten** des Substanzspenders zustehen. An diesen besteht zumindest kein zivilrechtliches Eigentum, weil nur

[142] Siehe zum gutgläubigen Erwerb: R. MÜLLER, Körpersubstanzen, S. 238; EHRLICH, Gewinnabschöpfung, S. 62, sowie ausführlich HALÀSZ, Bio-materielle Selbstbestimmung, S. 67 f.
[143] Siehe dazu ausführlich bei den Grundrechten des Substanzspenders unter § 3. C. III. 4. ab Seite 93.

an Sachen – d. h. körperlichen Gegenständen (§ 90 BGB) – zivilrechtliches Eigentum bestehen kann. Daten sind jedoch nicht »körperlich«, sondern ein immaterielles Gut. Für ein vermögenswertes Recht des Biobankbetreibers an den personenbezogenen Daten spricht immerhin, dass der Gesetzgeber in den verschiedenen Datenschutzgesetzen (z. B. im Bundesdatenschutzgesetz – BDSG) dem Verwender der Daten unter bestimmten Voraussetzungen Nutzungsmöglichkeiten gewährt, beispielsweise die Nutzung für eigene Geschäftszwecke (siehe §§ 28, 29 BDSG). Jedoch kann der Substanzspender aufgrund seines Rechts auf informationelle Selbstbestimmung[144] jederzeit einer weiteren Verwendung seiner Daten widersprechen. Das spricht gegen ein vermögenswertes Recht an den Daten. Außerdem wollen die Datenschutzgesetze bei genauerem Hinsehen keine eigentumsgleichen Rechte an den Daten begründen, sondern nach ihrem Sinn und Zweck das Persönlichkeitsrecht des Betroffenen schützen (siehe z. B. § 2 BDSG). Sie begründen und gewähren mithin keine Nutzungsrechte, sondern begrenzen die faktisch bestehenden Nutzungsmöglichkeiten personenbezogener Daten. Aus diesen Gründen bestehen keine vom Gesetzgeber gewährten vermögenswerten Rechte an personenbezogenen Daten, höchstens an dem jeweiligen Datenträger (z. B. CD).

Demzufolge kann sich der Biobankbetreiber hinsichtlich der Weiterverwendung der personenbezogenen Daten des Substanzspenders nicht auf die Eigentumsgarantie aus Art. 14 Abs. 1 GG berufen.

IV. Schutzumfang der Eigentumsgarantie

Der Biobankbetreiber kann sich also nur hinsichtlich der Weiterverwendung der Körpersubstanzen auf die Eigentumsgarantie berufen und das auch nur, sofern er keine juristische Person des öffentlichen Rechts ist. Ge-

144 Siehe zum Recht auf informationelle Selbstbestimmung unten unter § 3. C. III. 2. ab Seite 83.

schützt ist dann der Bestand des Eigentums, dessen Nutzung und die Verfügung über das Eigentum[145]. Nicht von Art. 14 Abs. 1 GG geschützt sind hingegen der Erwerb von Eigentum sowie die aus dem Eigentum resultierenden Verdienstmöglichkeiten. Diese Handlungen werden von anderen Grundrechten geschützt, insbesondere der Berufsfreiheit aus Art. 12 Abs. 1 GG[146]. Demnach sind Beschränkungen der Erwerbs- und Leistungstätigkeit an Art. 12 Abs. 1 GG zu messen, Verfügungsbeschränkungen über vorhandene Eigentumspositionen hingegen an Art. 14 Abs. 1 GG. Überschneidungen sind jedoch in Einzelfällen möglich, nämlich dann, wenn sowohl die Erwerbs- und Leistungstätigkeit als auch das Erworbene beschränkt werden[147].

Durch eine Beschränkung der Weiterverwendung der Körpersubstanzen würde sowohl die Verfügung über die Körpersubstanzen sowie deren Weiterverwendung beeinträchtigt als auch die mit der Weitergabe – eventuell – verbundenen Verdienstmöglichkeiten des Biobankbetreibers. Hierbei bleibt die Eigentumsgarantie neben der Berufsfreiheit erhalten und tritt nicht als subsidiär zurück. Ebenso bleibt die Eigentumsgarantie neben der – eventuell betroffenen[148] – Wissenschaftsfreiheit aus Art. 5 Abs. 3 GG anwendbar[149].

Die Weiterverwendung der Körpersubstanzen in Biobanken ist folglich vom Schutzumfang der Eigentumsgarantie des Biobankbetreibers umfasst,

---

[145] Siehe z. B. BVerfGE 50, 290 (339 ff.); 91, 294 (308); 105, 252 (277); BERKEMANN in: UMBACH/CLEMENS, GG, Art. 14 Rn. 210 ff. und 216 ff.; PIEROTH/SCHLINK, Grundrechte, Rn. 912 ff.

[146] BVerfGE 30, 292 (334 f.); 105, 252 (277 ff.); PAPIER in: MAUNZ/DÜRIG, GG, Art. 14 Rn. 222; DEPENHEUER in: VON MANGOLDT/KLEIN/STARCK, GG, Art. 14 Rn. 99; DIETLEIN in: STERN, Staatsrecht IV/1, S. 2215.

[147] BVerfGE 50, 290 (364 f.); KIMMINICH in: BONNER KOMMENTAR, GG, Art. 14 Rn. 130; PAPIER in: MAUNZ/DÜRIG, GG, Art. 14 Rn. 222.

[148] Die Wissenschaftsfreiheit ist nur dann anwendbar, wenn Wissenschaftler auf die wissenschaftsbezogenen Entscheidungen in der Biobank einen maßgeblichen Einfluss haben: siehe B. I. 2. c) ab Seite 27.

[149] FEHLING in: BONNER KOMMENTAR, GG, Art. 5 Abs. 3 (Wissenschaftsfreiheit) Rn. 271; SCHOLZ in: MAUNZ/DÜRIG, GG, Art. 5 III Rn. 180; BERKEMANN in: UMBACH/CLEMENS, GG, Art. 14 Rn. 89.

nicht aber die damit eventuell verbundenen Verdienstmöglichkeiten. Diese werden von anderen Grundrechten geschützt.

V. Schranken der Eigentumsgarantie

Eine Beschränkung der Eigentumsgarantie kann – ebenso wie eine Beschränkung der Wissenschaftsfreiheit[150] – durch kollidierendes Verfassungsrecht gerechtfertigt sein.

Weiterhin kann eine Beschränkung der Eigentumsgarantie auch dann gerechtfertigt sein, wenn die Beschränkung durch Gesetz erfolgt, denn gem. Art. 14 Abs. 1 S. 2 GG können Inhalt und Schranken der Eigentumsgarantie »durch die Gesetze bestimmt« werden. Die gesetzliche Bestimmung hat also eine Doppelnatur: Sie definiert den (künftigen) Schutzbereich der Eigentumsgarantie und stellt zugleich einen Eingriff in bestehendes Eigentum dar. Der Gesetzesvorbehalt des Art. 14 Abs. 1 S. 2 GG ist deshalb sowohl eine Inhalts- als auch eine Schrankenbestimmung. Für dessen Rechtmäßigkeit ist zunächst erforderlich, dass die Inhalts- und Schrankenbestimmung durch Gesetz erfolgt (Art. 14 Abs. 1 S. 2 GG). Es genügen hierfür auch Rechtsverordnungen und Satzungen, die auf gesetzlicher Grundlage beruhen[151]. Des Weiteren muss die Inhalts- und Schrankenbestimmung dem Grundsatz der Verhältnismäßigkeit entsprechen[152] und dem Wohl der Allgemeinheit dienen (Art. 14 Abs. 2 GG)[153].

Eine Beschränkung der Eigentumsgarantie des Biobankbetreibers in Bezug auf die Weiterverwendung von Körpersubstanzen kann somit entweder

[150] Siehe dazu unter B. II. ab Seite 37.

[151] BVerfGE 8, 71 (79); 9, 338 (343); PAPIER in: MAUNZ/DÜRIG, GG, Art. 14 Rn. 339; JARASS in: JARASS/PIEROTH, GG, Art. 14 Rn. 37.

[152] Siehe z. B. BVerfGE 50, 290 (340 f.); 112, 93 (109); DIETLEIN in: STERN, Staatsrecht IV/1, S. 2247 ff.; WIELAND in: DREIER, GG, Art. 14 Rn. 126 ff.

[153] Art. 14 Abs. 2 GG: *»Eigentum verpflichtet. Sein Gebrauch soll zugleich dem Wohle der Allgemeinheit dienen.«*

durch kollidierendes Verfassungsrecht oder durch eine gesetzliche Bestimmung gerechtfertigt werden. Im letztgenannten Fall ist jedoch erforderlich, dass die Regelung verhältnismäßig ist.

VI. Ergebnis

Die Weiterverwendung von Körpersubstanzen in Biobanken ist in der Regel vom Schutzbereich der Eigentumsgarantie umfasst, nur nicht die mit der Weitergabe der Körpersubstanzen – eventuell – verbundenen Verdienstmöglichkeiten. Der Biobankbetreiber kann sich deswegen regelmäßig auf die Eigentumsgarantie aus Art. 14 Abs. 1 GG berufen, sofern er keine juristische Person des öffentlichen Rechts ist. Eine Beschränkung der Eigentumsgarantie kann aber sowohl durch kollidierendes Verfassungsrecht als auch durch eine gesetzliche Bestimmung gerechtfertigt werden, die verhältnismäßig sein muss.

D. Berufsfreiheit nach Art. 12 Abs. 1 GG

Außerdem kommt bei dem Biobankbetreiber auch eine Berufung auf die Berufsfreiheit aus Art. 12 Abs. 1 GG in Betracht. Art. 12 Abs. 1 GG bestimmt Folgendes:

> *»Alle Deutschen haben das Recht, Beruf, Arbeitsplatz und Ausbildungsstätte frei zu wählen. Die Berufsausübung kann durch Gesetz oder auf Grund eines Gesetzes geregelt werden.«*

I. Sachlicher Schutzbereich der Berufsfreiheit

Nach dem Wortlaut des Art. 12 Abs. 1 GG müsste man zwei getrennte Schutzbereiche unterscheiden: zum einen die *Wahl* des Berufs, des Arbeitsplatzes und der Ausbildungsstätte und zum anderen die *Ausübung* des Berufs. Dabei könnte nur die Berufsausübung durch Gesetz oder aufgrund eines Gesetzes geregelt werden, die Berufswahl hingegen wäre vorbehaltlos gewährleistet. Allerdings stünde man dabei vor dem Problem, dass eine trennscharfe Unterscheidung dieser zwei Bereiche nicht möglich ist. Denn mit der Berufswahl beginnt die Berufsausübung, und in der Berufsausübung wird die Berufswahl immer wieder neu bestätigt[154]. Daher wird mit »wählen« und »Berufsausübung« die »berufliche Betätigung« nur von verschiedenen Blickwinkeln her, aber dennoch als einheitlicher Komplex, betrachtet[155]. Deshalb beinhaltet Art. 12 Abs. 1 GG nach richtiger Sichtweise nicht mehrere Grundrechte, sondern ein einheitliches Grundrecht auf Berufsfreiheit[156].

Unter Beruf ist dabei »jede auf Erwerb gerichtete Tätigkeit zu verstehen, die auf Dauer angelegt ist und der Schaffung und Aufrechterhaltung einer Lebensgrundlage dient«[157]. Darunter können nicht nur die traditionell oder rechtlich fixierten Berufsbilder fallen, sondern auch untypische und neuartige Betätigungen[158]. Hinsichtlich des Betreibens einer Biobank ist problematisch, dass die Tätigkeit der Schaffung und Aufrechterhaltung einer Lebensgrundlage dienen muss. Dafür reicht es aus, dass durch die betreffende Tätigkeit ein maßgeblicher Beitrag zur Erhaltung der Lebensgrundlage geschaffen werden kann[159]. Ob tatsächlich Gewinne erzielt

154 Siehe z. B. BVerfGE 7, 377 (401); 33, 303 (330); SCHOLZ in: MAUNZ/DÜRIG, GG, Art. 12 Rn. 24 f.; DIETLEIN in: STERN, Staatsrecht IV/1, S. 1769, jeweils m. w. N.

155 BVerfGE 7, 377 (401); 33, 303 (330); MANSSEN in: VON MANGOLDT/KLEIN/STARCK, GG, Art. 12 Rn. 2.

156 Seit dem Apothekenurteil – BVerfGE 7, 377 (402 f.) – ständige Rechtsprechung. Ebenso die Stimmen aus der Literatur: z. B. DIETLEIN in: STERN, Staatsrecht IV/1, S. 1769 f.; SCHOLZ in: MAUNZ/DÜRIG, GG, Art. 12 Rn. 22 ff.

157 Siehe u. a. BVerfG NJW 2006, 1261 (1262) »Oddset«; BVerwGE 1, 54 (54); MANSSEN in: VON MANGOLDT/KLEIN/STARCK, GG, Art. 12 Rn. 36; SCHOLZ in: MAUNZ/DÜRIG, GG, Art. 12 Rn. 29.

158 BVerfGE 7, 377 (397); 97, 12 (25, 33 f.); MANSSEN in: VON MANGOLDT/KLEIN/STARCK, GG, Art. 12 Rn. 44; UMBACH in: UMBACH/CLEMENS, GG, Art. 12 Rn. 46.

159 MANSSEN in: VON MANGOLDT/KLEIN/STARCK, GG, Art. 12 Rn. 37; SCHOLZ in: MAUNZ/DÜRIG, GG, Art. 12 Rn. 32; WIELAND in: DREIER, GG, Art. 12 Rn. 56; UMBACH in: UMBACH/CLEMENS, GG, Art. 12 Rn. 43.

werden, ist hingegen irrelevant[160]; ausschlaggebend ist insoweit allein die Gewinnerzielungs*absicht*. Nicht ausreichend ist aber, wenn nur Kostendeckung beabsichtigt ist[161].

Demnach kann auch das Betreiben einer Biobank ein Beruf sein und der Berufsfreiheit unterfallen, sofern die Biobank auf Gewinnerzielung angelegt ist.

II. Persönlicher Schutzbereich der Berufsfreiheit

Nach dem Wortlaut des Art. 12 Abs. 1 GG sind Träger des Grundrechts auf Berufsfreiheit »alle Deutschen« i. S. d. Art. 116 GG. Ausländer und Staatenlose können sich folglich nicht auf die Berufsfreiheit berufen; ihnen bleibt aber zumindest die Berufung auf die allgemeine Handlungsfreiheit aus Art. 2 Abs. 1 GG[162].

Die Berufsfreiheit aus Art. 12 Abs. 1 GG ist gem. Art. 19 Abs. 3 GG auch auf inländische juristische Personen des Privatrechts anwendbar, weil eine berufliche Tätigkeit ihrem Wesen und ihrer Art nach in gleicher Weise von einer juristischen wie von einer natürlichen Person ausgeübt werden kann[163]. Erforderlich ist jedoch, dass sich die juristische Person erwerbswirtschaftlich betätigt, also ihre Tätigkeit der Gewinnerzielung dienen

[160] So TAUPITZ/PITZ/WICKLEIN, MedR 2005, 262 (264 Fn. 24); SCHOLZ in: MAUNZ/DÜRIG, GG, Art. 12 Rn. 32.

[161] JARASS in: JARASS/PIEROTH, GG, Art. 12 Rn. 4; MANSSEN in: VON MANGOLDT/KLEIN/STARCK, GG, Art. 12 Rn. 37. Anders aber BVerwGE 95, 15 (20). Anders auch VOIGT, GewArch 2005, 56 (56 ff.) m. w. N.

[162] Siehe z. B. BVerfGE 78, 179 (196 f.); 104, 337 (346); BVerfG NVwZ 2000, 1281; DIETLEIN in: STERN, Staatsrecht IV/1, S. 1828 f.; MANSSEN in: VON MANGOLDT/KLEIN/STARCK, GG, Art. 12 Rn. 264; UMBACH in: UMBACH/CLEMENS, GG, Art. 12 Rn. 64; anders aber SCHOLZ in: MAUNZ/DÜRIG, GG, Art. 12 Rn. 104, sowie STARCK in: VON MANGOLDT/KLEIN/STARCK, GG, Art. 2 Abs. 1 Rn. 44 ff.

[163] So z. B. BVerfGE 21, 261 (266); 105, 252 (265); BVerwGE 75, 109 (114); DIETLEIN in: STERN, Staatsrecht IV/1, S. 1832 ff.; MANSSEN in: VON MANGOLDT/KLEIN/STARCK, GG, Art. 12 Rn. 36, 40 und 266 ff.; VOIGT, GewArch 2005, 56 (58 f.).

soll[164]. Gemeinnützigen Organisationen steht Art. 12 Abs. 1 GG deshalb grundsätzlich nicht zu[165]; auch nicht juristischen Personen des öffentlichen Rechts[166].

Eine inländische juristische Person des Privatrechts kann sich somit als Betreiber einer Biobank auf die Berufsfreiheit berufen, wenn ihre Tätigkeit auf Gewinnerzielung gerichtet ist. Oftmals wird die Biobank jedoch eine gemeinnützige Einrichtung sein und damit keine Gewinnerzielung beabsichtigen, so dass aus diesem Grund eine Berufung auf die Berufsfreiheit in vielen Fällen ausscheidet.

III. Schutzumfang der Berufsfreiheit

Von der Berufsfreiheit aus Art. 12 Abs. 1 GG werden grundsätzlich alle beruflichen Tätigkeiten geschützt, es sei denn, dass die jeweilige berufliche Tätigkeit von spezielleren Grundrechten geschützt wird. Die vorliegend zu untersuchende Weiterverwendung von Körpersubstanzen und Daten wird aber bereits von der – eventuell betroffenen[167] – Wissenschaftsfreiheit aus Art. 5 Abs. 3 GG und zum Teil (nämlich hinsichtlich der Weiterverwendung der Körpersubstanzen) auch von der Eigentumsgarantie aus Art. 14 Abs. 1 GG geschützt. Die Berufsfreiheit wäre folglich nur dann anwendbar, wenn diese Grundrechte nicht spezieller wären.

---

164 BVerfGE 65, 196 (209 f.); 102, 197 (213 f.); MANSSEN in: VON MANGOLDT/KLEIN/STARCK, GG, Art. 12 Rn. 40 und 266; TETTINGER in: SACHS, Grundgesetz, Art. 12 Rn. 22. Nach VOIGT, GewArch 2005, 56 (56 ff.), soll hingegen eine bloße Kostendeckung ausreichen.

165 Herrschende Meinung, siehe z. B. BVerfGE 97, 228 (253); DIETLEIN in: STERN, Staatsrecht IV/1, S. 1835; MANSSEN in: VON MANGOLDT/KLEIN/STARCK, GG, Art. 12 Rn. 40 und 266. Anders aber STEINKEMPER, Die verfassungsrechtliche Stellung der Privathochschule, S. 118 f., und VOIGT, GewArch 2005, 56 (56 ff.).

166 Siehe z. B. BVerfGE 45, 63 (78); DIETLEIN in: STERN, Staatsrecht IV/1, S. 1838 f.; UMBACH in: UMBACH/CLEMENS, GG, Art. 12 Rn. 69.

167 Die Wissenschaftsfreiheit ist nur dann anwendbar, wenn Wissenschaftler auf die wissenschaftsbezogenen Entscheidungen in der Biobank einen maßgeblichen Einfluss haben: siehe B. I. 2. c) ab Seite 27.

Für das Verhältnis zwischen Berufs- und Eigentumsgarantie gilt, dass Verfügungsbeschränkungen über vorhandene Eigentumspositionen an Art. 14 Abs. 1 GG zu messen sind, während für Beschränkungen der Erwerbs- und Leistungstätigkeit Art. 12 Abs. 1 GG einschlägig ist[168]. Das bedeutet, dass die Eigentumsgarantie die Verfügungsmöglichkeiten des Biobankbetreibers über die Körpersubstanzen schützt, die Berufsfreiheit hingegen die mit der Weiterverwendung der Körpersubstanzen und Daten – eventuell – verbundenen Verdienstmöglichkeiten sowie die Weiterverwendung der Daten.

Die Berufsfreiheit wird zwar grundsätzlich auch von der Wissenschaftsfreiheit aus Art. 5 Abs. 3 GG verdrängt, denn die Ausübung der Wissenschaft ist ein »von der Verfassung besonders ausgegliederter Aspekt der Berufsfreiheit«[169]. Sie bleibt allerdings hinsichtlich der – eventuellen – Verdienstmöglichkeiten als sachspezifischeres Grundrecht anwendbar[170]. Deshalb werden die von der Berufsfreiheit geschützten Verdienstmöglichkeiten vorliegend nicht von der Wissenschaftsfreiheit aus Art. 5 Abs. 3 GG verdrängt, dafür allerdings die Weiterverwendung der Daten, wenn und soweit die Wissenschaftsfreiheit anwendbar ist.

Zusammenfassend lässt sich feststellen, dass die Berufsfreiheit aus Art. 12 Abs. 1 GG nur hinsichtlich der Verdienstmöglichkeiten des Biobankbetreibers und ggf. der Weiterverwendung der Daten anwendbar ist.

---

168 Siehe dazu oben unter C. IV. ab Seite 51.

169 PERNICE in: DREIER, GG, Art. 5 III (Wissenschaft) Rn. 64. Für Spezialität der Wissenschaftsfreiheit ebenso JARASS in: JARASS/PIEROTH, GG, Art. 5 Rn. 120; FEHLING in: BONNER KOMMENTAR, GG, Art. 5 Abs. 3 (Wissenschaftsfreiheit) Rn. 270; MANSSEN in: VON MANGOLDT/KLEIN/STARCK, GG, Art. 12 Rn. 281. Für eine Parallelgeltung hingegen ; SCHOLZ in: MAUNZ/DÜRIG, GG, Art. 5 Abs. III Rn. 180, sowie Art. 12 Rn. 182; DIETLEIN in: STERN, Staatsrecht IV/1, S. 1929; BREUER in: ISENSEE/KIRCHHOF, HbdStR VI, § 147 Rn. 99; MORR, Biobanken, S. 66, und SCHMIDT, NJW 1973, 585 (586 ff.).

170 Siehe dazu die Ausführungen zur Wissenschaftsfreiheit unter B. I. 1. f) auf Seite 20.

IV. Schranken der Berufsfreiheit

Eine Beeinträchtigung der Berufsfreiheit kann zum einen durch kollidierendes Verfassungsrecht gerechtfertigt sein, also durch immanente Schranken. Zum anderen kann eine Beeinträchtigung der Berufsfreiheit auch dann gerechtfertigt sein, wenn die Beeinträchtigung *»durch Gesetz oder auf Grund eines Gesetzes»* (Art. 12 Abs. 1 S. 2 GG) erfolgt. Dieser Gesetzesvorbehalt bezieht sich nach seinem Wortlaut zwar nur auf die Berufsausübung, ist aber auch auf die Berufswahl zu erstrecken[171]. Denn Art. 12 Abs. 1 GG enthält nach richtiger Sichtweise nicht mehrere Grundrechte, sondern ein einheitliches Grundrecht auf Berufsfreiheit[172].

Beeinträchtigungen müssen daher im gesamten Schutzbereich verfassungsgemäß sein. Die genauen Anforderungen an die Rechtfertigung bestimmen sich dabei vor allem nach der Intensität der Beeinträchtigung der Berufsfreiheit. Hierbei lassen sich drei Regelungsarten unterscheiden, nämlich Regelungen zur Berufsausübung, subjektive Berufswahlbeschränkungen und objektive Berufswahlbeschränkungen. Auf dieser Unterscheidung beruht die vom Bundesverfassungsgericht im Apothekenurteil[173] entwickelte sog. »**Stufenlehre**«, die sich als spezielle Ausformung des Verhältnismäßigkeitsprinzips darstellt[174] und daher sowohl bei einer gesetzlichen Beeinträchtigung als auch bei einer Beeinträchtigung aufgrund kollidierenden Verfassungsrechts zu beachten ist. Die verfassungsrechtliche Rechtfertigung eines Eingriffs hat sich danach mit zunehmender Intensität der Grundrechtsbeeinträchtigung an entsprechend höherrangigen Allgemeininteressen zu orientieren[175]. In teilweiser Anlehnung an die formale Struk-

[171] Siehe z. B. BVerfG NJW 2006, 1261 (1263) »Oddset«; DIETLEIN in: STERN, Staatsrecht IV/1, S. 1883 f.; MANSSEN in: VON MANGOLDT/KLEIN/STARCK, GG, Art. 12 Rn. 103; UMBACH in: UMBACH/CLEMENS, GG, Art. 12 Rn. 71.

[172] Siehe dazu oben unter I. auf Seite 54.

[173] BVerfG, Urteil vom 11.06.1958 – 1 BvR 596/56 = BVerfGE 7, 377 = NJW 1958, 1035.

[174] Siehe z. B. BVerfGE 7, 377 (398 ff.); 103, 172 (183); MANSSEN in: VON MANGOLDT/KLEIN/STARCK, GG, Art. 12 Rn. 138 ff.

[175] BVerfGE 103, 1 (10); TETTINGER in: SACHS, Grundgesetz, Art. 12 Rn. 100; MANSSEN in: VON MANGOLDT/KLEIN/STARCK, GG, Art. 12 Rn. 138.

tur des Art. 12 Abs. 1 GG konkretisiert die Stufenlehre diese allgemeinen Anforderungen an die Verhältnismäßigkeit. Danach genügen zur Rechtfertigung von Berufsausübungsregelungen schon vernünftige Erwägungen des Gemeinwohls[176]. Eine subjektive Berufswahlbeschränkung muss demgegenüber dem Schutz wichtiger Gemeinwohlinteressen dienen[177], während objektive Berufswahlregeln nur zur Abwehr »nachweisbarer oder höchst wahrscheinlicher schwerer Gefahren für ein überragend wichtiges Gemeinschaftsgut« zulässig sind[178].

Die Unterscheidung der drei »Stufen« kann jedoch richtigerweise nur ein erstes Indiz für die Intensität der Beeinträchtigung und damit für die Anforderungen an die Rechtfertigung sein[179]. Erforderlich ist daneben stets eine präzise Ermittlung der jeweiligen Schwere der Beeinträchtigung, so dass bei gravierenden Beeinträchtigungen durch eine Berufsausübungsregelung die Voraussetzung für die Rechtfertigung einer subjektiven Berufswahlbeschränkung vorliegen müssen[180].

Eine Beschränkung der Verdienstmöglichkeiten des Biobankbetreibers und der Weiterverwendung der Daten berührt in der Regel lediglich die Berufsausübungsfreiheit des (auf Gewinnerzielung tätigen) Biobankbetreibers. Denn dadurch wird zwar das Betreiben der Biobank erschwert, aber nur die Art und Weise geregelt, also das »Wie« der beruflichen Aktivitäten. Der Biobankbetreiber kann jedoch weiterhin eine Biobank betreiben. Demzufolge kann die Beschränkung mit vernünftigen Erwägungen des Gemeinwohls gerechtfertigt werden, ist aber jedenfalls rechtfertigungsbedürftig.

---

[176] Siehe z. B. BVerfGE 7, 377 (405); 111, 10 (32); UMBACH in: UMBACH/CLEMENS, GG, Art. 12 Rn. 96.

[177] So z. B. BVerfGE 9, 338 (344ff.); 69, 209 (218); MANSSEN in: VON MANGOLDT/KLEIN/STARCK, GG, Art. 12 Rn. 140, 146.

[178] Siehe z. B. BVerfGE 7, 377 (408); 103, 172 (183); MANSSEN in: VON MANGOLDT/KLEIN/STARCK, GG, Art. 12 Rn. 140, 147.

[179] Siehe z. B. MANSSEN in: VON MANGOLDT/KLEIN/STARCK, GG, Art. 12 Rn. 142; TETTINGER in: SACHS, Grundgesetz, Art. 12 Rn. 109 ff.

[180] Siehe u. a. BVerfGE 17, 269 (276); 102, 197 (214 f.); 103, 1 (10); MANSSEN in: VON MANGOLDT/KLEIN/STARCK, GG, Art. 12 Rn. 142 und Rn 144.

Nur in seltenen Fällen wird die Beschränkung dazu führen, dass dem Biobankbetreiber ein weiteres Tätigwerden unmöglich wird, etwa durch das Verbot einer gewinnorientierten Biobank. Dann wäre zur Rechtfertigung der Schutz wichtiger Gemeinwohlinteressen erforderlich.

V. Ergebnis

Das Betreiben einer Biobank ist ein Beruf und unterfällt der Berufsfreiheit, sofern die Biobank auf Gewinnerzielung angelegt und der Betreiber entweder »Deutscher« (Art. 116 GG) oder eine inländische juristische Person des Privatrechts (Art. 19 Abs. 3 GG) ist. Die Berufsfreiheit schützt dann die Verdienstmöglichkeiten des Biobankbetreibers und grundsätzlich auch die Weiterverwendung der personenbezogenen Daten, sofern hierbei nicht die Wissenschaftsfreiheit anwendbar ist. Eine Beschränkung der Berufsfreiheit kann ebenso wie eine Beschränkung der Eigentumsgarantie sowohl durch kollidierendes Verfassungsrecht als auch durch eine gesetzliche Bestimmung gerechtfertigt werden, die verhältnismäßig sein muss. Hierfür reichen in der Regel vernünftige Erwägungen des Gemeinwohls.

E. Allgemeine Handlungsfreiheit nach Art. 2 Abs. 1 GG

Schließlich könnte bei der Weiterverwendung von Körpersubstanzen und Daten auch die allgemeine Handlungsfreiheit des Biobankbetreibers aus Art. 2 Abs. 1 GG betroffen sein. Art. 2 Abs. 1 GG bestimmt Folgendes:

> *»Jeder hat das Recht auf die freie Entfaltung seiner Persönlichkeit, soweit er nicht die Rechte anderer verletzt und nicht gegen die verfassungsmäßige Ordnung oder das Sittengesetz verstößt.«*

I. Schutzbereich

Seit dem sog. »Elfes«-Urteil des Bundesverfassungsgerichts[181] ist in Rechtsprechung und Literatur weitgehend anerkannt, dass sich das Recht auf freie Entfaltung der Persönlichkeit aus zwei Schutzbereichen zusammensetzt: (1) der allgemeinen Handlungsfreiheit und (2) dem allgemeinen Persönlichkeitsrecht[182]. Für Biobankbetreiber ist hinsichtlich der Weiterverwendung von Körpersubstanzen und Daten allerdings allein die allgemeine Handlungsfreiheit von Bedeutung.

In *sachlicher* Hinsicht schützt die allgemeine Handlungsfreiheit **jedes menschliche Verhalten**, ohne Rücksicht darauf, welches Gewicht ihm für die Persönlichkeitsentfaltung zukommt[183]. Geschützt ist somit die Freiheit, »zu tun und zu lassen, was die Rechte anderer nicht verletzt«[184]. In *persönlicher* Hinsicht sind von der allgemeinen Handlungsfreiheit alle natürlichen Personen geschützt, also auch Ausländer[185]. Darüber hinaus sind – über Art. 19 Abs. 3 GG – auch inländische juristische Personen des Privatrechts Grundrechtsträger der allgemeinen Handlungsfreiheit[186], nicht aber juristische Personen des öffentlichen Rechts[187].

---

181 BVerfG, Urteil vom 16.01.1957 – 1 BvR 253/56 = BVerfGE 6, 32 ff. = NJW 1957, 297 f.

182 Siehe beispielsweise BVerfGE 80, 137 (152 f.); 90, 145 (171); DI FABIO in: MAUNZ/DÜRIG, GG, Art. 2 Abs. 1 Rn. 11; STERN in: STERN, Staatsrecht IV/1, S. 886 und 981; DREIER in: DREIER, GG, Art. 2 Rn. 23.

183 Siehe z. B. BVerfGE 6, 32 (36 f.) »Elfes-Urteil«; 80, 137 (152 ff.); 112, 1 (21); DI FABIO in: MAUNZ/DÜRIG, GG, Art. 2 Abs. 1 Rn. 12; STERN in: STERN, Staatsrecht IV/1, S. 890 ff.

184 So die ursprüngliche Fassung des Art. 2. Diese Fassung ist nur aus sprachliche Gründen zugunsten der jetzigen Formulierung aufgegeben worden. Siehe dazu BVerfGE 6, 32 (36 ff.) »Elfes-Urteil« sowie DI FABIO in: MAUNZ/DÜRIG, GG, Art. 2 Abs. 1 Rn. 13; STERN in: STERN, Staatsrecht IV/1, S. 883 f.; MURSWIEK in: SACHS, Grundgesetz, Art. 2 Rn. 43.

185 Siehe zur Grundrechtsträgerschaft von Ausländern: BVerfGE 35, 382 (399); 78, 179 (196 f.); 104, 337 (346) »Schächten«; DREIER in: DREIER, GG, Art. 2 Rn. 48; MURSWIEK in: SACHS, Grundgesetz, Art. 2 Rn. 39 und 139. Anders aber STARCK in: VON MANGOLDT/KLEIN/STARCK, GG, Art. 2 Rn. 44 ff. und STERN in: STERN, Staatsrecht IV/1, S. 943 f. und S. 985.

186 BVerfGE 20, 323 (336); 23, 12 (30); 44, 353 (372); STARCK in: VON MANGOLDT/KLEIN/STARCK, GG, Art. 2 Rn. 47; STERN in: STERN, Staatsrecht III/1, S. 1127 f.

187 DI FABIO in: MAUNZ/DÜRIG, GG, Art. 2 Abs. 1 Rn. 10; HILLGRUBER in: UMBACH/CLEMENS, GG, Art. 2 Rn. 245 f.; JARASS in: JARASS/PIEROTH, GG, Art. 2 Rn. 10a.

Die allgemeine Handlungsfreiheit ist aufgrund ihres weiten und unbestimmten Schutzbereichs ein **Auffanggrundrecht** und tritt im Wege der Subsidiarität gegenüber spezielleren Grundrechten zurück[188], zumindest soweit deren Schutzbereiche reichen. Das bedeutet, dass sie nur dann anwendbar ist, wenn sich der Biobankbetreiber nicht auf den Schutzbereich der Wissenschaftsfreiheit, der Berufsfreiheit oder der Eigentumsgarantie berufen kann. Wie oben bereits ausgeführt, kann sich der Biobankbetreiber jedoch in der Regel auf den Schutzbereich der Eigentumsgarantie aus Art. 14 Abs. 1 GG berufen und ggf. zusätzlich auf die Wissenschaftsfreiheit aus Art. 5 Abs. 3 GG, nur nicht hinsichtlich den mit der Weitergabe der Körpersubstanzen und Daten – eventuell – verbundenen Verdienstmöglichkeiten sowie zum Teil hinsichtlich der Weiterverwendung der Daten. In diesen Fällen ist allerdings grundsätzlich der Schutzbereich der Berufsfreiheit aus Art. 12 Abs. 1 GG anwendbar, es sei denn, dass der Biobankbetreiber ein Ausländer ist oder die Tätigkeit nicht der Gewinnerzielung dient.

Folglich erlangt die allgemeine Handlungsfreiheit zum einen Bedeutung hinsichtlich der Verdienstmöglichkeiten von ausländischen Biobankbetreibern. Zum anderen ist sie anwendbar hinsichtlich der Weiterverwendung der Daten,

- sofern Wissenschaftler auf die wissenschaftsbezogenen Entscheidungen in der Biobank keinen maßgeblichen Einfluss haben (dann keine Wissenschaftsfreiheit) und
- sofern diese Tätigkeit entweder nicht auf Gewinnerzielung ausgerichtet ist oder von einem ausländischen Biobankbetreiber vorgenommen wird (dann keine Berufsfreiheit).

---

188 Siehe z. B. BVerfGE 6, 32 (37) »Elfes-Urteil«; 101, 54 (74); 112, 1 (21); STARCK in: VON MANGOLDT/KLEIN/STARCK, GG, Art. 2 Rn. 49 ff.; DREIER in: DREIER, GG, Art. 2 Rn. 30; STERN in: STERN, Staatsrecht IV/1, S. 978 ff.

II. Schranken

Gemäß Art. 2 Abs. 1 GG kann die allgemeine Handlungsfreiheit durch die Rechte anderer, die verfassungsmäßige Ordnung sowie das Sittengesetz eingeschränkt werden (»Schrankentrias«). Wichtig ist hierbei nur die Schranke der verfassungsmäßigen Ordnung, weil die »Rechte anderer« und das »Sittengesetz« schon Bestandteil der verfassungsmäßigen Ordnung sind[189].

Unter »verfassungsmäßige Ordnung« sind alle formell und materiell verfassungsmäßigen Normen (auch Rechtsverordnungen und Satzungen) zu verstehen[190]. Die Schranke der verfassungsmäßigen Ordnung bedeutet daher nichts anderes als einen einfachen Gesetzesvorbehalt[191]. Allerdings gilt auch hier der Grundsatz der Verhältnismäßigkeit, nach dem mit zunehmender Schwere der Einschränkung der allgemeinen Handlungsfreiheit auch das Gewicht der konfligierenden Güter und Interessen sowie die Sorgfalt bei der Abwägung zunehmen muss[192]. Dabei ist aber zu berücksichtigen, dass Ausländern im Schutzbereich von Deutschengrundrechten (z. B. Berufsfreiheit) von der Verfassung ein geringerer Schutz als Deutschen gewährt wird[193]. Deshalb sind bei Ausländern an die Verhältnismäßigkeit einer Regelung der allgemeinen Handlungsfreiheit geringere Anforderungen zu stellen als an eine Regelung der Berufsfreiheit.

Eine Beeinträchtigung der allgemeinen Handlungsfreiheit kann somit oh-

---

189 Di Fabio in: Maunz/Dürig, GG, Art. 2 Abs. 1 Rn. 44, 46; Pieroth/Schlink, Grundrechte, Rn. 382, 385 ff.

190 Seit BVerfGE 6, 32 (37 ff.) »Elfes-Urteil« ständige Rechtsprechung. Ebenso die Literatur: z. B. Starck in: von Mangoldt/Klein/Starck, GG, Art. 2 Rn. 25 ff.; Stern in: Stern, Staatsrecht IV/1, S. 263 f.; Dreier in: Dreier, GG, Art. 2 Rn. 54 ff.

191 Murswiek in: Sachs, Grundgesetz, Art. 2 Rn. 90; Pieroth/Schlink, Grundrechte, Rn. 383.

192 Siehe z. B. BVerfGE 104, 337 (346 ff.) »Schächten«; VGH Mannheim NJW 2001, 1082 (1085); Di Fabio in: Maunz/Dürig, GG, Art. 2 Abs. 1 Rn. 41; Starck in: von Mangoldt/Klein/Starck, GG, Art. 2 Rn. 30 f.

193 BVerfGE 78, 179 (196 f.); BVerwGE 74, 165 (173); Murswiek in: Sachs, Grundgesetz, Art. 2 Rn. 140; Jarass in: Jarass/Pieroth, GG, Art. 2 Rn. 10.

ne weiteres gerechtfertigt sein. Dazu sind keine kollidierenden Grundrechte erforderlich, sondern es reicht eine verfassungs- und verhältnismäßige Regelung.

III. Ergebnis

Die allgemeine Handlungsfreiheit aus Art. 2 Abs. 1 GG ist nur hinsichtlich der Verdienstmöglichkeiten von ausländischen Biobankbetreibern sowie u. U. hinsichtlich der Weiterverwendung von Daten von Bedeutung für die Tätigkeit einer Biobank. Sie beinhaltet keine bedeutsame Grenze für Beschränkungen der Weiterverwendung von Körpersubstanzen und Daten, führt aber immerhin dazu, dass entsprechende Beschränkungen von einer hinreichenden Rechtfertigung getragen sein müssen.

F. Fazit

Die Tätigkeit einer Biobank, speziell die Weiterverwendung von Körpersubstanzen und Daten, wird durch verschiedene Grundrechte des Biobankbetreibers geschützt:

Zum einen ist dabei die *Wissenschaftsfreiheit aus Art. 5 Abs. 3 GG* (siehe B.) zu nennen, die aber nur dann einschlägig ist, sofern Wissenschaftler auf die wissenschaftsbezogenen Entscheidungen in der Biobank einen maßgeblichen Einfluss haben oder die Biobank von Wissenschaftlern sogar selbst verwaltet wird. In diesen Fällen ist bei der Sammlung, Aufbereitung, Aufbewahrung und Weitergabe von Körpersubstanzen und Daten in Biobanken die Wissenschaftsfreiheit des Biobankbetreibers zu beachten, unabhängig von der Rechtsform des Biobankbetreibers. Nicht vom Schutz der Wissenschaftsfreiheit erfasst sind lediglich die mit der Forschungstätigkeit – eventuell – verbundenen Verdienstmöglichkeiten.

Zudem kann sich der Biobankbetreiber hinsichtlich der Weiterverwendung der Körpersubstanzen auf die *Eigentumsgarantie aus Art. 14 Abs. 1 GG* (siehe C.) berufen, weil er in der Regel der Eigentümer der Körpersubstanzen ist. Eine Berufung auf dieses Grundrecht ist aber dann ausgeschlossen, wenn der Biobankbetreiber eine juristische Person des öffentlichen Rechts ist oder wenn nur seine Verdienstmöglichkeiten betroffen sind.

Des Weiteren kann sich der Biobankbetreiber bei der Weiterverwendung der Körpersubstanzen und Daten auf die *Berufsfreiheit aus Art. 12 Abs. 1 GG* (siehe D.) berufen, sofern die Biobank auf Gewinnerzielung angelegt ist und der Betreiber entweder »Deutscher« (Art. 116 GG) oder eine inländische juristische Person des Privatrechts (Art. 19 Abs. 3 GG) ist. Die Berufsfreiheit schützt dann die Verdienstmöglichkeiten des Biobankbetreibers und die Weiterverwendung der Daten, sofern hierfür nicht die Wissenschaftsfreiheit einschlägig ist.

Schließlich wird der Biobankbetreibers zum Teil auch durch die *allgemeine Handlungsfreiheit aus Art. 2 Abs. 1 GG* (siehe E.) geschützt, die aber nur subsidiär zur Anwendung kommt. Das bedeutet, dass sie lediglich für die Verdienstmöglichkeiten von ausländischen Biobankbetreibern sowie hinsichtlich der Weiterverwendung der Daten von Bedeutung ist, sofern darauf nicht die Wissenschafts- oder Berufsfreiheit Anwendung finden.

§ 3. Grundrechte der Substanzspender

Die Grundrechte des Biobankbetreibers könnten durch die kollidierenden Grundrechte des Substanzspenders eingeschränkt sein. Während die Grundrechte des Biobankbetreibers eine Beschränkung der Weiterverwendung von Körpersubstanzen sowie Daten verhindern können, können die Grundrechte des Substanzspenders gerade eine *Legitimation für ein Verbot oder eine Beschränkung* darstellen. Zu diesen »beschränkenden« Rechten des (lebenden[194]) Substanzspenders gehören die Menschenwürde aus Art. 1 Abs. 1 S. 1 GG (siehe unter A.), das Recht auf Leben und körperliche Unversehrtheit aus Art. 2 Abs. 2 S. 1 GG (siehe unter B.), das allgemeine Persönlichkeitsrecht aus Art. 2 Abs. 1 GG i. V. m. Art. 1 Abs. 1 GG (siehe unter C.), die Freiheit der Ehe und Familie nach Art. 6 Abs. 1 GG (siehe unter D.), die Eigentumsgarantie aus Art. 14 Abs. 1 GG (siehe unter E.) sowie der Gleichheitsgrundsatz nach Art. 3 GG (siehe unter F.).

Doch die Grundrechte des Substanzspenders errichten nicht nur Grenzen für die Tätigkeit von Biobanken, sondern können auch eine *Legitimation für die Weiterverwendung* von Körpersubstanzen sowie Daten darstellen, soweit sie dem Substanzspender nämlich gestatten, sich an der Biobank mit seinen Körpersubstanzen und personenbezogenen Daten zu beteiligen. Auf diese »befreienden« Grundrechte wird unter G. näher eingegangen.

---

[194] Zu den Besonderheiten bei toten Substanzspendern siehe unten unter § 5. ab Seite 139.

A. Menschenwürde nach Art. 1 Abs. 1 S. 1 GG

Bei der Tätigkeit von Biobanken, genauer der Weiterverwendung personenbezogener Daten und Körpersubstanzen, könnte zum einen die Menschenwürde des Substanzspenders betroffen sein. Sie ergibt sich aus dem ersten Satz des Art. 1 Abs. 1 GG, der wie folgt lautet:

> *»Die Würde des Menschen ist unantastbar. Sie zu achten und zu schützen ist Verpflichtung aller staatlichen Gewalt.«*

I. Schutzbereich der Menschenwürde

Wenn man den genauen Schutzbereich der Menschenwürde bestimmen möchte, dann trifft man auf ein Konkretisierungsdilemma. Einerseits ist jegliche Maßnahme, die die Menschenwürde beeinträchtigt, unzulässig. Denn im Gegensatz zu allen anderen Grundrechten[195] ist bei der Menschenwürde eine Interessenabwägung untersagt[196]; eine Beeinträchtigung der Menschenwürde kann somit nicht gerechtfertigt werden. Umso mehr bedarf es einer genauen Bestimmung ihres Schutzgehalts. Andererseits verbietet sich aufgrund der Eigenart der Menschenwürde eine positive Bestimmung[197]. Denn mit der Menschenwürde ist eine Vielzahl von Aspek-

---

[195] Angesichts der Formulierung des Art. 1 Abs. 3 GG, »die *nachfolgenden* Grundrechte«, wird teilweise bezweifelt, dass die Menschenwürde ein eigenständiges Grundrecht darstellt. Die ganz herrschende Meinung geht hierbei zu Recht davon aus, dass die Menschenwürde ein eigenständiges Grundrecht darstellt: z. B. BVerfGE 1, 332 (343); STERN in: STERN, Staatsrecht IV/1, S. 61 f.; HERDEGEN in: MAUNZ/DÜRIG, GG, Art. 1 Abs. 1 Rn. 26.

[196] Z. B. BVerfGE 93, 266 (293) »Soldaten sind Mörder«; DREIER in: DREIER, GG, Art. 1 I Rn. 44, 131 ff.; HÖFLING in: SACHS, Grundgesetz, Art. 1 Rn. 10. Anders HERDEGEN, JZ 2001, 773 (773 ff.), und HERDEGEN in: MAUNZ/DÜRIG, GG, Art. 1 Abs. 1 Rn. 43 ff., nach dem »die Menschenwürde in den frühsten Phasen des menschlichen Lebens zum Gegenstand der Abwägung gemacht werden darf«. Noch weiter HAIN, Der Staat 45 [2006], 189 (200 ff.), der die Menschenwürde erst durch eine Abwägung als handhabbar ansieht.

[197] So z. B. auch HÖFLING in: SACHS, Grundgesetz, Art. 1 Rn. 12; BREWE, Embryonenschutz, S. 83; TAUPITZ/GUTTMANN, Prädiktive genetische Testverfahren, S. 67. Anders beispielsweise STERN in: STERN, Staatsrecht IV/1, S. 17 ff. und HAIN, Der Staat 45 [2006], 189 (196 ff.).

ten verknüpft, die eine Festlegung, was alles zur Menschenwürde zählt, unmöglich macht. Eine positive Festlegung würde zudem zu einer »schleichenden Versteinerung«[198] führen, weil immer mehr in die Menschenwürde hineininterpretiert würde und sie dadurch nicht mehr offen für neuere Entwicklungen wäre.

Deshalb ist es nicht möglich, den Schutzbereich der Menschenwürde abstrakt zu bestimmen. Es kann lediglich konkret und situationsspezifisch entschieden werden, ob die Menschenwürde durch eine bestimmte Handlung verletzt wird bzw. in der Terminologie des Grundgesetzes, ob die Menschenwürde »angetastet« wird. Das kann insbesondere dann angenommen werden, wenn der Mensch zum bloßen Objekt des Staates herabgewürdigt (sog. Objektformel) und seine Subjektsqualität prinzipiell in Frage gestellt wird[199]. Diese Formel ist jedoch selbst bei einer Einzelfallbetrachtung noch zu unbestimmt, um *abschließend* zu beurteilen, ob eine Menschenwürdeverletzung vorliegt[200]. Ebenso lassen sich durch die Bildung von Fallgruppen zwar typische Gefährdungen der Menschenwürde erfassen, aber auch danach kann die Feststellung einer Menschenwürdeverletzung letztlich nur im jeweiligen Einzelfall erfolgen, wobei nach richtiger Ansicht insbesondere die Umstände und Ziele der fraglichen Maßnahme Berücksichtigung finden müssen[201].

---

198 TAUPITZ, NJW 2001, 3433 (3436); TAUPITZ, Biomedizinische Forschung, S. 28; TAUPITZ/MOELLER-HERRMANN, Rechtliche Regelung der Gentechnik, S. 761.

199 Die Objektformel prägend: DÜRIG in: MAUNZ/DÜRIG, GG (1958), Art. 1 Abs. 1 Rn. 28. An die Objektformel zunächst anknüpfend und später stärker auf die Subjektsqualität abstellend BVerfGE 30, 1 (25 f.); zuletzt BVerfG NJW 2006, 751 (757 f.) »Luftsicherheitsgesetz«.

200 DREIER in: DREIER, GG, Art. 1 I Rn. 53; HÖFLING in: SACHS, Grundgesetz, Art. 1 Rn. 14; STERN in: STERN, Staatsrecht IV/1, S. 16 und 18 f.

201 Siehe TAUPITZ/MOELLER-HERRMANN, Rechtliche Regelung der Gentechnik, S. 761 f.; TAUPITZ/GUTTMANN, Prädiktive genetische Testverfahren, S. 67; HERDEGEN in: MAUNZ/DÜRIG, GG, Art. 1 Abs. 1 Rn. 43 ff.; MOELLER-HERRMANN, Die Regelung prädiktiver Gentests, S. 75 f.; BREWE, Embryonenschutz, S. 84 f. Ähnlich auch die Entscheidung BVerfGE 30, 1 (26) »Abhörurteil«: »Die Behandlung des Menschen [...] muss, wenn sie die Menschenwürde berühren soll, Ausdruck der Verachtung des Wertes, der dem Menschen kraft seines Personseins ankommt, sein.«.

II. Konsequenzen für Biobanken

Durch die notwendige Einzelfallbetrachtung ist eine pauschale Feststellung unmöglich, ob das Weiterverwenden von Körpersubstanzen und Daten in Biobanken stets die Menschenwürde des Substanzspenders verletzt oder nicht. Es sind hierbei zwar Fälle vorstellbar, in denen eine Verletzung der Menschenwürde angenommen werden kann, etwa wenn mithilfe der personenbezogenen Daten und Körpersubstanzen ein komplettes Persönlichkeitsprofil des Substanzspenders erstellt werden soll, um eine Rassenauswahl treffen zu können[202]. Allerdings sind ebenso Fälle denkbar, in denen die Annahme einer Menschenwürdeverletzung absurd wäre, beispielsweise wenn die vom Substanzspender genehmigte Weiterverwendung der Körpersubstanzen eine Krebserkrankung des Substanzspenders verhindern soll.

Die Feststellung einer Verletzung der Menschenwürde des Substanzspenders kann folglich auch im Zusammenhang mit der Tätigkeit von Biobanken nur am jeweiligen Einzelfall beurteilt werden. Bei der Einzellfallprüfung muss berücksichtigt werden, dass nicht nur einzelne, sondern sämtliche Grundrechte Konkretisierungen des Prinzips der Menschenwürde sind und es deshalb »stets einer sorgfältigen Begründung [bedarf], wenn angenommen werden soll, dass der Gebrauch eines Grundrechts auf die unantastbare Menschenwürde durchschlägt«[203]. Zudem würde die Menschenwürdegarantie zu einer »kleinen Münze« verkommen und die Unantastbarkeitsformel unzulässig aufgeweicht, wenn man ein weites Verständnis des Schutzbereichs der Menschenwürde zugrunde legen würde[204]. Demzufolge muss der Anwendungsbereich der Menschenwürdegarantie auf Bereiche beschränkt werden, in denen der absolute Kernbereich mensch-

---

202 Dieses Beispiel findet sich bei MORR, Biobanken, S. 30.

203 BVerfGE 93, 266 (293) »Soldaten sind Mörder«.

204 Auf diese Gefahr weisen auch HÖFLING in: SACHS, Grundgesetz, Art. 1 Rn. 9; BRÜCKL, Verwendung von genetischen Informationen, S. 105, und MOELLER-HERRMANN, Die Regelung prädiktiver Gentests, S. 70, hin.

licher Existenz in Frage gestellt wird[205]. Eindeutige Beispiele hierfür sind etwa Diffamierung, Diskriminierung, Erniedrigung, Brandmarkung, Verfolgung, Ächtung, Entrechtung und grausame Bestrafung[206].

Das Weiterverwenden personenbezogener Daten und Körpersubstanzen in Biobanken kann keinesfalls mit diesen soeben genannten Menschenwürdeverletzungen gleichgestellt werden. Denn diese Tätigkeiten werden oft im Interesse des Substanzspenders durchgeführt, beispielsweise wenn der Substanzspender die Krebsforschung unterstützen möchte. Auch die Entschlüsselung von Erbmaterial für sich allein vermag noch keine Verletzung der Menschenwürdegarantie zu begründen[207]. Denn der Mensch ist nach dem der Menschenwürde zugrunde liegenden humanistischen Verständnis weit mehr als nur das Produkt seiner Gene. Die Gene sind lediglich einer von mehreren potenziell persönlichkeitskonstituierenden Faktoren[208].

Somit könnte höchstens die *Durchführung* der Tätigkeiten einer Biobank zu einem die Menschenwürde verletzenden Zweck (z. B. eine Zwangsanalyse zur Rassenauswahl) oder in einer die Menschenwürde verletzenden Art (z. B. gewaltsame Entnahme der Körpersubstanzen) einen Verstoß gegen Art. 1 Abs. 1 S. 1 GG darstellen. Ohne solche besonderen Umstände wird bei der Tätigkeit einer Biobank aber nicht der absolute Kernbereich menschlicher Existenz und damit auch nicht die Menschenwürde beeinträchtigt.

III. Ergebnis

Bei der Weiterverwendung der Körpersubstanzen und Daten des Substanzspenders in einer Biobank ist die Menschenwürde nur in Ausnahmefällen

205 Siehe z. B. HÖFLING in: SACHS, Grundgesetz, Art. 1 Rn. 16; BRÜCKL, Verwendung von genetischen Informationen, S. 107.
206 So BayVerfGH BayVBl. 1982, 47 (50). Siehe auch die Auflistungen bei JARASS in: JARASS/PIEROTH, GG, Art. 1 Rn. 7, sowie HÖFLING in: SACHS, Grundgesetz, Art. 1 Rn. 19 ff.
207 In diese Richtung aber MORR, Biobanken, S. 30.
208 Darauf weist auch MOELLER-HERRMANN, Die Regelung prädiktiver Gentests, S. 76 hin.

und dann nur wegen des Hinzutretens besonderer Umstände tangiert. Deshalb ergibt sich aus der Garantie der Menschenwürde in der Regel keine Unzulässigkeit der Weiterverwendung personenbezogener Daten und Körpersubstanzen in Biobanken. Die Menschenwürdegarantie bleibt aber von überragender Bedeutung für die weitere Rechtsauslegung und ist insbesondere im Rahmen des allgemeinen Persönlichkeitsrechts als Wertmaßstab mit zu berücksichtigen.

B. Recht auf Leben und körperliche Unversehrtheit nach Art. 2 Abs. 2 S. 1 GG

Bei der Weiterverwendung von Körpersubstanzen in Biobanken könnten weiterhin die Rechte des Substanzspenders auf Leben und körperliche Unversehrtheit betroffen sein. Diese Rechte ergeben sich aus dem ersten Satz des Art. 2 Abs. 2 GG, der wie folgt lautet:

> *»Jeder hat das Recht auf Leben und körperliche Unversehrtheit. Die Freiheit der Person ist unverletzlich. In diese Rechte darf nur auf Grund eines Gesetzes eingegriffen werden.«*

I. Bedeutung und Inhalt des Art. 2 Abs. 2 S. 1 GG

Die Grundrechte aus Art. 2 Abs. 2 S. 1 GG[209] haben eine besondere Bedeutung unter den Grundrechten. Sie stellen innerhalb der grundgesetzlichen Ordnung Höchstwerte dar. Das zeigt sich am deutlichsten beim Grundrecht

[209] Es handelt sich entgegen dem Wortlaut »das Recht« nicht nur um ein Grundrecht, sondern um zwei Grundrechte, nämlich zum einen das Grundrecht auf Leben und zum anderen das Grundrecht auf körperliche Unversehrtheit.

auf Leben, das vitale Basis der Menschenwürde und die Voraussetzung aller anderen Grundrechte ist[210]. Dementsprechend ist es nicht nur ein reines Abwehrrecht gegenüber dem Staat[211], sondern statuiert gleichzeitig eine staatliche Pflicht des Staates, »sich schützend und fördernd vor [das] Leben zu stellen, das heißt vor allem, es auch vor rechtswidrigen Eingriffen von seiten anderer zu bewahren«[212]. Diese Schutzpflicht gilt, in etwas abgeschwächter Intensität, auch im Zusammenhang mit der körperlichen Unversehrtheit[213].

In sachlicher Hinsicht wird vom Recht auf Leben das körperliche Dasein geschützt, d. h. die biologisch-physische *Existenz*[214]. Hingegen schützt das Recht auf körperliche Unversehrtheit die biologisch-physische und psychische[215] *Integrität*[216].

Für das **Beschaffen** der Körpersubstanzen ist es zumeist erforderlich, diese vom Körper des Substanzspenders zu trennen. Dieser Vorgang berührt die biologisch-physische Integrität des Substanzspenders und damit sein Recht auf körperliche Unversehrtheit. Das Recht auf Leben wird, außer in Fällen der Entnahme einer lebenswichtigen Körpersubstanz, dabei aber regelmäßig nicht tangiert.

---

210 BVerfGE 39, 1 (42); BVerfG NJW 2006, 751 (753, 757) »Luftsicherheitsgesetz«; DI FABIO in: MAUNZ/DÜRIG, GG, Art. 2 Abs. 2 Rn. 9.

211 So noch BVerfGE 1, 97 (104 f.).

212 Seit BVerfGE 39, 1 (42) ständige Rechtsprechung, siehe z. B. auch BVerfGE 90, 145 (195); BVerfG NJW 2006, 751 (757) »Luftsicherheitsgesetz«. Aus der Literatur z. B. DI FABIO in: MAUNZ/DÜRIG, GG, Art. 2 Abs. 2 Rn. 41 ff.; STARCK in: VON MANGOLDT/KLEIN/STARCK, GG, Art. 2 Rn. 190 und 208 ff.; STERN in: STERN, Staatsrecht III/1, S. 940 ff.

213 BVerfGE 56, 54 (78); MURSWIEK in: SACHS, Grundgesetz, Art. 2 Rn. 189; STARCK in: VON MANGOLDT/KLEIN/STARCK, GG, Art. 2 Rn. 229 ff.

214 Siehe z. B. BVerfGE 39, 1 (36 ff.); BVerfG NJW 2006, 751 (753) »Luftsicherheitsgesetz«; STARCK in: VON MANGOLDT/KLEIN/STARCK, GG, Art. 2 Rn. 192; WIEDEMANN in: UMBACH/CLEMENS, GG, Art. 2 Rn. 292.

215 In der Literatur wird der Schutzbereich hingegen vielfach auf die biologisch-physische Integrität beschränkt und die psychische Integrität nur insoweit geschützt, als diese sich in körperlichen Erkrankungen manifestiert: z. B. DI FABIO in: MAUNZ/DÜRIG, GG, Art. 2 Abs. 2 Rn. 55; STARCK in: VON MANGOLDT/KLEIN/STARCK, GG, Art. 2 Rn. 193; JARASS in: JARASS/PIEROTH, GG, Art. 2 Rn. 83.

216 Siehe z. B. WIEDEMANN in: UMBACH/CLEMENS, GG, Art. 2 Rn. 350 ff.; PIEROTH/SCHLINK, Grundrechte, Rn. 393; TAUPITZ/GUTTMANN, Prädiktive genetische Testverfahren, S. 63.

II. »Körper-« Verletzung an abgetrennten Körpersubstanzen?

Schwieriger ist allerdings die Beurteilung der **Weiterverwendung** von Körpersubstanzen des Substanzspenders. Diese hat keinen direkten Einfluss auf die biologisch-physische Existenz oder die biologisch-physische bzw. psychische Integrität des Substanzspenders. Denn im Zeitpunkt der Weiterverwendung sind die Körpersubstanzen bereits vom Körper des jeweiligen Substanzspenders getrennt und dadurch nicht mehr der Physis des Substanzspenders zugehörig.

Dennoch wird zum Teil die Beeinträchtigung der vom Körper getrennten Substanzen mit der Beeinträchtigung des Körpers gleichgesetzt. Dafür spricht, dass die abgetrennten Körpersubstanzen einmal direkt im menschlichen Körper »eingegliedert« und diesem zugehörig waren. Außerdem lässt sich für eine solche Gleichsetzung eine Entscheidung des BGH aus dem Jahr 1993 anführen, in der es um die Vernichtung einer Spermakonserve ging[217]. Dort stellte der BGH fest, dass »Bestandteile auch während ihrer Trennung vom Körper [...] mit diesem weiterhin eine funktionale Einheit bilden«[218], wenn sie »nach dem Willen des Rechtsträgers zur Bewahrung der Körperfunktionen oder zu ihrer Verwirklichung«[219] dienen sollen. Dann sei es – so der BGH – geboten, »eine Beschädigung oder Vernichtung solcher ausgegliederter Körperbestandteile als Körperverletzung zu werten«[220]. Diese Aussage des BGH ist zwar nur in Bezug auf das Schutzgut »Körper« in § 823 Abs. 1 BGB ergangen und nicht im Hinblick auf Art. 2 Abs. 2 S. 1 GG, man könnte sie aber als Anregung dahingehend verstehen, dass eine Beschädigung oder Vernichtung aller Körpersubstanzen, egal ob vom Körper getrennt oder nicht, eine Körperver-

[217] BGH, Urteil vom 09.11.1993 - VI ZR 62/93 = BGHZ 124, 52 = NJW 1994, 127.
[218] BGHZ 124, 52 (55).
[219] BGHZ 124, 52 (55).
[220] BGHZ 124, 52 (55). Ähnlich auch schon SCHÜNEMANN, Die Rechte am menschlichen Körper, S. 118 ff.

letzung darstellt. Eine »Körperverletzung« wäre dann die Abkürzung für »Körper*substanz*verletzung« und »körperliche Unversehrtheit« demzufolge die Abkürzung für »körper*substanzliche* Unversehrtheit«. Ganz in diesem Sinne wird auch teilweise geltend gemacht, dass das am Körper bestehende Selbstbestimmungsrecht noch an dem getrennten Körpermaterial fortwirke, woraus sich ein ausnahmsloses und unbedingtes Einwilligungserfordernis ergebe[221].

Bei einer solchen Gleichsetzung würde man jedoch übersehen, dass zwischen dem Selbstbestimmungsrecht am Körper und dem Recht an abgetrennten Körpersubstanzen ein wesentlicher Unterschied besteht; denn durch die Trennung der Substanzen vom Körper wird die persönlichkeitsrechtliche Bindung gelockert[222]. Es macht eben einen Unterschied, ob der lebende Körper verletzt oder nur mit bereits abgetrennten Körpersubstanzen falsch umgegangen wird; immerhin geht die Verletzung des lebenden Körpers in vielen Fällen auch mit Schmerzen und Gesundheitsgefahren einher[223].

Die »körperliche Unversehrtheit« aus Art. 2 Abs. 2 S. 1 GG schützt nur das körperbezogene Selbstbestimmungsrecht und nicht auch das allgemeine Selbstbestimmungsrecht des Einzelnen[224]. Was eine Verletzung des allgemeinen Selbstbestimmungsrechts darstellt, muss deshalb noch lange keine Verletzung der körperlichen Unversehrtheit sein[225]. Das allgemeine Selbstbestimmungsrecht wird nur als Ausfluss des allgemeinen Persönlichkeitsrechts geschützt; im Zivilrecht vor allem durch § 823 Abs. 1 BGB als »sonstiges Recht« und im Strafrecht rudimentär durch Freiheitsdelikte wie beispielsweise Freiheitsberaubung (§ 239 StGB) oder Nötigung (§ 240 StGB).

---

221 So vor allem VON FREIER, MedR 2005, 321 (321 ff.).

222 SCHRÖDER/TAUPITZ, Menschliches Blut, S. 93; FORKEL, Festschrift Weber, S. 565.

223 TAUPITZ/WICKLEIN, Biobanken, S. 3.

224 Siehe zur »Körperverletzung« im einfachen Recht: LAUFS/REILING, NJW 1994, 775 (775); STERNBERG-LIEBEN, Die objektiven Schranken der Einwilligung im Strafrecht, S. 534; anders offenbar PFEFFER, HIV-Tests, S. 86 f.

225 Siehe zur »Körperverletzung« im einfachen Recht: TAUPITZ, NJW 1995, 745 (750 f.); TAUPITZ, JR 1995, 22 (24); LAUFS/REILING, NJW 1994, 775 (775).

Diesen Unterschied zwischen dem körperbezogegen Selbstbestimmungsrecht und dem allgemeinen Selbstbestimmungsrecht/Persönlichkeitsrecht hat der BGH in der oben genannten Entscheidung übersehen. Diese Auffassung des BGH ist daher abzulehnen[226].

Eine Beeinträchtigung der vom Körper getrennten Substanzen kann somit nicht einer Beeinträchtigung des Körpers gleichgesetzt werden und wird demzufolge nicht mehr vom Merkmal »körperliche Unversehrtheit« des Art. 2 Abs. 2 S. 1 GG erfasst. Zum Schutzgut »Körper« gehören folglich nur mit ihm fest verbundene (natürliche oder künstliche) Körperteile[227]. Natürlich kann eine Einwirkung auf eine vom Körper getrennte Substanz Auswirkungen auf den Gesamtkörper haben und deswegen eine Körperverletzung darstellen. Zu denken ist beispielsweise an die Vergiftung einer Eigenblutspende, die nach Rückführung in den Körper zu einer Körperverletzung führen kann[228]. Der Bezugspunkt ist dabei aber nicht die Einwirkung auf die abgetrennten Körpersubstanzen, sondern die Auswirkung auf den Gesamtkörper. Allein in einer Beeinträchtigung der vom Körper getrennten Substanzen kann aber keine Verletzung der »körperlichen Unversehrtheit« aus Art. 2 Abs. 2 S. 1 GG liegen[229].

III. Ergebnis

Zwar berührt das *Beschaffen* der Körpersubstanzen das Recht auf körperliche Unversehrtheit des Substanzspenders. Die *Weiterverwendung* von Körpersubstanzen beeinträchtigt aber nicht dieses Recht, weil die Körpersub-

---

[226] So die ganz herrschende Meinung, z. B. VOSS, Vernichtung tiefgefrorenen Spermas, S. 41 f., 173 ff., 178 f., 181 f., 183, 185 f., 197 f.; SPICKHOFF in: SOERGEL, BGB, § 823 Rn. 34; TAUPITZ, NJW 1995, 745 (745 ff.). Der Entscheidung jedoch zustimmend: FREUND/HEUBEL, MedR 1995, 194 (194 ff.); FREUND/WEISS, MedR 2004, 315 (316), sowie SCHNORBUS, JuS 1994, 830 (834 f.).

[227] TAUPITZ, NJW 1995, 745 (745); FINK, Biobanken, S. 193 und HOLCH in: MÜNCHKOMM, BGB, § 90 Rn. 29 und 31.

[228] Siehe dazu ausführlich TAUPITZ, NJW 1995, 745 (746).

[229] Siehe TAUPITZ/WICKLEIN, Biobanken, S. 4.

stanzen nach Trennung vom Körper nicht mehr der Physis des Substanzspenders zugehörig sind und damit nicht mehr vom Merkmal »körperliche Unversehrtheit« des Art. 2 Abs. 2 S. 1 GG erfasst sind.

C. Allgemeines Persönlichkeitsrecht

Hinsichtlich der Weiterverwendung von Körpersubstanzen oder Daten in Biobanken kommt vor allem eine Beeinträchtigung des allgemeinen Persönlichkeitsrechts des Substanzspenders in Betracht.

I. Grundlage des allgemeinen Persönlichkeitsrechts

Entgegen dem leicht missverständlichen Wortlaut des Art. 2 Abs. 1 GG

> *»Jeder hat das Recht auf die freie Entfaltung seiner Persönlichkeit ...«*

hat das allgemeine Persönlichkeitsrecht seine dogmatische Grundlage nicht allein in diesem Artikel. Denn nach dem Willen der Autoren des Grundgesetzes sollte durch diese Vorschrift nur die allgemeine Handlungsfreiheit gesichert werden, also die Freiheit, »zu tun und zu lassen, was die Rechte anderer nicht verletzt«. An das allgemeine Persönlichkeitsrecht wurde dabei noch nicht gedacht. Dies wurde erst nach Inkrafttreten des GG durch Rechtslehre und Rechtspraxis entwickelt[230].

[230] Wegbereitend waren zunächst Urteile des BGH: BGHZ 13, 334 ff. »Leserbrief«; 15, 249 ff. »Cosima Wagner«; 20, 345 ff. »Paul Dahlke«; 24, 72 ff. »Krankenpapiere«; 26, 349 ff. »Herrenreiter«; 27, 284 ff. »Tonbandaufnahme I«; 30, 7 ff. »Caterina Valente«; 35, 363 ff. »Ginsengwurzel«; 39, 124 ff. »Fernsehansagerin«; BGH NJW 1965, 685 ff. »Soraya«. Seitdem ständige Rechtsprechung, zuletzt BGHZ 143, 214 ff. »Marlene Dietrich«; 151, 26 ff. »Werbung für Presseerzeugnis«; BGH NJW 2005, 2844 ff. »Esra«. In der Rechtsprechung des

Art. 2 Abs. 1 GG dient allerdings zumindest als Anknüpfungspunkt für das allgemeine Persönlichkeitsrecht, denn ohne die Möglichkeit einer abgeschirmten Persönlichkeitssphäre kann es keine freie Entfaltung des Menschen geben[231]. Zusätzlich kann Art. 1 Abs. 1 GG herangezogen werden, der bestimmt:

> *»Die Würde des Menschen ist unantastbar. Sie zu achten und zu schützen ist Verpflichtung aller staatlichen Gewalt.«*

Denn die Würde eines Menschen wird nur dann geachtet und geschützt, wenn das Individuum in seiner gesamten Persönlichkeit geschützt ist. Dementsprechend ist **Art. 2 Abs. 1 GG i. V. m. Art. 1 Abs. 1 GG** die richtige Grundlage des allgemeinen Persönlichkeitsrechts[232].

II. Allgemeine Ausprägung

In Parallelität zum Recht auf körperliche Unversehrtheit (Art. 2 Abs. 2 Satz 1 GG)[233], das die biologisch-physische Integrität absichert, schützt das allgemeine Persönlichkeitsrecht die **Integrität der Persönlichkeit**[234]. Im Unterschied zur allgemeinen Handlungsfreiheit als aktivem Element

Bundesverfassungsgerichts ist das allgemeine Persönlichkeitsrecht erst später aufgetaucht. Andeutungsweise fand es sich in BVerfGE 27, 1 (6) »Mikrozensus«; deutlicher bereits in BVerfGE 27, 344 (350 f.) »Scheidungsakten« und anerkannt seit BVerfGE 34, 269 ff. = Bestätigung der Soraya-Entscheidung des BGH.

231 Siehe Di Fabio in: Maunz/Dürig, GG, Art. 2 Abs. 1 Rn. 129.

232 Mittlerweile einhellige Auffassung in Literatur und Rechtsprechung. Siehe aus der neueren Rechtsprechung beispielsweise BVerfGE 100, 313 (358) »Telekommunikationsüberwachung«; 101, 106 (121); 101, 361 (379) »Caroline von Monaco II«; 106, 28 (39) »Mithörvorrichtung«. Aus der Literatur etwa Di Fabio in: Maunz/Dürig, GG, Art. 2 Abs. 1 Rn. 128 mit umfangreichen Nachweisen zur Rechtsprechung, oder Dreier in: Dreier, GG, Art. 2 Abs. 1 Rn. 23.

233 Auf diese Parallelität hat das Bundesverfassungsgericht ausdrücklich hingewiesen: BVerfGE 27, 344 (351) »Scheidungsakten«.

234 Siehe z. B. Starck in: von Mangoldt/Klein/Starck, GG, Art. 2 Rn. 86; Stern in: Stern, Staatsrecht IV/1, S. 191, 895.

ist das allgemeine Persönlichkeitsrecht vorwiegend passiv ausgerichtet; es schützt nicht das Verhalten des Einzelnen (also Tun oder Unterlassen), sondern die personale Identität, also dessen »Person-Sein«[235]. Es will dem Einzelnen einen autonomen Bereich privater Lebensgestaltung sichern, in dem er seine Individualität entwickeln und wahren kann[236]. Geschützt ist demnach die »engere persönliche Lebenssphäre und die Erhaltung ihrer Grundbedingungen [...], die sich durch die traditionellen konkreten Freiheitsrechte nicht abschließend erfassen lassen«[237].

Zur weiteren Konkretisierung des allgemeinen Persönlichkeitsrechts hat das Bundesverfassungsgericht im Laufe seiner Rechtsprechung den Schutz der Persönlichkeit in verschiedene Rechte aufgefächert, welche die unterschiedlichen Entfaltungsweisen der menschlichen Persönlichkeit (Selbstbestimmung, Selbstbewahrung und Selbstdarstellung) schützen. Diese Konkretisierungen des allgemeinen Persönlichkeitsrechts sind nicht abschließend, denn das allgemeine Persönlichkeitsrecht ist tatbestandlich offen und dadurch anpassungsfähig an weitere Entwicklungen und neue Gefährdungslagen[238].

1. Schutz der Selbstbestimmung

Zur Selbstbestimmung der eigenen Persönlichkeit erhält der Einzelne das Recht, selbst zu bestimmen und unter Umständen auch selbst herauszufinden, wer er ist[239]. Dazu dient beispielsweise das Recht auf Kenntnis der eigenen Abstammung[240].

---

235 BVerfGE 54, 148 (153) »Eppler-Beschluss«; STERN in: STERN, Staatsrecht IV/1, S. 191.
236 BVerfGE 79, 256 (268).
237 BVerfGE 54, 148 (153) »Eppler-Beschluss«.
238 BVerfGE 54, 148 (153 f.) »Eppler-Beschluss«; 65, 1 (41) »Volkszählung«; 72, 155 (170); 79, 256 (268); 95, 220 (241).
239 Siehe PIEROTH/SCHLINK, Grundrechte, Rn. 374.
240 BVerfGE 79, 256 (268 f.); 90, 263 (270); 96, 56 (63).

2. Schutz der Selbstbewahrung

Zum Schutz der Selbstbewahrung verbürgt das allgemeine Persönlichkeitsrecht dem Einzelnen einen abgeschirmten Bereich privater Lebensgestaltung, »in dem er unbeachtet sich selbst überlassen ist oder mit Personen seines besonderen Vertrauens ohne Rücksicht auf gesellschaftliche Verhaltenserwartungen verkehren kann«[241]. Geschützt sind danach beispielsweise die aus dem vertraulichen Kontakt zwischen Arzt und Patient entstehenden Krankenakten[242] und die Vertraulichkeit des Tagebuchs[243].

3. Schutz der Selbstdarstellung

Zum Schutz der eigenen Selbstdarstellung erhält der Einzelne schließlich das Recht, »selbst darüber befinden zu dürfen, wie er sich gegenüber Dritten oder der Öffentlichkeit darstellen will, was seinen sozialen Geltungsanspruch ausmachen soll und ob oder inwieweit Dritte über seine Persönlichkeit verfügen können, in dem sie diese zum Gegenstand öffentlicher Erörterung machen«[244]. Diese Ausformung des allgemeinen Persönlichkeitsrechts könnte man auch als »Recht, ein Schauspieler zu sein« bezeichnen. In dieser Ausprägung sichert das allgemeine Persönlichkeitsrecht beispielsweise das Recht am eigenen Bild[245] sowie das Recht am eigenen Wort[246]

---

[241] BVerfGE 90, 255 (260) zur Kontrolle des Briefes eines Strafgefangenen. Siehe auch BVerfGE 27, 1 (6) »Mikrozensus«; 101, 361 (382 f.)«Caroline von Monaco II« ; HILLGRUBER in: UMBACH/CLEMENS, GG, Art. 2 Rn. 49.

[242] BVerfGE 32, 373 (379 f.) »Arztkartei«; 44, 353 (372) »Suchtkrankenberatungsstelle«; 89, 69 (82 ff.) »Cannabis«; BVerfG NJW 1999, 1777; STARCK in: VON MANGOLDT/KLEIN/STARCK, GG, Art. 2 Rn. 98 ff.

[243] BVerfGE 80, 367 (373 ff., 381). Dazu auch BGH NJW 1994, 1970 f.; 1995, 269.

[244] BVerfGE 63, 131 (142); siehe auch BVerfGE 35, 202 (220); 54, 148 (155) »Eppler-Beschluss«; 54, 208 (217 f.) »Heinrich Böll«; DREIER in: DREIER, GG, Art. 2 Abs. 1 Rn. 71.

[245] Siehe z. B. BVerfGE 34, 238 (246); 101, 361 (381) »Caroline von Monaco II«; 106, 28 (39) »Mithörvorrichtung«; zuletzt auch BVerfG NJW 2006, 3406 (3407) und aus der Literatur unter anderem STERN in: STERN, Staatsrecht IV/1, S. 193 f. und DI FABIO in: MAUNZ/DÜRIG, GG, Art. 2 Abs. 1 Rn. 193 ff., jeweils m. w. N.

[246] BVerfGE 34, 238 (246); 54, 148 (155) »Eppler-Beschluss«; 54, 208 (217) »Heinrich Böll«; 106, 28 (39 f.) »Mithörvorrichtung«. Dazu auch ausführlich STERN in: STERN, Staatsrecht

und schützt gegen Entstellungen und Verfälschungen des eigenen Persönlichkeitsbildes[247].

III. Schutzbereich in Bezug auf Biobanken

Die Tätigkeit einer Biobank – speziell das Weiterverwenden von Körpersubstanzen sowie Daten des Substanzspenders– stellt sich unter mehreren Aspekten als problematisch für das allgemeine Persönlichkeitsrecht des Substanzspenders dar:

Zum einen hat sich durch die Trennung der Körpersubstanzen vom Körper des Substanzspenders der Bezug zu dessen Persönlichkeitssphäre geändert. Dies wirft die Frage auf, ob durch die Weiterverwendung der Körpersubstanzen überhaupt noch das allgemeine Persönlichkeitsrecht des Substanzspenders beeinträchtigt werden kann. Darauf wird unter 1. näher eingegangen.

Ein weiteres Problem ist die Verwendung personenbezogener Daten des Substanzspenders. Ohne personenbezogene Daten wird aber kaum eine Biobank arbeiten können. Deshalb wird unter 2. untersucht, ob der Schutzbereich des allgemeinen Persönlichkeitsrechts auch die Weiterverwendung personenbezogener Daten umfasst.

Außerdem könnte es in manchen Fällen erforderlich werden, den Substanzspender auch davor zu schützen, dass andere ihm ihr Wissen aufdrängen. Aus diesem Grund ist unter 3. zu klären, ob das allgemeine Persönlichkeitsrecht auch ein Recht auf Nichtwissen gewährt.

IV/1, S. 194 f.; STARCK in: VON MANGOLDT/KLEIN/STARCK, GG, Art. 2 Rn. 92 ff., jeweils m. w. N.

247 Siehe BVerfGE 54, 148 (155) »Eppler-Beschluss«; 54, 208 (217) »Heinrich Böll«; 61, 1 (8); 82, 236 (269) zum Unterschieben von Äußerungen; BVerfGE 34, 269 (282 ff.) »Soraya« zu erfundenen Interviews und BVerfGE 99, 185 (193 f.) zur Behauptung der Scientology-Mitgliedschaft.

Unabhängig von der Weiterverwendung personenbezogener Daten oder der Aufdrängung von Wissen könnte der Schutzbereich des allgemeinen Persönlichkeitsrechts auch schon allein deshalb eröffnet sein, weil in Biobanken Substanzen weiterverwendet werden, die einmal zum Körper des Substanzspenders gehörten. Diese Frage wird vor allem dann bedeutsam, wenn die Körpersubstanzen anonymisiert sind. Deswegen ist unter 4. zu klären, ob persönlichkeitsrechtliche Interessen des Substanzspenders auch an Körpersubstanzen selbst bestehen können.

Schließlich könnten sich Einschränkungen für Biobanken auch aus dem Selbstbestimmungsrecht ergeben. Dementsprechend ist zum Schluss unter 5. noch auf das Selbstbestimmungsrecht des Substanzspenders einzugehen und auf dessen Relevanz in Bezug auf die Tätigkeit von Biobanken zu untersuchen.

1. Irrelevanz der Trennung der Körpersubstanzen

Hinsichtlich des allgemeinen Persönlichkeitsrechts im Rahmen der Tätigkeit von Biobanken könnte man sich zum einen auf den Standpunkt stellen, dass bei der Weiterverwendung der Körpersubstanzen das allgemeine Persönlichkeitsrecht des Substanzspenders nicht mehr beeinträchtigt werden kann. Denn die Substanzen sind bei ihrer Weiterverwendung bereits vom Körper des Substanzspenders getrennt und dadurch der Bezug zur Person des Substanzspenders physisch gelöst. Anders formuliert: Egal, was man mit den Körpersubstanzen anstellt, der Substanzspender bekommt davon nichts mit.

Dabei würde man jedoch verkennen, dass das allgemeine Persönlichkeitsrecht – im Unterschied zum Recht auf körperliche Unversehrtheit – nicht nur bei Einwirkungen auf den Körper beeinträchtigt werden kann. Beispielsweise wird jeder zustimmen, dass er in seinem »Person-Sein« beeinträchtigt wäre, wenn von ihm verfasste Liebesbriefe veröffentlicht würden (zumindest wenn er als Verfasser erkennbar ist). Ebenso eindeutig wird die Persönlichkeit berührt, wenn eigene vertrauliche Tagebuchaufzeichnungen öffentlich gemacht werden. Auch in den gerade genannten Fällen wird der Körper des Betroffenen nicht berührt oder verletzt, sondern die Einwirkung auf die Persönlichkeit erfolgt in anderer Weise. Dennoch dürfte Übereinstimmung darin herrschen, dass die Integrität der Persönlichkeit, also das allgemeine Persönlichkeitsrecht, Schutz hiergegen bieten muss. Sonst könnte der Betroffene nicht mehr selbst darüber befinden, wie er sich gegenüber Dritten oder der Öffentlichkeit darstellt und nicht mehr sicher gehen, dass ihm ein abgeschirmter Bereich privater Lebensgestaltung verbleibt. Gerade in diesen Fällen zeigt sich die Notwendigkeit des Schutzes durch das allgemeine Persönlichkeitsrecht, weil mangels Einwirkung auf die körperliche Integrität das Recht auf körperliche Unversehrtheit unanwendbar ist.

Es ist für das allgemeine Persönlichkeitsrecht also irrelevant, dass die Einwirkung nicht auf den Körper des Betroffenen erfolgt, weil das allgemeine Persönlichkeitsrecht nicht auf den Schutz des Körpers, sondern auf den Schutz der Persönlichkeit abzielt. Deshalb kann das allgemeine Persönlichkeitsrecht durchaus auch durch die Weiterverwendung von Körpersubstanzen beeinträchtigt werden.

2. Recht auf informationelle Selbstbestimmung

Andererseits ist auch nicht jede Weiterverwendung von Körpersubstanzen oder Daten eine Beeinträchtigung des allgemeinen Persönlichkeitsrechts des Substanzspenders. Es ist vielmehr stets erforderlich festzustellen, ob die Integrität der Persönlichkeit des Substanzspenders tangiert ist. Entsprechend den unter II. gebildeten Fallgruppen ist dies in der Regel dann der Fall, wenn entweder die Selbstbestimmung, die Selbstbewahrung oder die Selbstdarstellung des Substanzspenders beeinträchtigt ist.

Relevant ist bei der Weiterverwendung von Körpersubstanzen und Daten vor allem das Recht des Substanzspenders auf Selbstdarstellung, also das Recht, »selbst darüber befinden zu dürfen, wie er sich gegenüber Dritten darstellen will«. Das kann der Substanzspender aber nicht mehr uneingeschränkt, wenn ihn betreffende Informationen in bestimmten Bereichen seiner sozialen Umwelt bekannt sind. Deshalb ist seit dem Urteil des Bundesverfassungsgerichts zum Volkszählungsgesetz[248] das sog. **Recht auf informationelle Selbstbestimmung**[249] anerkannt, das dem Einzelnen ein Schutz gegen unbegrenzte Erhebung, Speicherung, Verwendung und Weitergabe seiner persönlichen Daten gewährleistet[250]. Der Einzelne kann danach selbst entscheiden, «wann und innerhalb welcher Grenzen persönliche Lebenssachverhalte offenbart werden«[251]. Denn wer nicht »mit hinreichender Sicherheit überschauen kann, welche ihn betreffende Informationen in bestimmten Bereichen seiner sozialen Umwelt bekannt sind, und wer das Wissen möglicher Kommunikationspartner nicht einigermaßen abzuschätzen vermag, kann in seiner Freiheit wesentlich gehemmt werden, aus eigener Selbstbestimmung zu planen oder zu entscheiden«[252]. Außerdem wäre es mit der Menschenwürde nicht zu vereinbaren, »wenn der Staat das Recht für sich in Anspruch nehmen könnte, den Menschen zwangsweise in seiner ganzen Persönlichkeit zu registrieren und zu katalogisieren [...] und damit wie eine Sache zu behandeln, die einer Bestandsaufnahme in jeder Beziehung zugänglich ist«[253].

---

[248] BVerfG, Urteil vom 15.12.1983 – 1 BvR 209/83, 1 BvR 269/83, 1 BvR 362/83, 1 BvR 420/83, 1 BvR 440/83 und 1 BvR 484/83 = BVerfGE 65, 1 ff. = NJW 1984, 419.

[249] Zur Verwendung dieses Ausdrucks siehe STARCK in: VON MANGOLDT/KLEIN/STARCK, GG, Art. 2 Rn. 114.

[250] Früher schon abgeklungen in BVerfGE 27, 1 ff. »Mikrozensus«; BVerfGE 27, 344 ff. »Scheidungsakten«; BVerfGE 32, 373 ff. »Arztkartei«. Aus neuer Zeit: z. B. BVerfG NJW 2001, 2320 ff. »Genetischer Fingerabdruck II«; BVerwGE 121, 115 (124) »Herausgabe von Stasi-Akten«.

[251] BVerfGE 65, 1 (41 f.) »Volkszählung«; 78, 77 (84); 80, 367 (373); 103, 21 (33) »Genetischer Fingerabdruck I«. Darüber besteht auch in der Literatur Einigkeit: siehe z. B. MURSWIEK in: SACHS, Grundgesetz, Art. 2 Rn. 72 f.; DREIER in: DREIER, GG, Art. 2 Abs. 1 Rn. 78.

[252] BVerfGE 65, 1 (43) »Volkszählung«. Ähnlich auch BVerfGE 100, 313 (381) »Telekommunikationsüberwachung«.

[253] BVerfGE 27, 1 (6) »Mikrozensus« und ebenso HILLGRUBER in: UMBACH/CLEMENS, GG, Art. 2 Rn. 53.

Aus diesen Ausführungen folgt, dass der Schutzbereich des Rechts auf informationelle Selbstbestimmung und damit des allgemeinen Persönlichkeitsrechts eröffnet ist, wenn persönliche Daten des Substanzspenders ohne dessen Einwilligung erhoben bzw. weitergegeben werden. Bei der Weiterverwendung der Körpersubstanzen bestehen persönlichkeitsrechtliche Interessen demnach jedenfalls dann, wenn die Körpersubstanzen zusammen mit personenbezogenen Daten des Substanzspenders aufbewahrt und weiterverwendet werden. Dann ist eine Individualisierung einer bestimmten Person möglich, und dadurch besteht auch die Gefahr, dass persönliche Lebenssachverhalte ohne Wissen der betroffenen Person offenbart werden. Hierdurch wiederum ist das Recht auf informationelle Selbstbestimmung betroffen. Irrelevant ist dabei, ob einzelne Körpersubstanzen genetisch relevante Informationen enthalten, da der Schutzbereich des allgemeinen Persönlichkeitsrechts, speziell das Recht auf informationelle Selbstbestimmung, bereits dann eröffnet ist, wenn diese Körpersubstanzen zusammen mit personenbezogenen Daten weiterverwendet werden.

3. Recht auf Nichtwissen

Neben dem Recht des Substanzspenders auf informationelle Selbstbestimmung könnte auch sein Recht auf Nichtwissen einer Weiterverwendung seiner Körpersubstanzen bzw. Daten in Biobanken entgegenstehen.

a) Allgemein

Es genügt in manchen Fällen nicht, den Substanzspender nur vor Erhebung, Speicherung, Verwendung und Weitergabe seiner persönlichen Daten zu schützen, sondern es kann erforderlich werden, ihn davor zu schützen, dass andere ihm ihr Wissen aufdrängen. Beispielsweise kann die Kenntnis der genetischen Veranlagung für eine bestimmte Krankheit die gesamte weitere Lebensplanung des Betroffenen beeinflussen und sich auf sein Selbstverständnis auswirken[254]. So wurde kürzlich nachgewiesen, dass die Selbstmordrate bei Personen mit einem positiven Test für die tödliche Krankheit Chorea Huntington zehnmal höher war[255]. Dies zeigt, dass die Selbstbestimmung der eigenen Persönlichkeit durch die Mitteilung einer bestimmten genetischen Veranlagung erheblich beeinflusst werden kann. Dementsprechend muss dem Substanzspender die Möglichkeit gegeben werden, unbelastet von der Kenntnis einer später ausbrechenden Krankheit leben zu können, also von dem Wissen über seine genetische Veranlagung verschont zu bleiben. Die Existenz eines solchen Rechts ist heute nahezu unbestritten[256], und es besteht weitgehende Übereinstimmung, dass dieses Recht dem Regelungsbereich des allgemeinen Persönlichkeitsrechts zuzuordnen ist.

Es ist allerdings zu beachten, dass es nicht Aufgabe des Rechts auf Nichtwissen bzw. des allgemeinen Persönlichkeitsrechts sein kann, den Substanzspender von Informationen abzuschneiden oder ihn generell vor unangenehmen Nachrichten zu schützen[257]. In Betracht kommen kann deshalb nur ein Schutz vor solchen (aufgedrängten) Informationen, die geeignet sind, die Integrität der Persönlichkeit zu beeinflussen. Zu denken ist hierbei in erster Linie an einen Schutz vor der aufgedrängten Kenntnis von der eigenen genetischen oder gesundheitlichen Verfassung.

Folglich schützt das Recht auf Nichtwissen den Substanzspender zumin-

---

254 Siehe z. B. WIESE, Festschrift Niederländer, S. 481; TAUPITZ/GUTTMANN, Prädiktive genetische Testverfahren, S. 65; RETZKO, Prädiktive Medizin, S. 121 ff.

255 Siehe die Nachweise bei BARTRAM, Wie viel Vorsorge verträgt der Mensch?, S. 100.

256 Aus juristischer Sicht grundlegend: WIESE, Festschrift Niederländer, S. 475 ff.; DONNER/SIMON, DÖV 1990, 907 (912 f.), und TAUPITZ, Festschrift Wiese, S. 591 ff. Kritisch gegenüber dem Recht auf Nichtwissen aber: SIMITIS, Allgemeine Aspekte des Schutzes genetischer Daten, S. 121-123, sowie MEYER, Mensch als Datenträger?, S. 184 ff.
In der Rechtsprechung ist das Recht auf Nichtwissen der eigenen genetischen oder gesundheitlichen Veranlagung hingegen noch nicht ausdrücklich anerkannt. Es wird nur in zwei – zivilrechtlichen – Entscheidungen zur Vaterschaftsanfechtungsklage aufgrund eines heimlichen DNS-Abstammungsgutachtens angesprochen, ist aber nicht entscheidungsrelevant gewesen. Siehe OLG Celle NJW 2004, 449 (450) und BGHZ 162, 1 (5). In der letztgenannten Entscheidung des BGH wurde es als »Recht auf Unkenntnis« bezeichnet.

257 WIESE, Festschrift Niederländer, S. 476; BEATER in: SOERGEL, BGB, § 823 Anh IV Rn. 70.

dest davor, gegen seinen Willen über seine genetische oder gesundheitliche Situation in Kenntnis gesetzt zu werden[258].

b) Probleme bei Biobanken

Nach diesen allgemeinen Ausführungen zum Recht auf Nichtwissen kann nun drei Problemen nachgegangen werden, die im Zusammenhang mit der Weiterverwendung von Körpersubstanzen und Daten in Biobanken von Bedeutung sind:

Zum einen stellt sich die Frage, ab welchem Zeitpunkt das Recht auf Nichtwissen eingreift. Vermag es schon die Beschaffung der Körpersubstanzen bzw. Daten zu verhindern oder schützt es erst ab dem Zeitpunkt, in dem unmittelbar eine Inkenntnissetzung droht? Diese Frage ist für die rechtliche Beurteilung der Tätigkeit einer Biobank von großer Bedeutung. Denn wenn das Recht auf Nichtwissen bereits bei der Beschaffung oder Analyse der Körpersubstanzen bzw. Daten eingreifen würde, dann wäre die Weiterverwendung von Körpersubstanzen und Daten in Biobanken nur sehr eingeschränkt möglich. Auf dieses Problem wird unter aa) eingegangen.

Außerdem ist fraglich, ob das Recht auf Nichtwissen dem absolut geschützten Kernbereich des allgemeinen Persönlichkeitsrechts zugeordnet werden kann. Dann könnte ein Eingriff in das Recht auf Nichtwissen aufgrund der starken Eingriffsintensität nicht durch entgegenstehende Verfassungsgüter, sondern nur durch eine Einwilligung des Substanzspenders gerechtfertigt werden. Dieses Problem wird unter bb) behandelt.

Schließlich darf das Recht auf Nichtwissen nicht dazu führen, dass der Substanzspender generell von genetischen Informationen abgeschnitten wird, sondern höchstens von solchen (aufgedrängten) Informationen, die geeignet sind, die Integrität seiner Persönlichkeit zu beeinflussen. Andererseits ist auch sein Recht zu beachten, gerade keine Kenntnis über seine

[258] Siehe z. B. BEATER in: SOERGEL, BGB, § 823 Anh IV Rn. 70; MOELLER-HERRMANN, Die Regelung prädiktiver Gentests, S. 101; STUMPER, DNA-Analysen, S. 133.

genetische Veranlagung zu erlangen. Wie dieser Konflikt gelöst werden kann, wird unter cc) erörtert.

aa) Zeitlicher Beginn des Schutzes

Häufig wird die Auffassung vertreten, dass der Schutz des Rechts auf Nichtwissen bereits vor der Datenweitergabe an den Betroffenen – also seiner Inkenntnissetzung – eingreife[259]. Danach könnte das Recht auf Nichtwissen bereits die Beschaffung von Körpersubstanzen bzw. Daten und die Extraktion von DNS verhindern. Begründet wird diese Auffassung damit, dass der Betroffene ab diesem Zeitpunkt keinen Einfluss mehr auf die Entschlüsselung seiner Informationen habe[260] und nur präventiv ein Wissenszwang effektiv vermieden werden könne[261].

Dabei übersieht man jedoch den Unterschied zwischen dem Recht auf Nichtwissen und dem Recht auf informationelle Selbstbestimmung. Das Recht auf Nichtwissen schützt nur vor der ungewollten *Inkenntnissetzung* des Betroffenen. Gegen das (vorgelagerte) *Erheben* der Informationen schützt demgegenüber das Recht auf informationelle Selbstbestimmung, welches hierfür einen ausreichenden Schutz bietet[262]. Dagegen wird zwar vorgebracht, dass das Recht auf informationelle Selbstbestimmung nur solche Daten erfasse, die dem Betroffenen bereits bekannt sind, weil er nur dann über deren Offenbaren bestimmen könne[263]. Diese Ansicht führt je-

---

259 SCHRÖDER/TAUPITZ, Menschliches Blut, S. 64; BRÜCKL, Verwendung von genetischen Informationen, S. 130; KERN, Unerlaubte Diagnostik – Das Recht auf Nichtwissen, S. 55; MORR, Biobanken, S. 48; MOELLER-HERRMANN, Die Regelung prädiktiver Gentests, S. 93; TINNEFELD, NJW 1993, 1117 (1118). In diese Richtung auch TAUPITZ, Festschrift Wiese, S. 589 f., der jedoch ausführt, dass sich der eigenständige Gehalt des Rechts auf Nichtwissen dann zeigt, wenn es um die Frage der Kundgabe geht.

260 MORR, Biobanken, S. 48; BRÜCKL, Verwendung von genetischen Informationen, S. 130.

261 So SCHRÖDER/TAUPITZ, Menschliches Blut, S. 64; BRÜCKL, Verwendung von genetischen Informationen, S. 130; MOELLER-HERRMANN, Die Regelung prädiktiver Gentests, S. 93.

262 Auch SIMITIS, Allgemeine Aspekte des Schutzes genetischer Daten, S. 122 weist darauf hin, dass das Recht auf Nichtwissen irrelevant ist, wenn die Genomanalyse noch gar nicht durchgeführt ist, weil in diesem Fall das Recht auf informationelle Selbstbestimmung die Berechtigung einschließt, die Erhebung der genetischen Daten abzulehnen.

263 So MEYER, Mensch als Datenträger?, S. 178 f.

doch zu einer bedenklichen Schutzlücke für den Betroffenen. Denn das Recht auf Nichtwissen ist dann nicht anwendbar, wenn von Anfang an beabsichtigt ist, den Betroffenen über die Analyse seiner genetischen Daten nicht zu informieren. Auch das Recht auf informationelle Selbstbestimmung wäre nach der genannten Ansicht in diesem Fall nicht anwendbar, weil die genetischen Daten für den Betroffenen unbekannt sind. Es würde also weder das Recht auf Nichtwissen noch das Recht auf informationelle Selbstbestimmung eingreifen, der Betroffene wäre dadurch schutzlos gestellt[264]. Aus diesem Grund muss es für das Recht auf informationelle Selbstbestimmung ausreichen, dass durch die Erhebung personenbezogene Daten entstehen und damit die Gefahr, dass Dritte Informationen über den Betroffenen erhalten[265]. Dafür spricht auch der Zweck des Rechts auf informationelle Selbstbestimmung, nämlich zu verhindern, dass Dritte personenbezogene Daten des Betroffenen erhalten. Das Recht auf informationelle Selbstbestimmung gilt folglich unabhängig davon, ob der Betroffene die Daten kennt oder nicht. Es schützt gegen jedes Erheben personenbezogener Daten, also auch genetischer Informationen. Das Recht auf informationelle Selbstbestimmung verdrängt insoweit das Recht auf Nichtwissen, weil es einen ausreichenden Schutz des Betroffenen gegen das Erheben personenbezogener Informationen gewährt.

Das Recht auf Nichtwissen schützt daher noch nicht gegen die Beschaffung der Körpersubstanzen bzw. Daten oder die Extraktion der DNS, sondern erst dann, wenn unmittelbar die Gefahr einer Inkenntnissetzung droht oder diese gegen den Willen des Substanzspenders erfolgt[266].

---

264 In Ausnahmefällen würde aber die Menschenwürde eingreifen, etwa dann, wenn durch die Analyse ein komplettes Persönlichkeitsprofil des Betroffenen erstellt werden soll.

265 Siehe auch STUMPER, DNA-Analysen, S. 125 f., sowie STUMPER, DuD 1995, 511 (512), der ausführt, dass der Umstand, dass der Betroffene seine eigenen genetischen Daten nicht kennt, nichts an der Schutzfunktion des Rechts auf informationelle Selbstbestimmung ändere. STUMPER belegt dies zusätzlich mit dem, in den Datenschutzgesetzen zu findenden, Begriffen Datenveränderung bzw. Datennutzung.

266 So auch STUMPER, DNA-Analysen, S. 131 f.; STUMPER, DuD 1995, 511 (514 f.).

bb) Eingriff in den Kernbereich

Außerdem stellt sich für die rechtliche Beurteilung der Tätigkeit einer Biobank die Frage, ob das Recht auf Nichtwissen dem absolut geschützten Kernbereich des allgemeinen Persönlichkeitsrechts zugeordnet werden kann. Denn dann könnte ein Eingriff in das Recht auf Nichtwissen aufgrund der starken Eingriffsintensität nur durch eine Einwilligung des Substanzspenders gerechtfertigt werden, nicht jedoch durch entgegenstehende Rechtsgüter – insbesondere entgegenstehende Grundrechte des Biobankbetreibers[267].

In der Literatur wird wiederholt vertreten, dass das Recht auf Nichtwissen aufgrund der Schwere der Folgen dem absolut geschützten Kernbereich des allgemeinen Persönlichkeitsrechts zuzuordnen sei[268]. Dieser Auffassung ist jedoch entgegenzuhalten, dass die Bekanntgabe der genetischen oder gesundheitlichen Veranlagung nicht in jedem Fall zu schwerwiegenden Ergebnissen für den Betroffenen führen wird. Denn es gibt eine Vielzahl an genetischen Merkmalen, deren Kenntnis sich auf die Persönlichkeit des Betroffenen nicht sehr stark auswirkt, insbesondere bei offensichtlichen oder verbreiteten genetischen Merkmalen[269]. Außerdem stellt die Kenntnis über genetische oder gesundheitliche Eigenschaften für den Betroffenen in vielen Fällen eine Chance dar, insbesondere im Fall bestehender Therapiemöglichkeiten[270]. Ein Beispiel dafür ist die Hämochromatose (Eisenspeicherkrankheit), bei der es aufgrund einer erhöhten Eisenaufnah-

---

267 So zumindest ANTONOW, Zulässigkeit von Biobanken, S. 114.

268 So z. B. ANTONOW, Zulässigkeit von Biobanken, S. 114; SIMON, Gendiagnostik und Versicherung, S. 114; TINNEFELD, NJW 1993, 1117 (1118). Anders aber beispielsweise MEYER, ArztR 2001, 172 (174 f.); KLUTH, DNA-Diagnostik und Persönlichkeitsrecht: Grundrechtskollisionen, S. 91; LORENZ, JZ 2005, 1121 (1129).

269 MOELLER-HERRMANN, Die Regelung prädiktiver Gentests, S. 101; WEICHERT, DuD 2002, 133 (134). Auch TAUPITZ, RPG 2002, 43 (45 ff.), weist darauf hin, dass zwischen Inhalt und Bedeutung der genetischen Informationen und anderen medizinischen Informationen kein grundlegender Unterschied besteht.

270 Siehe BARTRAM, Wie viel Vorsorge verträgt der Mensch?, S. 101; TAUPITZ/GUTTMANN, Prädiktive genetische Testverfahren, S. 65.

me im Darm zu einer Erhöhung des Gesamteisengehalts kommt[271]. In höherem Lebensalter kann es bei dieser Erkrankung zu Eiseneinlagerungen in praktisch allen Körperorganen kommen und als Folge schwere Organschäden auftreten. Durch eine frühzeitige Feststellung des entsprechenden – häufig vorhandenen[272] – genetischen Defekts und entsprechender Therapie (häufiger Aderlass) können diese Organschäden aber sicher verhindert werden, ohne das Lebensqualität sowie Lebensdauer des Betroffenen eingeschränkt werden, abgesehen von den Unannehmlichkeiten durch den Aderlass[273]. Dieses Beispiel zeigt, dass die Inkenntnissetzung über die genetische Veranlagung den Betroffenen nicht sehr stark in seiner personalen Integrität treffen muss, sondern oft nur eine bloße Unannehmlichkeit darstellen oder sogar eine »glückliche Fügung des Schicksals« sein wird, nämlich wenn der Betroffene noch rechtzeitig geeignete Maßnahmen treffen kann. Eine undifferenzierte Zuordnung des Rechts auf Nichtwissen zum Kernbereich des allgemeinen Persönlichkeitsrechts ist demzufolge abzulehnen.

Deshalb verletzt eine Bekanntgabe genetischer oder gesundheitlicher Eigenschaften nicht immer den absolut geschützten Kernbereich des allgemeinen Persönlichkeitsrechts. Dies ist nur in Einzelfällen anzunehmen.

cc) Notwendigkeit einer Prognose

Der Biobankbetreiber, der durch eine genetische Analyse der Körpersubstanzen des Substanzspenders Informationen über dessen genetische Veranlagung (z. B. Hämochromatose) erhalten hat, befindet sich in einem Konflikt: Einerseits könnte er das Recht des Substanzspenders auf Nichtwissen verletzen, wenn er ihm diese Informationen mitteilte. Andererseits

---

271 Siehe PSCHYREMBEL, Klinisches Wörterbuch, Stichwort »Hämochromatose«.

272 Nach NIELSEN et al., DÄBl. 1995, A 2912 (A 2912), und MEYER, DÄBl. 2001, A 672 (A 672) ist die Hämochromatose mit einer Prävalenz von etwa 1 zu 400 die häufigste »Einzel-Gen«-Stoffwechselerkrankung in Europa, Australien und den USA.

273 Siehe NIELSEN et al., DÄBl. 1995, A 2912 (A 2912 und A 2920); MEYER, DÄBl. 2001, A 672 (A 672 f.).

hat der Substanzspender auch ein Recht auf Wissen, das heißt auf Kenntnis seiner genetischen Konstitution[274]. Das bedeutet, dass der Biobankbetreiber dieses Recht verletzen könnte, wenn er dem Substanzspender die Informationen nicht mitteilte. Für was soll sich der Biobankbetreiber in dieser Situation entscheiden?

Die Antwort auf diese Frage ist von Substanzspender zu Substanzspender und von Information zu Information verschieden. Bei der Hämochromatose werden es wahrscheinlich viele Substanzspender wünschen, darüber informiert zu werden. Anders dürfte es hingegen bei der Veranlagung für die tödliche Krankheit Chorea Huntington aussehen. Dies zeigt, dass die Entscheidung vom jeweiligen Einzelfall abhängt. Es ist dabei eine Prognose erforderlich, wie der jeweilige Substanzspender die Information aufnehmen wird. Dazu ist ihm behutsam eine – je nach zu erwartendem individuellem Kenntnisnahme- bzw. Informationsabwehrwillen mehr oder weniger weitreichende – Grundinformation zu geben, die ihn in die Lage versetzen kann, die Risiken des Nichtwissens angemessen abzuwägen[275]. Wenn man dabei feststellt, dass der Substanzspender lieber unwissend bleiben möchte, dann hat der Biobankbetreiber dem Recht auf Nichtwissen Priorität vor dem Recht auf Wissen einzuräumen und darf den Substanzspender nicht informieren. Einfacher ist es natürlich, wenn man dem Substanzspender bereits vor Entnahme der Körpersubstanzen oder vor Durchführung der genetischen Analyse fragt, welche Informationen er nicht mitgeteilt bekommen möchte, doch wird dies nicht immer möglich oder zu aufwendig sein.

Im Ergebnis lässt sich festhalten, dass für das Recht auf Nichtwissen stets eine Prognose und ein behutsames Eingehen auf den Substanzspender erforderlich sind, um festzustellen, wie der jeweilige Substanzspender die

274 Siehe zum Recht auf Wissen SIMON, Gendiagnostik und Versicherung, S. 115 f.; RETZKO, Prädiktive Medizin, S. 160 ff.; TAUPITZ/GUTTMANN, Prädiktive genetische Testverfahren, S. 65 f.

275 Siehe TAUPITZ, Festschrift Wiese, S. 598; RETZKO, Prädiktive Medizin, S. 175 f. In diese Richtung auch NATIONALER ETHIKRAT, Biobanken, S. 68 f.

Information aufnehmen würde. Das Recht auf Nichtwissen darf nicht dazu missbraucht werden, dem Substanzspender generell Informationen vorzuenthalten.

c) Fazit

Das Recht auf Nichtwissen schützt noch nicht gegen die Beschaffung der Körpersubstanzen bzw. personenbezogenen Daten oder die Extraktion der DNS, sondern erst dann, wenn unmittelbar die Gefahr einer Inkenntnissetzung droht. Es schützt also nur gegen die Inkenntnissetzung selbst. Bei der Weiterverwendung von Körpersubstanzen und personenbezogenen Daten in einer Biobank ist der Schutzbereich des Rechts auf Nichtwissen und damit des allgemeinen Persönlichkeitsrechts folglich erst dann eröffnet, wenn der Biobankbetreiber Informationen über den Gesundheitszustand oder die genetische Veranlagung des Substanzspenders erlangt (etwa durch eine DNS-Analyse der Körpersubstanzen) und den Substanzspender gegen dessen Willen darüber informieren will. Um den entsprechenden Willen des Substanzspenders festzustellen, sind ein behutsames Eingehen und eine Prognose erforderlich, wie er die Information aufnehmen würde. Eine Betrachtung im Einzelfall ist auch erforderlich, um zu ermitteln, ob der absolut geschützte Kernbereich des allgemeinen Persönlichkeitsrechts verletzt ist.

4. Recht auf bio-materielle Selbstbestimmung

Unstreitig ist der Schutzbereich des allgemeinen Persönlichkeitsrechts in Form des Rechts auf informationelle Selbstbestimmung und ggf. des Rechts auf Nichtwissen eröffnet, wenn den Körpersubstanzen personenbezogene Informationen über den Substanzspender entnommen werden, sei es durch eine DNS-Analyse oder sonstige Mittel der medizinischen Diagnostik[276]. Der dafür notwendige Personenbezug lässt sich beispielsweise durch eine Kennzeichnung der Probe oder durch eine in der Datenbank gespeicherte Referenzprobe erreichen. Wegen des Bezugs zur genetischen Beschaffenheit des Substanzspenders kann man diese Fallgruppe des Rechts auf informationelle Selbstbestimmung auch als Recht auf »*gen*-informationelle Selbstbestimmung« bezeichnen[277].

Noch ungeklärt ist jedoch die Frage, ob der Schutzbereich des allgemeinen Persönlichkeitsrechts bei der Weiterverwendung der Körpersubstanzen auch unabhängig von dem Recht auf informationelle Selbstbestimmung und dem Recht auf Nichtwissen eröffnet ist. Diese Frage wird insbesondere dann bedeutsam, wenn die Körpersubstanzen anonymisiert, also nicht gekennzeichnet sind und auch keine Referenzprobe vorhanden ist, weil dann weder das Recht auf informationelle Selbstbestimmung[278] noch das Recht auf Nichtwissen einschlägig sind.

a) Bisherige Begründung für das Recht auf bio-materielle Selbstbestimmung

Da abgetrennte Körpersubstanzen einmal physischer Bestandteil des Substanzspenders waren und dessen genetische Identität in ihnen nach wie

[276] ANTONOW, Zulässigkeit von Biobanken, S. 105; SCHRÖDER/TAUPITZ, Menschliches Blut, S. 33; TAUPITZ, JZ 1992, 1089 (1093); NIXDORF, VersR 1995, 740 (742); DEUTSCH, AcP 192 [1992], 161 (173); NITZ/DIERKS, MedR 2002, 400 (401); MAND, MedR 2005, 565 (566).

[277] So ROSE, Genomanalysen an Arbeitnehmern, S. 120; DICKERT, Naturwissenschaften und Forschungsfreiheit, S. 433 f.; MOELLER-HERRMANN, Die Regelung prädiktiver Gentests, S. 90 und 97; RADAU, Biomedizinkonvention, S. 186 ff.; DEUTSCH, AcP 192 [1992], 161 (163); PRÄVE, VersR 1992, 279 (281); WEICHERT, DuD 2002, 133 (134) und KATZENMEIER/ARNADE, ZMGR 2004, 139 (141). STEINMÜLLER, DuD 1993, 6 (9), und TJADEN, Genanalyse als Verfassungsproblem, S. 112 ff., sprechen hingegen von einem Recht auf »genetische Selbstbestimmung«. Wiederum eine andere Bezeichnung verwendet HÖFLING, Humanbiologisches Material, S. 126 ff., der von einem Recht auf »bio-informationelle Selbstbestimmung« spricht.

[278] Obwohl sich aus Körpersubstanzen mittels einer Genanalyse Informationen über den Substanzspender gewinnen lassen, stellen sie keine personenbezogenen Daten dar. Siehe zu dieser Frage ausführlich DAMMANN in: SIMITIS, BDSG, § 3 Rn. 5; MORR, Biobanken, S. 36 ff.; MAND, MedR 2005, 565 (566).

vor verkörpert ist, wird in der Literatur verbreitet angenommen, dass zwischen dem Substanzspender und den Körpersubstanzen trotz der Trennung vom Körper eine persönlichkeitsrechtliche Beziehung besteht[279]. In diese Richtung geht auch eine (zivilrechtliche) Entscheidung des BGH zur Zulässigkeit eines Vaterschaftsnachweises durch eine unerlaubte DNS-Analyse, in welcher der BGH von einem Grundrecht eines jeden Menschen spricht, »die Untersuchung seines Genoms grundsätzlich von seiner Zustimmung abhängig zu machen«[280]. Selbst das Bundesverfassungsgericht hat angedeutet, dass der Kernbereich der Persönlichkeit bei Untersuchungen codierender Bereiche der DNS betroffen sein könnte[281].

Für ein entsprechendes Recht und damit für die Eröffnung des Schutzbereichs des allgemeinen Persönlichkeitsrechts hinsichtlich der Weiterverwendung abgetrennter Körpersubstanzen spricht vor allem der Bezug zur Individualität des Substanzspenders, der darin besteht, dass im biologischen Material der genetische Code des Substanzspenders bzw. einzelne für die Ausprägung bestimmter individualisierender Merkmale ursächliche Gensequenzen enthalten sind[282]. Das Genom ist letztlich ein »genetischer Fingerabdruck« des Substanzspenders, und eine DNS-Analyse kann u. U. zu dessen Individualisierung führen. Einhergehend mit diesem Bezug der Körpersubstanzen zur Individualität des Substanzspenders wird

279 So vor allem HALÀSZ, Bio-materielle Selbstbestimmung, S. 82 ff. Ebenso auch DEUTSCH, AcP 192 [1992], 161 (173); FISAHN, ZRP 2001, 49 (52 f.); HÖFLING, Humanbiologisches Material, S. 149 ff.; TAUPITZ/SCHLÜTER, AcP 205 [2005], 591 (629). Dafür anscheinend ebenfalls MORR, Biobanken, S. 36 ff.; SATZGER, JZ 2001, 639 (642); FREUND/WEISS, MedR 2004, 315 (317); LIPPERT, RM 2004, 94 (95); KELLER, NJW 1989, 2289 (2293); SCHIMMELPFENG-SCHÜTTE, MedR 2003, 214 (217); BRÜCKL, Verwendung von genetischen Informationen, S. 119 und 122 f.; TJADEN, Genanalyse als Verfassungsproblem, S. 119; VON REDECKER/REIMER, Jahrbuch für Ostrecht 42 [2001], 361 (377); SPRANGER, Jahrbuch für Wissenschaft und Ethik 11 [2006], 107 (116 f.). Wohl gleichermaßen WIESE, RdA 1986, 120 (126): »Anerkannt werden sollte heute ein Persönlichkeitsrecht am Genbereich, das den Menschen vor unzulässiger Ausforschung und Offenlegung seiner genetischen Veranlagung und vor Genmanipulationen schützt«. Ähnlich auch WIESE, Festschrift Niederländer, S. 484; WIESE, DuD 1993, 274 (278); WIESE, RPG 2002, 81 (88).

280 BGHZ 162, 1 (6) »Heimlicher DNA-Vaterschaftstest«.

281 BVerfGE 103, 21 (31 f.) »Genetischer Fingerabdruck I«.

282 Siehe HALÀSZ, Bio-materielle Selbstbestimmung, S. 56; WELLBROCK, CR 1989, 204 (205); TARGIEL, JIBL 2006, 244 (263).

die potenzielle Gefahr gesehen, dass mithilfe der Körpersubstanzen unerlaubt Einblick in die Persönlichkeit des Substanzspenders genommen wird, denn durch eine DNS-Analyse ließen sich aus Körpersubstanzen hochsensible Informationen über den gegenwärtigen und künftigen Gesundheitszustand gewinnen, insbesondere aus den codierenden Bereichen der DNS. Hinzu käme, dass sich die notwendigen analysefähigen Mengen an DNS-Material bereits aus einer oder wenigen Körperzellen gewinnen lassen, weil in fast jeder Körperzelle die gesamte Erbinformation enthalten ist. Von beinahe jeder Person lassen sich solche einzelnen Körperzellen ohne großen Aufwand beschaffen; sie sind im Speichel ebenso vorhanden wie in Haaren, Hautschuppen oder Exkrementen. Das würde einen effektiven Schutz vor einer unfreiwilligen Ausforschung des Substanzspenders erfordern. Die Ausforschung wäre aber nicht die einzige Gefahr für den Substanzspender. Darüber hinaus bestünde bei der Weiterverwendung von Körpersubstanzen auch die potenzielle Gefahr, dass andere Ausprägungen des allgemeinen Persönlichkeitsrechts beeinträchtigt werden. Zu denken ist hierbei insbesondere an das Recht auf Selbstbestimmung der eigenen Fortpflanzung, welches durch eine Klonierung beeinträchtigt würde. Vor solchen Missbrauchsmöglichkeiten sei der Substanzspender ebenfalls zu schützen.

Außerdem wird – neben der Gefahr eines Missbrauchs der Körpersubstanzen – befürchtet, dass der Substanzspender zu einem bloßen Rohstoff oder menschlichen Ersatzteillager verkäme, wenn er nicht über die genaue Weiterverwendung seiner Körpersubstanzen bestimmen könne[283]. Er wäre letztlich kein Mensch, sondern eine lebende Organ- bzw. Zellbank, bei der man nur abwarten müsse, bis Körpersubstanzen getrennt worden sind. Auch davor sei ein Schutz des Substanzspenders erforderlich.

Der bei der Weiterverwendung der Körpersubstanzen erforderliche Schutz des Substanzspenders sei dadurch zu gewähren, dass man dem Substanz-

[283] In diese Richtung FISAHN, ZRP 2001, 49 (51).

spender das Recht einräumte, über die Weiterverwendung seiner Körpersubstanzen selbst entscheiden zu dürfen. Er hätte in diesem Fall die Möglichkeit, nur dann einer Weiterverwendung zuzustimmen, wenn er von dem verantwortungsvollen Umgang mit seinen Körpersubstanzen überzeugt wäre[284]. Dies könnte man als »**Recht auf bio-materielle Selbstbestimmung**« bezeichnen[285].

b) Kritik an der bisherigen Begründung

Die bisherige Begründung für das Rechts auf bio-materielle Selbstbestimmung ist aber nicht überzeugend. Zum einen ist die teilweise vorgenommene Unterscheidung zwischen codierenden und nicht-codierenden DNS-Bestandteilen abzulehnen. Zum anderen kann die Möglichkeit der Individualisierung des Substanzspenders nicht ohne weiteres als Begründung für das Recht auf bio-materielle Selbstbestimmung dienen.

aa) Keine Unterscheidung zwischen codierenden und nicht-codierenden DNS-Bereichen

Abzulehnen ist zunächst die Unterscheidung zwischen codierenden und nicht-codierenden DNS-Bereichen[286]. Diese Unterscheidung wird damit begründet, dass sich nur aus codierenden Bereichen der DNS bestimmte Persönlichkeitsmerkmale des Substanzspenders entnehmen ließen. Nicht-codierende Bereiche der DNS würden dagegen lediglich der Individualisierung des Substanzspenders dienen. Diese Unterscheidung ist allerdings

[284] Weitergehend STEINMÜLLER, DuD 1993, 6 (7 ff.), und FISAHN, ZRP 2001, 49 (53 f.), die fordern, dass die Zustimmung des Betroffenen nicht zulässig sein sollte.

[285] So HALÀSZ, Bio-materielle Selbstbestimmung, S. 82 ff. FISAHN, ZRP 2001, 49 (52 f.), spricht hingegen vom »Grundrecht am eigenen genetischen Code«; HÖFLING, Humanbiologisches Material, S. 126 ff., vom »Grundrecht auf bioinformationelle Selbstbestimmung«.

[286] So aber BVerfGE 103, 21 (31 f.) »Genetischer Fingerabdruck I«; BVerfG NJW 1996, 771 (772 f.); BerlVerfGH NJW 2006, 1416 (1417); BGHSt 37, 157 (158 f.); LG Mannheim NStZ-RR 2004, 301 (302); HOMBERT, Der freiwillige genetische Massentest, S. 49; HALÀSZ, Bio-materielle Selbstbestimmung, S. 8 f. und 201 ff.; KIMMICH/SPYRA/STEINKE, NStZ 1990, 318 (319 und 322); SCHNEIDER, DuD 1998, 330 (331 f.).

mittlerweile überholt, denn die zunehmende Entschlüsselung des menschlichen Genoms hat gezeigt, dass sich auch aus nicht-codierenden Bereichen der DNS persönlichkeitsrelevante Merkmale offenbaren lassen[287]. Beispielsweise lässt sich durch eine Analyse des nicht-codierenden Bereiches der DNS in bestimmten Fällen das Downsyndrom (Trisomie 21) nachweisen[288]. Demzufolge kann es für das Bestehen persönlichkeitsrechtlicher Interessen nicht darauf ankommen, ob codierende oder nicht-codierende DNS-Bereiche analysiert bzw. weiterverwendet werden. Diese zwei Arten sind vielmehr einheitlich zu behandeln.

bb) Möglichkeit einer Individualisierung nachrangig

Von Vielen wird das Recht auf bio-materielle Selbstbestimmung, d. h. das Recht über die Weiterverwendung von Körpersubstanzen selbst entscheiden zu dürfen, vor allem deswegen gefordert, weil sich mithilfe der Körpersubstanzen der Substanzspender individualisieren ließe und damit die potenzielle Gefahr bestünde, dass unerlaubt Einblick in die Persönlichkeit des Substanzspenders genommen werde. Die folgenden Ausführungen werden allerdings zeigen, dass die Möglichkeit einer Individualisierung des Substanzspenders für das Recht auf bio-materielle Selbstbestimmung nur von untergeordneter Bedeutung ist.

Zum einen ist der Bezug zur Individualität des Substanzspenders nicht bei jeder Körpersubstanz in gleicher Weise vorhanden. Er besteht höchstens bei denjenigen Körpersubstanzen, die einen Zellkern oder ein Mitochondrium[289] besitzen, weil nach heutigem Kenntnisstand genetisch relevantes Material beim Menschen nur in Zellkernen oder Mitochondrien enthalten

---

287 Siehe VESTING/MÜLLER, KJ 1996, 466 (468 und 478 f.); SIMON, Rechtliche Aspekte der Genomanalyse, S. 158 f.; WIESE, Genetische Analysen und Rechtsordnung, S. 29 f.; LORENZ, JZ 2005, 1121 (1127).

288 KRAUSE et al., RM 2005, 371 (376).

289 Ein Mitochondrium ist ein von einer Doppelmembran umschlossenes Zellorganell, das zur Energiegewinnung der Zelle dient. Dementsprechend finden sich besonders viele Mitochondrien in Zellen, die viel Energie verbrauchen (z. B. Muskel- und Nervenzellen). Siehe ausführlich PSCHYREMBEL, Klinisches Wörterbuch, Stichwort »Mitochondrien«.

ist[290]. Kein Bezug zur Individualität des Substanzspenders besteht mithin bei Körpersubstanzen, die keinen Zellkern und kein Mitochondrium besitzen, etwa Erythrozyten (rote Blutkörperchen)[291].

Aber selbst bei abgetrennten, genetisch relevanten Körpersubstanzen – Körpersubstanzen, die einen Zellkern oder ein Mitochondrium besitzen – ist der Bezug zur Individualität des Substanzspenders lediglich deshalb vorhanden, weil die abgetrennten Körpersubstanzen einmal physischer Bestandteil des Substanzspenders waren und dessen genetische Identität in ihnen weiterhin enthalten ist. Allein durch Analyse oder Weiterverwendung der abgetrennten Körpersubstanzen lässt sich jedoch keine Beziehung zu dem Substanzspender herstellen. Zur »genetischen« Identifikation des Substanzspenders ist vielmehr zusätzliches, personal zuordenbares Vergleichsmaterial oder die Kombination mit dazu gehörigen personenbezogenen Daten nötig. Ohne dies lässt sich nur feststellen, dass eine unbekannte Person bestimmte körperliche Eigenschaften hat[292]. Der Zugriff auf das personal zuordenbare Vergleichsmaterial oder auf die zu den Körpersubstanzen gehörigen personenbezogenen Daten wird indessen bereits vom Schutzbereich des Rechts auf informationelle Selbstbestimmung erfasst, weil dabei personenbezogene Daten offenbart oder genutzt werden. Eine Individualisierung des Substanzspenders ohne Eingriff in den Schutzbereich des Rechts auf informationelle Selbstbestimmung ist folglich bei Körpersubstanzen kaum möglich und dieser Aspekt muss somit in erster Linie diesem Recht zugeordnet werden[293].

---

290 Siehe PSCHYREMBEL, Klinisches Wörterbuch, Stichwort »DNA«.

291 Siehe PSCHYREMBEL, Klinisches Wörterbuch, Stichwort »Erythrozyten«. Auf den fehlenden Bezug zur Individualität bei zellkernlosen Körpersubstanzen weisen auch HALÀSZ, Biomaterielle Selbstbestimmung, S. 56, und SCHNEIDER, DuD 1998, 330 (330 f.), hin. Ohne eine Einschränkung auf Zellkerne oder Mitochondrien aber DEUTSCH, AcP 192 [1992], 161 (173).

292 Kritisch gegenüber der Möglichkeit einer Individualisierung auch EHRLICH, Gewinnabschöpfung, S. 83, sowie BREYER, MedR 2004, 660 (660).

293 Das übersieht HALÀSZ, Bio-materielle Selbstbestimmung, S. 56, 92. Wie hier aber wohl LORENZ, JZ 2005, 1121 (1127): Die Speicherung des Identifizierungsmusters führe zwar zu einer latenten Möglichkeit der Zuordnung zu einer konkreten Person, sie »wird indes nur im Fall einer künftigen personenbezogenen DNA-Analyse relevant und begründet keinen

Die mögliche Individualisierung des Substanzspenders vermag daher allenfalls die Anforderungen an die Rechtfertigung eines Eingriff in das Recht auf bio-materielle Selbstbestimmung zu erhöhen, kann aber nicht alleinige Begründung für ein solches Recht sein, weil dafür bereits das Recht auf informationelle Selbstbestimmung einschlägig ist. Aus diesem Grund ist es für das Recht auf bio-materielle Selbstbestimmung auch irrelevant, ob die Körpersubstanzen genetisch relevantes Material enthalten[294]. Denn solange die aus den Körpersubstanzen gewonnenen genetischen Informationen nicht auf eine bestimmte Person bezogen werden können, unterscheiden sie sich nicht wesentlich von anderen Körpersubstanzen.

c) Eigene Interpretation

Die vorstehenden Ausführungen zur bisherigen Begründung für das Rechts auf bio-materielle Selbstbestimmung haben gezeigt, dass es weder sachgerecht ist, zwischen genetisch relevanten und genetisch nicht relevanten Körpersubstanzen, noch zwischen codierenden und nicht-codierenden DNS-Bereichen von Körpersubstanzen zu unterscheiden. Es ist demnach eine Lösung zu finden, welche die Eröffnung des Schutzbereiches des allgemeinen Persönlichkeitsrechts für menschliche Körpersubstanzen einheitlich behandelt.

aa) Das Eigentumsrecht als primär einschlägiges Recht

Gegen das Recht auf bio-materielle Selbstbestimmung spricht, dass sich der Schutz des Substanzspenders vor unbefugter Weiterverwendung seiner abgetrennten Körpersubstanzen auch durch die Eigentumsgarantie (Art. 14 GG) erreichen lässt. Das Eigentumsrecht ist sogar das originäre Recht, wenn es um Verfügungs- und Nutzungsrechte geht. Wenn man dem Substanzspender ein Eigentumsrecht an den abgetrennten Körpersubstan-

über diesen hinausgehenden Eingriff in das spezielle Persönlichkeitsrecht«.

294 So aber HALÀSZ, Bio-materielle Selbstbestimmung, S. 40 ff.

zen zuspricht, dann kann er schon aus diesem Recht über die Weiterverwendung seiner Körpersubstanzen entscheiden. Deshalb erscheint es auf den ersten Blick überflüssig, dem Substanzspender zusätzlich aus dem allgemeinen Persönlichkeitsrecht ein entsprechendes Verfügungs- und Nutzungsrecht zu geben. Gegen das Recht auf bio-materielle Selbstbestimmung spricht zusätzlich, dass eine Ausweitung des allgemeinen Persönlichkeitsrechts im Ergebnis dazu führt, dass entgegenstehende Grundrechte Dritter (hier: des Biobankbetreibers oder der Forscher) leichter eingeschränkt werden können.

Aus diesem Blickwinkel ist es abzulehnen, über das behauptete Recht auf bio-materielle Selbstbestimmung pauschal persönlichkeitsrechtliche Interessen an abgetrennten Körpersubstanzen zu begründen.

bb) Möglichkeit persönlichkeitsrechtlicher Interessen

Für das Recht auf bio-materielle Selbstbestimmung und damit für persönlichkeitsrechtliche Interessen an abgetrennten Körpersubstanzen spricht allerdings, dass die persönlichen Interessen des Substanzspenders bei einer rein eigentumsrechtlichen Einordnung nicht hinreichend geschützt wären. Denn das Eigentumsrecht ist für den Schutz höchstpersönlicher Belange nicht die geeignete Rechtsform; es ist auf die Wahrung von Sachinteressen zugeschnitten. Es soll ausweislich der Sozialklausel (Art. 14 Abs. 2 GG) primär dem Allgemeinwohl dienen und hat deshalb nicht die Person des Einzelnen im Blick, sondern das Wirtschaftssystem. Das zeigt sich beispielsweise bei der Möglichkeit einer Enteignung (Art. 14 Abs. 3 GG) und bei der Möglichkeit des gutgläubigen Erwerbs (siehe §§ 932 ff. BGB). Diese Nachteile des Eigentumsrechts sind zwar bei »normalen« Objekten regelmäßig hinnehmbar bzw. im Interesse des Verkehrsschutzes zum Teil sogar erforderlich, spiegeln aber nicht die besondere Nähebeziehung des Substanzspenders zu den abgetrennten Körpersubstanzen wieder[295]. Plakativ formuliert: Es besteht rechtlich gesehen ein grundlegender Unterschied zwischen alten Schuhen und abgetrennten Körpersubstanzen.

Diesen Unterschied erkennt man schon allein daran, dass abgetrennte Körpersubstanzen nach der Verkehrsanschauung unabhängig von der konkreten Eigentumslage immer noch dem Substanzspender zugeordnet werden (»mein Zahn«). Außerdem ist nach vielfältigen ethischen und religiösen Anschauungen nicht nur der menschliche Körper für die Persönlichkeit des Einzelnen von erheblicher Bedeutung, sondern auch vom Körper getrennte Körpersubstanzen, denn diese werden oft in Verbindung mit dem Körper und damit der Persönlichkeit des Substanzspenders gebracht[296]. Natürlich sind rechtliche Wertungen nicht stets von ethischen Meinungen abhängig, die sich bekanntlich ändern können. Aber für die Persönlichkeitsentfaltung des Einzelnen sind diese persönlichen Überzeugungen von einer nicht zu unterschätzenden Bedeutung[297]. Das allgemeine Persönlichkeitsrecht ist zudem in besonderer Art und Weise an die individuellen Besonderheiten des Einzelnen gebunden, also an die jeweilige personale Identität und damit das »Person-Sein«. Deshalb müssen im Rahmen des allgemeinen Persönlichkeitsrechts auch ethische Anschauungen des Einzelnen Berücksichtigung finden.

Das zeigt, dass für die Annahme persönlichkeitsrechtlicher Interessen an Körpersubstanzen die geistige Nähebeziehung des Einzelnen zu seinen Körpersubstanzen von entscheidender Bedeutung ist, selbst nach ihrer

[295] Siehe auch SCHNORBUS, JuS 1994, 830 (832); HALÀSZ, Bio-materielle Selbstbestimmung, S. 29 ff. und 39. Gegen eine rein sachenrechtliche Einordnung von Körpersubstanzen z. B. auch SCHRÖDER/TAUPITZ, Menschliches Blut, S. 42 ff.; TAUPITZ, AcP 191 [1991], 201 (209); TAUPITZ/SCHLÜTER, AcP 205 [2005], 591 (629); SCHÜNEMANN, Die Rechte am menschlichen Körper, S. 85; BASTON-VOGT, Allgemeines Persönlichkeitsrecht, S. 286 ff.; DEUTSCH/SPICKHOFF, Medizinrecht, Rn. 613; R. MÜLLER, Körpersubstanzen, S. 49 ff.; NATIONALER ETHIKRAT, Biobanken, S. 52; SIMON et al., Biomaterialbanken, S. 33; TARGIEL, JIBL 2006, 244 (263). Anders anscheinend MORR, Biobanken, S. 54 f.; kritisch auch SPRANGER, NJW 2005, 1084 (1085).

[296] Siehe z. B. HAUSER-SCHÄUBLIN, Undenkbarkeit des Körpers als Objekt, S. 24 ff.; sowie die anderen Beiträge in: TAUPITZ, Kommerzialisierung des menschlichen Körpers.

[297] Siehe u. a. HAUSER-SCHÄUBLIN, Undenkbarkeit des Körpers als Objekt, S. 24 ff.

Trennung vom Körper[298]. Das bedeutet jedoch keineswegs, dass sich das Persönlichkeitsrecht, das dem Menschen zukommt, an den Körpersubstanzen fortsetzt[299], sondern dass die konkrete Nutzung der Körpersubstanzen »Fernwirkungen« auf die Persönlichkeit des Substanzspenders haben kann und damit das dort bestehende Persönlichkeitsrecht des Substanzspenders berühren kann[300].

Dass die geistige Nähebeziehung des Einzelnen für das allgemeine Persönlichkeitsrecht von Bedeutung ist, beweist nicht zuletzt ein Blick ins Urheberrecht. Dort sichert und stärkt das Urheberpersönlichkeitsrecht, als eine rechtlich selbstständige Erscheinungsform des allgemeinen Persönlichkeitsrechts[301], »das geistige Band, das den Urheber mit seiner Schöpfung als geronnenem Teil seiner Persönlichkeit verbindet«[302]. Wenn aber bereits die Beziehung des Urhebers zu seinem Werk ein persönlichkeitsrechtliches Interesse begründen kann, dann muss dies erst recht für die geistige Beziehung zu abgetrennten Körpersubstanzen gelten, die ja immerhin einmal Teil des Körpers waren und damit der Person unmittelbar zugeordnet wurden. Deshalb kann die ideelle Bindung des Substanzspenders zu den abgetrennten Körpersubstanzen durch eine bestimmte Verwendungsform der Körpersubstanzen wertungsmäßig mindestens ebenso berührt sein, wie die durch eine Umgestaltung eines Kunstwerkes[303] bewirkte Verletzung der geistigen Beziehung des Künstlers zu seinem Werk

[298] Siehe auch BASTON-VOGT, Allgemeines Persönlichkeitsrecht, S. 286 f.; EHRLICH, Gewinnabschöpfung, S. 84 f.; SCHNORBUS, JuS 1994, 830 (833). Anders HALÀSZ, Bio-materielle Selbstbestimmung, S. 36, S. 41 und S. 56 Fn. 241, sowie SPRANGER, NJW 2005, 1084 (1085).

[299] Dafür aber VON FREIER, MedR 2005, 321 (324 ff.), und wohl auch LANZ-ZUMSTEIN, Rechtsstellung menschlichen Keimguts, S. 223.

[300] Siehe EHRLICH, Gewinnabschöpfung, S. 40 ff.; BASTON-VOGT, Allgemeines Persönlichkeitsrecht, S. 288 f.; HALÀSZ, Bio-materielle Selbstbestimmung, S. 36 ff., 92; NIXDORF, VersR 1995, 740 (742).

[301] Siehe BGHZ 13, 334, (339) »Leserbriefe«; BGHZ 24, 72 (78) »Krankenpapiere«; BGH NJW 1971, 885 (886) »Petite Jacqueline«; DIETZ in: LOEWENHEIM, Handbuch des Urheberrechts, § 15 Rn. 8; SCHACK, Urheber- und Urhebervertragsrecht, Rn. 44 ff.

[302] SCHACK, Urheber- und Urhebervertragsrecht, Rn. 41 und 315; ähnlich auch DIETZ in: LOEWENHEIM, Handbuch des Urheberrechts, § 15 Rn. 9.

[303] So der Sachverhalt in der Sirenenbild-Entscheidung: RGZ 79, 397 (400 f.).

und ist mindestens ebenso schutzbedürftig.

Diese schützenswürdige geistige Nähebeziehung zu den Körpersubstanzen kann nicht in ausreichendem Maße durch das Recht auf informationelle Selbstbestimmung geschützt werden, weil danach der Substanzspender lediglich eine Anonymisierung seiner Körpersubstanzen verlangen könnte, also lediglich das Löschen seiner personenbezogenen Daten. Eine ihn persönlich belastende Weiterverwendung der Körpersubstanzen könnte er damit jedoch nicht effektiv verhindern. Hierzu ist es vielmehr erforderlich, an den Körpersubstanzen selbst persönlichkeitsrechtliche Interessen anzunehmen, unabhängig von einer eventuellen Beeinträchtigung des Rechts auf informationelle Selbstbestimmung, weil nur so einer faktischen Zerstörung der geistigen Nähebeziehung durch eine Anonymisierung der Körpersubstanzen vorgebeugt werden kann.

Folglich können an abgetrennten Körpersubstanzen nicht nur eigentumsrechtliche Interessen bestehen, sondern richtigerweise auch persönlichkeitsrechtliche Interessen des Substanzspenders.

cc) Parallelität von Eigentums- und Persönlichkeitsrecht

Eine parallele Existenz von eigentumsrechtlichen und persönlichkeitsrechtlichen Interessen am selben Gegenstand, selbst die u. U. gleichzeitig gegebene personal getrennte Rechtsinhaberschaft, ist dem deutschen Recht nicht fremd, sondern hat sogar eine lange Tradition. Im Urheberrecht ist dies nämlich schon seit der Sirenenbild-Entscheidung des Reichsgerichts aus dem Jahre 1912 bekannt[304]. Dieses Beispiel zeigt, dass auch an Sachen persönlichkeitsrechtliche Interessen bestehen können und dass diese selbst gegenüber einem anderen, der an den Sachen mittlerweile Eigentum erlangt hat, fortbestehen und schutzwürdig sein können[305].

[304] Entscheidung des Reichsgerichts in Zivilsachen vom 08.06.1912 – I 382/11 = RGZ 79, 397 ff. Siehe schon zuvor RGZ 69, 401 (403 ff.) »Briefe Friedrich Nietzsches«; siehe auch BGHZ 15, 249 (255 f.) »Cosima Wagner«.

[305] Siehe hierzu ausführlich HUBMANN, Das Persönlichkeitsrecht, S. 261 ff.

Die Kombination dieser beiden Rechte bei Körpersubstanzen ist auch sachgerecht[306]. Denn dadurch kann zum einen berücksichtigt werden, dass die ideelle Beziehung des Einzelnen zu seinen Körpersubstanzen weder durch eine äußerliche Trennung noch durch eine eventuelle Veräußerung ohne weiteres abbricht[307]. Zum anderen wird durch diese Kombination anerkannt, dass sich die Beziehung des Einzelnen zu seinen Körpersubstanzen infolge der körperlichen Trennung verändert, insbesondere weil die Körpersubstanzen infolge der Abtrennung eine faktische Selbstständigkeit erlangen und eine rechtsgeschäftliche Verfügung unter Wertungsgesichtspunkten deshalb nicht mehr ausgeschlossen ist[308]. Für den Schutz der sich daraus ergebenden – materiellen – Gebrauchs- und Verwertungsinteressen ist das Eigentumsrecht prädestiniert, nicht jedoch das Persönlichkeitsrecht, weil letzteres primär immaterielle Interessen schützen will. Dementsprechend führt das allgemeine Persönlichkeitsrecht grundsätzlich nicht zu konkreten Verfügungs- und Verwertungsbefugnissen des Substanzspenders an den abgetrennten Körpersubstanzen, sondern gewährt lediglich ein Abwehrrecht, welches bestimmte Weiterverwendungen verhindern kann.

Somit können bei der Kombination eigentumsrechtlicher und persönlichkeitsrechtlicher Interessen an den Körpersubstanzen die unterschiedlich gelagerten Interessen des Substanzspenders auf geeignete Art und Weise berücksichtigt werden. Daneben entspricht diese Lösung auch dem Interesse eines Dritten, da er eine gesicherte Rechtsposition – Eigentum – an den Körpersubstanzen erwerben kann, durch die ihm die Verwendung

306 Für eine Kombination von eigentums- und persönlichkeitsrechtlicher Einordnung beispielsweise auch TAUPITZ, AcP 191 [1991], 201 (209); BASTON-VOGT, Allgemeines Persönlichkeitsrecht, S. 286 ff.; R. MÜLLER, Körpersubstanzen, S. 49 ff.; DEPENHEUER in: VON MANGOLDT/KLEIN/STARCK, GG, Art. 14 Rn. 145; HALÀSZ, Bio-materielle Selbstbestimmung, S. 35 ff. Anders anscheinend MORR, Biobanken, S. 54 f.

307 Siehe BASTON-VOGT, Allgemeines Persönlichkeitsrecht, S. 287; EHRLICH, Gewinnabschöpfung, S. 32.

308 Siehe BASTON-VOGT, Allgemeines Persönlichkeitsrecht, S. 287; SCHRÖDER/TAUPITZ, Menschliches Blut, S. 93 f.; SCHÜNEMANN, Die Rechte am menschlichen Körper, S. 102; FORKEL, Festschrift Weber, S. 565.

dieser Körpersubstanz grundsätzlich ausschließlich zugewiesen ist.

dd) Notwendigkeit einer einzelfallbezogenen Betrachtung

Aus der vorangegangenen Ausführungen ergibt sich, dass neben eigentumsrechtlichen auch persönlichkeitsrechtliche Interessen bei der Weiterverwendung von abgetrennten Körpersubstanzen zu beachten sein *könnten*, unabhängig von dem Recht auf informationelle Selbstbestimmung oder dem Recht auf Nichtwissen. Insofern lässt sich durchaus von einem Recht auf bio-materielle Selbstbestimmung sprechen. Allerdings bedeutet dies noch nicht, dass die Weiterverwendung abgetrennter Körpersubstanzen *stets* persönlichkeitsrechtliche Interessen des Substanzträgers berührt. Denn der Bezug zur Persönlichkeit des Substanzspenders besteht hauptsächlich aufgrund der geistigen Nähebeziehung zu den Körpersubstanzen. Diese geistige Nähebeziehung kann aber je nach Fallgestaltung und je nach Person so unterschiedlich sein, dass man sie nicht ohne weiteres gleich behandeln darf[309]. Jeder Mensch hat eben seine eigene Persönlichkeit. Insbesondere kann weder pauschal davon ausgegangen werden, dass die persönlichkeitsrechtlich zu schützende geistige Nähebeziehung des Einzelnen zu seinen Körpersubstanzen infolge der Trennung vom Körper ohne weiteres erlischt noch dass diese Beziehung und mit ihr das sie schützende Recht nach der Trennung vorbehaltlos und unverändert fortbesteht[310].

Für die sachgerechte Einordnung ist vielmehr eine einzelfallbezogene Betrachtung erforderlich, bei der zu prüfen ist, ob die trotz der Trennung vom Körper verbliebene ideelle Beziehung des Betreffenden zu seinen Körpersubstanzen noch so stark ist, dass sie persönlichkeitsrechtlichen

---

309 Für eine differenzierte Betrachtung auch BASTON-VOGT, Allgemeines Persönlichkeitsrecht, S. 288 ff.; EHRLICH, Gewinnabschöpfung, S. 84 f.; SCHÜNEMANN, Die Rechte am menschlichen Körper, S. 84 f., 100 f., 118 ff.; ZENTRALE ETHIKKOMMISSION, Körpermaterialien, S. 6; TAUPITZ, AcP 191 [1991], 201 (213 f.).

310 Siehe SCHÜNEMANN, Die Rechte am menschlichen Körper, S. 102 f.; SCHRÖDER/TAUPITZ, Menschliches Blut, S. 42 ff.; BASTON-VOGT, Allgemeines Persönlichkeitsrecht, S. 289.

Schutz verdient[311]. Mit anderen Worten: Die abgetrennten Körpersubstanzen müssen »eine so enge persönliche Verbindung zu dem Rechtsträger aufweisen, dass ihm – um seiner Persönlichkeit willen – [...] ein grundsätzlich umfassendes Bestimmungsrecht bezüglich ihrer Nutzung und Verwendung einzuräumen ist«[312]. Dies lässt sich nur im jeweiligen Einzelfall feststellen, da jede Person andere persönliche Überzeugungen hat. Deshalb ist es unmöglich, eine pauschale Antwort auf die Frage zu geben, ob bei der Weiterverwendung der Körpersubstanzen stets persönlichkeitsrechtliche Interessen des Substanzspenders bestehen.

Immerhin lassen sich einige Faktoren nennen, nach denen sich die Beurteilung des jeweiligen Einzelfalls richtet. Ein wichtiger Aspekt zur Feststellung der ideellen Beziehung des Substanzspenders zu den Körpersubstanzen ist deren Art. Beispielsweise werden Viele nur eine geringe bzw. überhaupt keine Nähebeziehung zu abgeschnittenen Haaren oder Nägeln bzw. Exkrementen haben[313]. Diese Beispiele zeigen gleichzeitig, dass es in der Regel einen beachtlichen Unterschied macht, ob die Körpersubstanzen irreversibel dem Körper entnommen wurden oder ob sie nachwachsen können[314]. Daneben ist auch der Zweck entscheidend, zu dem der Substanzspender die Körpersubstanzen weggegeben hat bzw. die Interessen, die der Substanzspender mit der Hingabe der Körpersubstanzen verfolgt. So macht es einen beträchtlichen Unterschied, ob der Substanzspender eine Niere für einen nahestehenden Angehörigen spendet oder ob ihm aus gesundheitlichen Gründen der Appendix (Wurmfortsatz des Blinddarms)

---

[311] Siehe BASTON-VOGT, Allgemeines Persönlichkeitsrecht, S. 289 f.; NIXDORF, VersR 1995, 740 (742); SCHRÖDER/TAUPITZ, Menschliches Blut, S. 44 f.

[312] So BASTON-VOGT, Allgemeines Persönlichkeitsrecht, S. 289.

[313] Differenzierend hinsichtlich der Art der Körpersubstanzen auch BASTON-VOGT, Allgemeines Persönlichkeitsrecht, S. 290; EHRLICH, Gewinnabschöpfung, S. 84; N. JANSEN, Blutspende, S. 92; SCHÜNEMANN, Die Rechte am menschlichen Körper, S. 84, 100 f.; TAUPITZ in: NATIONALER ETHIKRAT, Wortprotokoll Jahrestagung Biobanken, S. 51 und S. 60 f.; DEUTSCH, AcP 192 [1992], 161 (173); SCHNORBUS, JuS 1994, 830 (833).

[314] Wohl auch ENGELS in: NATIONALER ETHIKRAT, Wortprotokoll Jahrestagung Biobanken, S. 60; TAUPITZ in: NATIONALER ETHIKRAT, Wortprotokoll Jahrestagung Biobanken, S. 51 und S. 60 f.; FORKEL, JZ 1974, 593 (596); EHRLICH, Gewinnabschöpfung, S. 84; OHLY, Festschrift König, S. 425; ANTONOW, Zulässigkeit von Biobanken, S. 107.

herausgenommen wird[315]. Maßgebend ist dabei – mit anderen Worten – die Selbstbestimmung des Substanzspenders *vor* Hingabe seiner Körpersubstanzen. Hier erlangt ebenso ein Widerspruch des Substanzspenders gegen eine bestimmte weitere Verwendung Bedeutung.

Hinzu treten noch vielfältige andere Faktoren, welche die geistige Beziehung zwischen dem Substanzspender und den abgetrennten Körpersubstanzen bestimmen. So ist namentlich der kulturspezifische Hintergrund des Substanzspenders mit seinen ethischen und religiösen Überzeugungen und Vorstellungen zu berücksichtigen[316]. Außerdem kann sich die infolge der körperlichen Trennung gelockerte geistige Verbindung durch eine zunehmende räumliche Entfernung oder durch Zeitablauf weiter lösen und schließlich sogar ganz abbrechen[317]. Eine derartige Loslösung kann natürlich durch den Substanzspender bewusst beschleunigt werden, insbesondere in dem er von sich aus die Beziehung zu der jeweiligen Körpersubstanz aufgibt, also z. B. einer Anonymisierung der Körpersubstanzen zustimmt.

Es lässt sich somit festhalten, dass Gegenstand und Voraussetzung für den persönlichkeitsrechtlichen Schutz vor allem die geistige Nähebeziehung des Substanzspenders zu den abgetrennten Körpersubstanzen ist. Deshalb schwindet der Persönlichkeitsschutz, je mehr sich der Substanzspender auch geistig von seinen Körpersubstanzen löst, also je weniger die von seinem Körper getrennten Substanzen noch als Teil seiner Persönlichkeit einzustufen sind. Mit der Abtrennung der Körpersubstanzen vom Körper wird die ideelle Beziehung des Einzelnen zu seinen Körpersubstanzen zwar in vielen Fällen nicht sofort erlöschen, sich jedoch im Anschluss an die gegenständliche Trennung nach und nach lösen[318]. Dieser Schutz kann auch

[315] Siehe BASTON-VOGT, Allgemeines Persönlichkeitsrecht, S. 288.
[316] Siehe HAUSER-SCHÄUBLIN, Undenkbarkeit des Körpers als Objekt, S. 24 ff. Ähnlich auch ZENTRALE ETHIKKOMMISSION, Körpermaterialien, S. 6.
[317] BASTON-VOGT, Allgemeines Persönlichkeitsrecht, S. 290.
[318] BASTON-VOGT, Allgemeines Persönlichkeitsrecht, S. 290. Siehe auch N. JANSEN, Blutspende, S. 72; SCHRÖDER/TAUPITZ, Menschliches Blut, S. 53 f., 95, 101.

ganz entfallen, wenn die Körpersubstanz keinen Bezug mehr zu einem identifizierbaren Substanzspender aufweist (dann kein Recht auf informationelle Selbstbestimmung) und der Substanzspender seinerseits die Beziehung zu ihr völlig aufgegeben hat (dann kein Persönlichkeitsrecht an den Körpersubstanzen selbst)[319].

ee) Eigenständiges Recht auf bio-materielle Selbstbestimmung?

Aufgrund der stets notwendigen Einzelfallbetrachtung bringt ein aus dem allgemeinen Persönlichkeitsrecht *verselbstständigtes* Recht auf bio-materielle Selbstbestimmung eigentlich keinen großen Nutzen. Denn durch die Bildung einzelner Ausprägungen des allgemeinen Persönlichkeitsrechts soll erreicht werden, dass die beim allgemeinen Persönlichkeitsrecht sonst erforderliche Einzelfallbetrachtung durch eine typisierende Bewertung ersetzt wird. Beispielsweise führt das Recht auf informationelle Selbstbestimmung zu einer Eröffnung des Schutzbereichs des allgemeinen Persönlichkeitsrechts, sobald personenbezogene Daten genutzt werden. Ebenso ist der Schutzbereich des allgemeinen Persönlichkeitsrechts wegen des Rechts am eigenen Bild schon allein deswegen eröffnet, weil Bilder einer bestimmten Person verwendet werden. Diese Konkretisierung kann durch das Recht auf bio-materielle Selbstbestimmung aber nicht erreicht werden, hier bleibt eine Einzelfallbetrachtung notwendig.

Dennoch ist es zweckmäßig, von einem »Recht auf bio-materielle Selbstbestimmung« zu sprechen, um zu verdeutlichen, dass speziell das – eventuell bestehende – allgemeine Persönlichkeitsrecht an Körpersubstanzen gemeint ist und nicht das allgemeine Persönlichkeitsrecht als Oberbegriff aller persönlichkeitsrechtlichen Interessen. Dementsprechend wird im Folgenden anstelle der umständlichen Formulierung »Persönlichkeitsrecht an den Körpersubstanzen selbst« nur noch vom Recht auf bio-materielle Selbstbestimmung gesprochen.

---

[319] Siehe auch BASTON-VOGT, Allgemeines Persönlichkeitsrecht, S. 292.

d) Fazit

Im Ergebnis bleibt festzuhalten, dass persönlichkeitsrechtliche Interessen des Substanzspenders bei der Weiterverwendung von abgetrennten Körpersubstanzen zu beachten sein *können*. Der Schutzbereich des allgemeinen Persönlichkeitsrechts des Substanzspenders *kann* folglich eröffnet sein. Da aber jeder Mensch einzigartig ist und eine eigene Persönlichkeit hat, verbieten sich pauschale Aussagen, dass *stets* persönlichkeitsrechtliche Interessen an Körpersubstanzen bestehen. Das kann nur im jeweiligen Einzelfall festgestellt werden, wobei insbesondere die Art der Körpersubstanzen und die Interessen des Substanzspenders zu berücksichtigen sind.

5. Schutz der Selbstbestimmung

Neben den bereits angesprochenen Rechten (Recht auf informationelle Selbstbestimmung, Recht auf Nichtwissen, Recht auf bio-materielle Selbstbestimmung) könnten sich für Biobanken Einschränkungen hinsichtlich der Weiterverwendung von Körpersubstanzen und personenbezogenen Daten auch aus dem sog. »Selbstbestimmungsrecht« des Substanzspenders ergeben.

Das Bestehen eines Selbstbestimmungsrechts des Betroffenen zeigt sich besonders deutlich bei Eingriffen in die körperliche Unversehrtheit. Zu deren Rechtfertigung ist grundsätzlich eine Einwilligung des Rechtsgutsträgers (Substanzspender) erforderlich. Diese Anforderung findet ihre Grundlage nur zu einem kleinen Teil in Art. 2 Abs. 2 S. 1 GG (Recht auf Leben und körperliche Unversehrtheit). Ihre Grundlage liegt vielmehr in »dem durch grundrechtliche Wertung geprägten Selbstbestimmungsrecht und der personalen Würde des Patienten, die es verbieten, ihm im Rahmen der Behandlung die Rolle eines bloßen Objekts zuzuweisen«[320]; also im

[320] BGHZ 85, 327 (332), dort konkret im Zusammenhang mit dem Recht auf Einsicht in die

allgemeinen Persönlichkeitsrecht. Das zeigt, dass neben dem Recht auf körperliche Unversehrtheit aus Art. 2 Abs. 2 S. 1 GG auch das allgemeine Persönlichkeitsrecht des Substanzspenders zu beachten ist, wenn ihm Körpersubstanzen entnommen werden sollen. Deshalb ist vor dem körperlichen Eingriff grundsätzlich eine Einwilligung des Substanzspenders erforderlich.

Da dieses Selbstbestimmungsrecht aber aus dem allgemeinen Persönlichkeitsrecht resultiert, kann es richtigerweise nur für solche Angelegenheiten bestehen, welche die Persönlichkeitssphäre berühren. Bei Eingriffen in die körperliche Unversehrtheit ist diese Voraussetzung deshalb erfüllt, weil die menschliche Persönlichkeit untrennbar mit dem Körper verbunden ist. Anders verhält es sich hingegen bei abgetrennten Körpersubstanzen. Bei diesen besteht nur dann ein Bezug zur Persönlichkeitssphäre des Substanzspenders, wenn die geistige Nähebeziehung des Substanzspenders zu den Körpersubstanzen noch vorhanden ist (dann Recht auf biomaterielle Selbstbestimmung[321]) oder wenn die Körpersubstanzen dem Substanzspender noch zugeordnet werden können (dann Recht auf informationelle Selbstbestimmung[322] und ggf. Recht auf Nichtwissen[323]). Nur in diesen Fällen ergibt sich tatsächlich ein Selbstbestimmungsrecht des Substanzspenders hinsichtlich der Weiterverwendung abgetrennter Körpersubstanzen. Ein Recht auf öffentliche Selbstverwirklichung gewährt das allgemeine Persönlichkeitsrecht hingegen nicht[324].

Das Selbstbestimmungsrecht führt demzufolge nicht selbst zur Eröffnung des Schutzbereichs des allgemeinen Persönlichkeitsrechts, sondern ist die

Krankenunterlagen. Siehe auch BVerfGE 52, 131 (165 ff.) = NJW 1979, 1925; BGHZ 29, 46 (49); 29, 176 (181); LG Göttingen VersR 1990, 1401 (1402); SCHRÖDER/TAUPITZ, Menschliches Blut, S. 23 f.; LAUFS in: LAUFS/UHLENBRUCK, Handbuch des Arztrechts, § 61 Rn. 14; LIPPERT, MedR 2001, 406 (408); TAG, Der Körperverletzungstatbestand, S. 285 f.

321 Siehe dazu 4. c) ab Seite 100.

322 Siehe 2. auf Seite 83.

323 Siehe unter 3. ab Seite 85.

324 Anders wohl WILLE, Organknappheit, S. 77 f.; WILLE, Sozialpflicht zur Organspende?, S. 19; WILLE, MedR 2007, 91 (92), die von einem »Recht auf Selbstbestimmung« spricht.

Folge davon. Also nur, wenn persönlichkeitsrechtliche Interessen bestehen, steht dem Substanzspender aus dem allgemeinen Persönlichkeitsrecht das Recht zu, eine selbstbestimmte Entscheidung zu treffen. Dieses Recht kann er dann sowohl positiv (»darf für ... verwendet werden«) als auch negativ (»darf nicht für ... verwendet werden«) ausüben.

Für eine Biobank bedeutet diese Erkenntnis zum einen, dass vor der Weiterverwendung der Körpersubstanzen grundsätzlich eine entsprechende Einwilligung des Substanzspenders vorliegen muss, sofern persönlichkeitsrechtliche Interessen des Substanzspenders tangiert werden. Wenn das Einholen einer Einwilligung unmöglich sein sollte, etwa weil der Substanzspender inzwischen einwilligungsunfähig ist, dann kommt es entscheidend auf seinen mutmaßlichen Willen an[325]. Zum anderen ergibt sich für eine Biobank, dass sie an eine selbstbestimmte und auf persönlichkeitsrechtliche Interessen bezogene Entscheidung des Substanzspenders gebunden ist. Wenn der Substanzspender die Körpersubstanzen also zu einem bestimmten Zweck gespendet hat, dann müssen die Körpersubstanzen auch – primär – zu diesem Zweck verwendet werden (z. B. für die Patientendiagnose)[326]. Ebenso ist ein eventueller Widerspruch des Substanzspenders gegen eine bestimmte Verwendungsform von der Biobank zu beachten.

6. Zusammenfassung

Aufgrund des Rechts auf informationelle Selbstbestimmung bestehen persönlichkeitsrechtliche Interessen vor allem dann, wenn personenbezogene Daten des Substanzspenders in einer Biobank aufbewahrt bzw. weitergegeben werden. Aufgrund des Rechts auf Nichtwissen sind persönlichkeitsrechtliche Interessen des Substanzspenders aber auch dann betroffen,

---

[325] Das gilt auch, wenn ein Betreuer bestellt ist, weil sich der Betreuer an dem Willen des Betreuten zu orientieren hat (siehe § 1901 BGB). Siehe dazu ausführlich SPICKHOFF, MedR 2006, 707 (712 f.).

[326] Siehe z. B. ZENTRALE ETHIKKOMMISSION, Körpermaterialien, S. 7; SIMON et al., Biomaterialbanken, S. 50.

wenn der Biobankbetreiber Informationen über den Gesundheitszustand oder die genetische Veranlagung des Substanzspenders erlangt und den Substanzspender gegen dessen Willen darüber informieren will. Schließlich kann auch allein die Weiterverwendung von Körpersubstanzen ausreichen, um das allgemeine Persönlichkeitsrecht des Substanzspenders zu berühren. Voraussetzung ist dafür aber die geistige Nähebeziehung des Substanzspenders zu den abgetrennten Körpersubstanzen. Das kann nur im jeweiligen Einzelfall festgestellt werden, wobei insbesondere die Art der Körpersubstanzen und die Interessen des Substanzspenders zu berücksichtigen sind.

IV. Schranken des allgemeinen Persönlichkeitsrechts

In den Fällen, in denen sich der Substanzspender hinsichtlich der Weiterverwendung der Körpersubstanzen und personenbezogenen Daten auf das allgemeine Persönlichkeitsrecht berufen kann, gelangt man zur Frage, auf welche Weise dieses Recht beschränkt werden kann. Die Antwort darauf bereitet beim allgemeinen Persönlichkeitsrecht einige Schwierigkeiten, weil dieses Recht im Grundgesetz nicht eigens geregelt ist, sondern sich erst nach dessen Inkrafttreten entwickelt hat. Aus diesem Grund gibt es keine ausdrückliche Schrankenbestimmung, was insbesondere am Anfang der Entwicklung des allgemeinen Persönlichkeitsrechts zu großer Unklarheit und sich widersprechenden Urteilen geführt hat.

Da sich das allgemeine Persönlichkeitsrecht unter anderem auf die Menschenwürde aus Art. 1 Abs. 1 GG stützt, welche »unantastbar« ist, könnte zunächst ganz generell bezweifelt werden, dass das allgemeine Persönlichkeitsrecht einer Einschränkung zugänglich ist. Allerdings ist der Schutzbereich des allgemeinen Persönlichkeitsrechts weiter gefasst als der Schutzbereich der Menschenwürdegarantie und erfasst auch Sachverhalte, die nicht unter Art. 1 Abs. 1 GG subsumiert werden können. Deshalb dient die Menschenwürde aus Art. 1 Abs. 1 GG bei richtiger Betrachtung nur als Interpretationshilfe und Schutzverstärkung für das allgemeine Persönlichkeitsrecht, führt aber nicht durchweg zu dessen Uneinschränkbarkeit, höchstens in Ausnahmefällen[327].

Daher liegt es nahe, die Schrankenbestimmung anhand des Art. 2 Abs. 1 GG vorzunehmen, der neben der Menschenwürde die andere Stütze des allgemeinen Persönlichkeitsrechts ist. Dennoch tendierte das Bundesverfassungsgericht hinsichtlich der Beschränkungsmöglichkeiten anfangs zur Anwendung des Gesetzesvorbehalts des Art. 2 Abs. 2 GG (»*In diese Rechte darf nur auf Grund eines Gesetzes eingegriffen werden.*«)[328]. Dafür spricht zwar, dass Leben und körperliche Unversehrtheit eng mit dem Schutz der Persönlichkeit verbunden sind. Diese Konstruktion verkennt jedoch, dass Eingriffe in die Persönlichkeitssphäre nicht immer die Intensität einer körperlichen oder vitalen Beeinträchtigung erreichen. Daher hat man sich hinsichtlich der Schranken des allgemeinen Persönlichkeitsrechts richtigerweise an der Schrankentrias des Art. 2 Abs. 1 GG (Rechte anderer, verfassungsmäßige Ordnung, Sittengesetz) zu orientieren[329]. Dem entspricht mittlerweile auch die Rechtsprechung des Bundesverfassungsgerichts[330]. Folglich kann eine Beeinträchtigung des allgemeinen Persönlichkeitsrechts sowohl durch kollidierendes Verfassungsrecht als auch durch eine formell und materiell verfassungsmäßige Norm (dann »verfassungsmäßige Ordnung« i. S. d. Art. 2 Abs. 1 GG) gerechtfertigt werden.

Aufgrund der Verquickung mit der Menschenwürde unterliegen Beschränkungen des allgemeinen Persönlichkeitsrechts allerdings verstärkten Rechtfertigungsanforderungen. Die genauen Anforderungen an die Rechtfertigung bestimmen sich dabei vor allem nach der Intensität der

---

327 Siehe dazu DI FABIO in: MAUNZ/DÜRIG, GG, Art. 2 Abs. 1 Rn. 127 m. w. N. in Fn. 3.

328 So BVerfGE 27, 344 (351) »Scheidungsakten«; 32, 373 (379) »Arztkartei«; 34, 238 (246) »Tonbandaufnahme«.

329 Siehe z. B. STERN in: STERN, Staatsrecht IV/1, S. 264; DI FABIO in: MAUNZ/DÜRIG, GG, Art. 2 Abs. 1 Rn. 133; MURSWIEK in: SACHS, Grundgesetz, Art. 2 Rn. 103.

330 Siehe z. B. BVerfGE 65, 1 (44) »Volkszählung«; 101, 361 (387) »Caroline von Monaco II«; 106, 28 (48) »Mithörvorrichtung«; 114, 339 (347) »Manfred Stolpe«.

Beeinträchtigung. Hierbei wendet das Bundesverfassungsgericht die sog. »Sphärentheorie« an, um der unterschiedlichen Schutzbedürftigkeit der verschiedenen Sachlagen Rechnung zu tragen. Hiernach lassen sich folgende drei Sphären unterscheiden:

1. Relativ gering sind Beeinträchtigungen der **Sozialsphäre**. Diese Sphäre ist durch die Beziehung zur Außenwelt charakterisiert, also durch die Kontakte zwischen Individuen (z. B. Arbeits- und Berufsleben, Freizeitgestaltung etc.)[331]. Dieser Bereich ist grundsätzlich der Öffentlichkeit zugänglich, die aber ihrerseits einen Minimalschutz des Einzelnen zu beachten hat[332]. Hier gelten also ungefähr die gleichen Anforderungen wie bei Eingriffen in die allgemeine Handlungsfreiheit[333].

2. Ein mittleres Beeinträchtigungsniveau liegt vor bei Eingriffen in die **Privat- oder Individualsphäre**. Darunter versteht man alles das, was der Einzelne dem Zugang der Öffentlichkeit entziehen will[334]. Dieser Bereich beschränkt sich nicht nur auf das häusliche Gebiet, sondern umfasst auch abgeschiedene Örtlichkeiten[335]. In dieser Sphäre ist ein Eingriff nur unter besonders strenger Wahrung des Verhältnismäßigkeitsgrundsatzes möglich[336]. Hier müssen in der Regel überwiegende Belange des Gemeinwohls vorliegen[337].

3. Am stärksten sind Beeinträchtigungen der **Intimsphäre**. Sie stellt

331 Siehe z. B. STERN in: STERN, Staatsrecht IV/1, S. 265.

332 BVerfGE 35, 35 (39); 35, 202 (220) »Lebach-Urteil«; 80, 367 (373) »Tagebuch«; STERN in: STERN, Staatsrecht IV/1, S. 265.

333 Siehe MURSWIEK in: SACHS, Grundgesetz, Art. 2 Rn. 104.

334 Siehe STERN in: STERN, Staatsrecht IV/1, S. 206 f.; DUTTGE, Der Staat 36 [1997], 281 (299); HUBMANN, Das Persönlichkeitsrecht, S. 270.

335 BVerfGE 101, 361 (383 f.) »Caroline von Monaco II«; siehe auch BVerfG NJW 2001, 1921 (1925) »Prinz Ernst August von Hannover«; STERN in: STERN, Staatsrecht IV/1, S. 207 f.

336 BVerfGE 27, 344 (351) »Scheidungsakten«; 33, 367 (377); 34, 238 (246) »Tonbandaufnahme«; 38, 312 (320 f.); DI FABIO in: MAUNZ/DÜRIG, GG, Art. 2 Abs. 1 Rn. 159.

337 Siehe BVerfGE 32, 373 (380 f.) »Arztkartei«; 35, 35 (39); 80, 367 (375) »Tagebuch«; DI FABIO in: MAUNZ/DÜRIG, GG, Art. 2 Abs. 1 Rn. 159 m. w. N.

> den absolut geschützten Kernbereich der Persönlichkeit eines Rechtssubjekts dar und erfasst vor allem jene Sachverhalte, »von denen niemand oder höchstens ein genau beschränkter Kreis von Vertrauten Kenntnis nehmen soll, an denen also ein Geheimhaltungsinteresse besteht«[338]. Ein Eingriff in diesen absolut geschützten Kernbereich ist grundsätzlich nicht möglich und daher einer Güter- und Interessenabwägung entzogen[339].

Allerdings kann die »Sphärentheorie« – ebenso wie die sog. »Stufenlehre« bei der Berufsfreiheit[340] – nur ein erstes Indiz für die Intensität der Beeinträchtigung und damit für die Anforderungen an die Rechtfertigung sein. Denn zum einen mangelt es ihr an hinreichender Präzision bei der Abgrenzung der verschiedenen Sphären, und zum anderen basiert sie nur auf einer generalisierenden und nicht einer individuellen Betrachtungsweise[341]. Daher kann sie lediglich als grobe Orientierungshilfe dienen[342]. Sie darf jedoch eine sorgfältige Beurteilung des Einzelfalls nicht ersetzen.

Die Weiterverwendung von Körpersubstanzen bzw. Daten in Biobanken kann je nach Sachlage sowohl die Sozialsphäre berühren (anzunehmen beispielsweise bei der Weiterverwendung von gespendetem und nicht mehr zu Transfusionszwecken verwendbarem Blut zu Zwecken der Qualitätskontrolle), als auch die Privat- oder Individualsphäre (z. B. bei der Nutzung von Gesundheitsdaten des Substanzspenders) und kann sogar zu einer Beeinträchtigung der Intimsphäre führen (beispielsweise wenn mit-

---

[338] So prägnant HUBMANN, Das Persönlichkeitsrecht, S. 270 und ähnlich auch TAUPITZ, Biomedizinische Forschung, S. 36.

[339] Siehe z. B. BVerfGE 6, 32 (41) »Elfes-Urteil«; 27, 1 (6) »Mikrozensus«; 103, 21 (31 f.) »Genetischer Fingerabdruck I«; 109, 279 (319) »Großer Lauschangriff«; 112, 304 (318) »GPS-Observation«; STERN in: STERN, Staatsrecht IV/1, S. 264 f.; GEIS, JZ 1991, 112 (115).

[340] Siehe zur »Stufenlehre« die Ausführungen unter IV. auf Seite 60.

[341] Siehe zur Kritik an der Sphärentheorie u. a. auch MURSWIEK in: SACHS, Grundgesetz, Art. 2 Rn. 105; DREIER in: DREIER, GG, Art. 2 Abs. 1 Rn. 88; MOELLER-HERRMANN, Die Regelung prädiktiver Gentests, S. 88.

[342] Siehe DREIER in: DREIER, GG, Art. 2 Abs. 1 Rn. 88; BASTON-VOGT, Allgemeines Persönlichkeitsrecht, S. 192.

hilfe der durch Zwang erlangten Körpersubstanzen ein komplettes Persönlichkeitsprofil des Substanzspenders erstellt werden soll). Die Verletzung der Intimsphäre wird aber nur in Ausnahmefällen und dann nur wegen des Hinzutretens besonderer Umstände tangiert. Selbst Genomanalysen sind nicht grundsätzlich dem unantastbaren Intimbereich zuzuordnen[343], und auch das Bundesverfassungsgericht hat im Laufe seiner Rechtsprechung noch nie die Intimsphäre als verletzt angesehen, noch nicht einmal bei der Verwertung von Aufzeichnungen aus Tagebüchern.

Demzufolge berührt die Weiterverwendung von Körpersubstanzen und personenbezogenen Daten in der Regel entweder die Privat- bzw. Individualsphäre oder die bloße Sozialsphäre des allgemeinen Persönlichkeitsrechts des Substanzspenders. Diese Beeinträchtigung ist zwar rechtfertigungs*bedürftig*, aber auch rechtfertigungs*fähig*, weil das Menschenbild des Grundgesetzes nicht das eines isolierten Individuums ist, sondern das Grundgesetz die Spannung zwischen Individuum und Gemeinschaft im Sinne der Gemeinschaftsbezogenheit und Gemeinschaftsgebundenheit der Person entschieden hat[344]. Folglich kann der Eingriff in das allgemeine Persönlichkeitsrecht des Substanzspenders zumindest durch überwiegende Belange des Gemeinwohls gerechtfertigt sein, teilweise reichen auch schon vernünftige Gründe des Gemeinwohls für eine Rechtfertigung. Das lässt sich jedoch nur durch eine Einzelfallbetrachtung ermitteln.

V. Ergebnis

Die Weiterverwendung von Körpersubstanzen und personenbezogenen Daten in Biobanken kann das allgemeine Persönlichkeitsrecht des Substanzspenders aus Art. 2 Abs. 1 i. V. m. Art. 1 Abs. 1 GG beeinträchtigen,

343 Siehe HOFMANN, Rechtsfragen der Genomanalyse, S. 44 und MOELLER-HERRMANN, Die Regelung prädiktiver Gentests, S. 85 ff. Anders aber STUMPER, DNA-Analysen, S. 120 f. für staatlich initiierte DNS-Analysen gegen den Willen des Betroffenen.

344 BVerfGE 4, 7 (15 f.). Zur Gemeinschaftsbezogenheit unter anderem auch BVerfGE 27, 1 (7) »Mikrozensus«.

insbesondere dessen Recht auf informationelle Selbstbestimmung. Eine Beschränkung dieses Rechts kann aber sowohl durch kollidierendes Verfassungsrecht als auch durch eine gesetzliche Bestimmung gerechtfertigt werden, die verhältnismäßig sein muss. Hierfür sind in der Regel überwiegende Belange des Gemeinwohls erforderlich, teilweise reichen aber auch schon vernünftige Erwägungen des Gemeinwohls.

D. Freiheit der Ehe und Familie nach Art. 6 Abs. 1 GG

Des Weiteren könnte durch die Weiterverwendung von Körpersubstanzen und Daten des Substanzspenders in Biobanken dessen Recht auf Schutz seines Ehe- und Familienlebens aus Art. 6 Abs. 1 GG verletzt werden, welcher lautet:

> *»Ehe und Familie stehen unter dem besonderen Schutze der staatlichen Ordnung.«*

Art. 6 Abs. 1 GG verstärkt die aus dem allgemeinen Persönlichkeitsrecht stammende Entfaltungsfreiheit für den privaten Raum[345]. Er schützt »die Ehe und Familie als einen geschlossenen, gegen den Staat abgeschirmten und die Vielfalt rechtsstaatlicher Freiheit stützenden Autonomie- und Lebensbereich«[346].

---

[345] Art. 6 Abs. 1 GG ist zwar im Wesentlichen ein Spezialgrundrecht zum allgemeinen Persönlichkeitsrecht, aber richtigerweise können beide Grundrechte auch nebeneinander anwendbar sein und dadurch zu doppelten Schutzwirkungen führen. Siehe dazu BVerfGE 42, 234 (236); 57, 170 (178); 101, 361 (385 f.) »Caroline von Monaco II« und ebenso GRÖSCHNER in: DREIER, GG, Art. 6 Rn. 155, sowie STERN in: STERN, Staatsrecht IV/1, S. 303, 620 f., m. w. N.

[346] BVerwGE 91, 130 (134). Siehe auch BVerfGE 42, 234 (236); 57, 170 (178); STERN in: STERN, Staatsrecht IV/1, S. 408 f.; PIEROTH in: JARASS/PIEROTH, GG, Art. 6 Rn. 1.

Die Weiterverwendung von Körpersubstanzen und personenbezogenen Daten des Substanzspenders kann in vielfältiger Weise Einfluss auf das Ehe- und Familienleben des Substanzspenders nehmen. Beispielsweise kann eine Analyse der Körpersubstanzen dazu führen, dass die tatsächlichen Abstammungsverhältnisse in der Familie des Substanzspenders aufgeklärt werden[347]. Ebenso könnten bislang unbekannte Erbkrankheiten des Substanzspenders bekannt werden, wodurch er in seiner eigenen Familienplanung beeinflusst werden könnte[348]. In diesen Fällen ist nicht nur eine Beeinträchtigung des allgemeinen Persönlichkeitsrechts anzunehmen, sondern ebenso eine Beeinträchtigung der Freiheit der Ehe und Familie. Letztere kann nur durch kollidierendes Verfassungsrecht gerechtfertigt werden.

Allerdings ist eine Beeinträchtigung der Freiheit der Ehe und Familie ausgeschlossen, wenn dem Substanzspender oder seinen Familienangehörigen die Ergebnisse der Forschungen oder der Analysen nicht mitgeteilt werden, denn dann kann das Ehe- und Familienleben nicht beeinflusst werden. Auch die Freiheit der Ehe und Familie schützt daher noch nicht gegen die Beschaffung der Körpersubstanzen bzw. Daten durch den Biobankbetreiber, sondern kommt erst dann zur Anwendung, wenn unmittelbar die Gefahr einer Inkenntnissetzung droht. Hierdurch zeigt sich die Parallele zum Recht auf Nichtwissen[349]. Zudem darf die Freiheit der Ehe und Familie – ebensowenig wie das Recht auf Nichtwissen – nicht dazu missbraucht werden, dem Substanzspender pauschal Informationen vorzuenthalten. Um den diesbezüglichen Willen des Substanzspenders festzustellen, sind auch hier – ähnlich wie bei dem Recht auf Nichtwissen – ein behutsames Eingehen auf den Substanzspender und eine Prognose dafür erforderlich, wie er, sein Eheparter oder seine Familienangehörigen die Informationen aufnehmen würden.

[347] Siehe MORR, Biobanken, S. 52 f.
[348] Siehe dazu ebenfalls MORR, Biobanken, S. 52 f.
[349] Siehe zum Recht auf Nichtwissen bereits oben unter C. III. 3. ab Seite 85.

E. Eigentumsgarantie nach Art. 14 Abs. 1 GG

Neben den vorgenannten Grundrechten kommt bei dem Substanzspender hinsichtlich der Weiterverwendung von Körpersubstanzen und personenbezogenen Daten auch eine Berufung auf die Eigentumsgarantie aus Art. 14 Abs. 1 GG in Betracht.

Wie bei den Erörterungen zur Eigentumsgarantie des Biobankbetreibers bereits ausgeführt, schützt die Eigentumsgarantie alle vom Gesetzgeber gewährten vermögenswerten Rechte, insbesondere das Eigentum nach bürgerlichem Recht (siehe § 903 BGB)[350]. Nach der Abtrennung der Körpersubstanzen erlangt der Substanzspender zivilrechtliches Eigentum an ihnen oder zumindest ein – vermögenswertes – Aneignungsrecht[351]. Er kann sich folglich – zumindest zu diesem Zeitpunkt – auf die Eigentumsgarantie aus Art. 14 Abs. 1 GG berufen[352]. Er wird dadurch vor einer unberechtigten Nutzung und Verfügung über »seine« Körpersubstanzen geschützt. Nach der Übertragung seines Eigentums an den Arzt, Forscher oder Biobankbetreiber hat der Substanzspender aber in der Regel keinerlei vom Gesetzgeber gewährten vermögenswerten Rechte mehr an den Körpersubstanzen.

An seinen personenbezogenen Daten hat der Substanzspender hingegen von vornherein kein vom Gesetzgeber gewährtes vermögenswertes Recht. Denn die aus dem Recht auf informationelle Selbstbestimmung folgende Verfügungsbefugnis über die personenbezogenen Daten will dem Substanzspender keinen Vermögenswert gewähren, sondern den Schutz seiner Privatsphäre.

Folglich kann zwar die Weiterverwendung von Körpersubstanzen in Bio-

---

350 Siehe ausführlich unter § 2. C. ab Seite 39.

351 Siehe z. B. SCHRÖDER/TAUPITZ, Menschliches Blut, S. 35 ff.; HOLCH in: MÜNCHKOMM, BGB, § 90 Rn. 29; HALÀSZ, Bio-materielle Selbstbestimmung, S. 59; R. MÜLLER, Körpersubstanzen, S. 145 und 165.

352 So auch MORR, Biobanken, S. 53-59.

banken in einigen Fällen die Eigentumsgarantie des Substanzspenders aus Art. 14 Abs. 1 GG beeinträchtigen, aber sie wird nicht tangiert, wenn der Biobankbetreiber die Körpersubstanzen – wie in der Regel – rechtmäßig erlangt hat.

F. Gleichheitsgrundsatz nach Art. 3 GG

Schließlich könnte die Weiterverwendung der Körpersubstanzen und Daten in Biobanken gegen den allgemeinen Gleichheitssatz aus Art. 3 Abs. 1 GG verstoßen. Dieser lautet:

> *»Alle Menschen sind vor dem Gesetz gleich.«*

Darüber hinaus kann zum Teil auch der spezielle Gleichheitssatz des Art. 3 Abs. 3 GG betroffen sein, der lautet:

> *»Niemand darf wegen seines Geschlechtes, seiner Abstammung, seiner Rasse, seiner Sprache, seiner Heimat und Herkunft, seines Glaubens, seiner religiösen oder politischen Anschauungen benachteiligt oder bevorzugt werden. Niemand darf wegen seiner Behinderung benachteiligt werden.«*

I. Gefahr einer genetischen Diskriminierung

Bei der Tätigkeit einer Biobank könnte der allgemeine Gleichheitssatz aus Art. 3 Abs. 1 GG zum einen wegen der Gefahr einer genetischen Diskriminierung des Substanzspenders beeinträchtigt sein. Denn die Kenntnis von bestimmten körperlichen – insbesondere genetischen – Merkmalen kann stets dazu benutzt werden, Menschen ungleich zu behandeln. So wird insbesondere bei Versicherungsverhältnissen die Gefahr gesehen, dass eine Person aufgrund ihrer genetische Prädisposition für eine bestimmte Krankheit vom Versicherungsschutz ausgeschlossen wird[353]. Diese Gefahr steigt durch die Zunahme von Kenntnissen über körperliche und genetische Prädispositionen weiter an. Dies gilt in besonderem Maße im Falle der Zusammenführung großer Datenmengen, wie sie bei Biobanken möglich ist[354].

Allerdings führt bei genauer Betrachtung nicht die Tätigkeit einer Biobank oder die Forschung mit Körpersubstanzen zu einer Benachteiligung, auch nicht das Wissen, dass eine bestimmte Person (oder Gruppe) eine bestimmte körperliche bzw. genetische Prädisposition besitzt, sondern erst die Anwendung dieses Wissens, also beispielsweise der Ausschluss von einer Krankenversicherung aufgrund dieses Wissens. Dies lässt sich der Tätigkeit einer Biobank in der Regel nicht zurechnen. Außerdem ist bei genauerem Hinsehen nicht die Analyse der Körpersubstanzen bzw. Daten in der Biobank die Diskriminierung des Substanzspenders, sondern lediglich die Weitergabe der Analyseergebnisse in personenbezogener Form. Hiergegen schützt aber bereits das Recht auf informationelle Selbstbestimmung.

Aus diesen Grund ist eine relevante Beeinträchtigung des allgemeinen Gleichheitssatzes aus Art. 3 Abs. 1 GG oder des besonderen Gleichheitssatzes aus Art. 3 Abs. 3 GG durch die Tätigkeit einer Biobank abzulehnen[355].

II. Gefahr einer genetischen Stigmatisierung

Der allgemeine Gleichheitssatz könnte zum anderen auch durch die Gefahr einer genetischen Stigmatisierung des Substanzspenders beeinträch-

[353] Näher zu dieser Problematik TAUPITZ, Genetische Diagnostik und Versicherungsrecht, S. 20 ff.; TAUPITZ, RPG 2002, 43 (43 ff.).

[354] NATIONALER ETHIKRAT, Biobanken, S. 78.

[355] In diese Richtung NATIONALER ETHIKRAT, Biobanken, S. 78 f.; anders aber wohl MORR, Biobanken, S. 61 f.

tigt sein. Denn durch die Forschung an Körpersubstanzen kann sich unter anderem ergeben, dass Angehörige bestimmter ethnischer Gruppen eine erhöhte Wahrscheinlichkeit haben, von bestimmten Krankheiten betroffen zu sein (z. B. Sichelzellanämie bei Afrikanern). Das kann dazu führen, dass die Betroffenen in den Augen ihrer Umwelt »klassifiziert« oder »gezeichnet« werden[356].

Aber auch diese potenzielle Gefahr kann nicht zu einer relevanten Grundrechtsbeeinträchtigung des Substanzspenders führen. Denn in der Stigmatisierung kommt eine Überwertung genetischer Faktoren zum Ausdruck, die dem Gewicht sonstiger Bedingungen menschlichen Lebens (z. B. Erziehung, Erfahrung, Umwelt) nicht gerecht wird[357]. Der Mensch ist eben weit mehr als nur das Produkt seiner Gene. Eine Korrektur dieser Überbewertung lässt sich nicht durch eine Regulierung der Forschung oder Biobanken erreichen, sondern nur durch Aufklärung. Die Aussprache von Wahrheit kann jedenfalls nie stigmatisierend sein. Die Beeinträchtigung des Substanzspenders resultiert daher nicht aus der Tätigkeit einer Biobank, sondern allein aus dem Unwissen über die Bedeutung genetischer Faktoren.

III. Ergebnis

Somit beeinträchtigt die Weiterverwendung von Körpersubstanzen und Daten in einer Biobank weder den allgemeinen Gleichheitssatz aus Art. 3 Abs. 1 GG noch den speziellen Gleichheitssatz aus Art. 3 Abs. 3 GG.

---

[356] NATIONALER ETHIKRAT, Biobanken, S. 79.
[357] Siehe NATIONALER ETHIKRAT, Biobanken, S. 80.

G. Protegierende Grundrechte der Substanzspender

Die Grundrechte des Substanzspenders errichten nicht nur *Grenzen* bzw. *Begründungslasten* für die Tätigkeit von Biobanken. Vielmehr können sie zum Teil auch eine *Legitimation* für die Weiterverwendung von Körpersubstanzen sowie Daten darstellen, soweit sie dem Substanzspender nämlich gestatten, sich an der Biobank mit seinen Körpersubstanzen und personenbezogenen Daten zu beteiligen.

Zu diesen, aus dem Blickwinkel einer Biobank sozusagen »befreienden« Grundrechten des Substanzspenders, zählt zum einen die **Eigentumsgarantie** aus Art. 14 Abs. 1 GG. Danach kann der Substanzspender über sein Eigentum an den Körpersubstanzen frei verfügen, es also auch auf Biobanken zu übertragen, sofern er noch Eigentümer der Körpersubstanzen ist. Wenn ihm das verwehrt oder erschwert wird, dann liegt ein Eingriff in sein Grundrecht auf Eigentumsgarantie vor. Dieser Eingriff könnte nur durch kollidierendes Verfassungsrecht oder eine gesetzliche Bestimmung gerechtfertigt werden.

Zum anderen zählt zu den »befreienden« Grundrechten des Substanzspenders das Recht auf freie Entfaltung der Persönlichkeit aus Art. 2 Abs. 1 GG, dessen Schutzbereich sowohl die allgemeine Handlungsfreiheit als auch das allgemeine Persönlichkeitsrecht umfasst. Hinsichtlich der Beteiligung an einer Biobank kommt aber nur die **allgemeine Handlungsfreiheit** in Betracht, weil der Substanzspender aktiv tätig werden will und nicht nur – passiv – Beeinträchtigungen in seine private Lebensgestaltung abwehren will. Insoweit täuscht die Bezeichnung einzelner Ausprägungen des allgemeinen Persönlichkeitsrechts (z. B. Recht auf informationelle »*Selbstbestimmung*«). Es handelt sich bei dem allgemeinen Persönlichkeitsrecht nur um ein Abwehrrecht gegen Beeinträchtigungen der engeren persönlichen Lebenssphäre[358]. Ein Recht auf öffentliche Selbstverwirklichung gewährt es hingegen nicht, dazu dienen andere Freiheitsrechte, insbesondere die allgemeine Handlungsfreiheit. Die allgemeine Handlungsfreiheit wird aber hinsichtlich der Weitergabe der *Körpersubstanzen* zum Teil von der Eigentumsgarantie aus Art. 14 Abs. 1 GG verdrängt, sofern der Substanzspender Eigentümer der Körpersubstanzen ist. Unabhängig von dieser Frage bleibt sie jedoch anwendbar hinsichtlich der Weitergabe der *personenbezogenen Daten*, weil dafür die Eigentumsgarantie nicht anwendbar ist[359].

H. Fazit

Bei der Tätigkeit einer Biobank ist eine Verletzung der **Menschenwürdegarantie** aus Art. 1 Abs. 1 GG zwar grundsätzlich möglich, dies wird aber nur in Ausnahmefällen und dann nur wegen des Hinzutretens besonderer Umstände angenommen werden können. Bei der Weiterverwendung der Körpersubstanzen und Daten ist vor allem das **allgemeine Persönlichkeitsrecht** des Substanzspenders aus Art. 2 Abs. 1 i. V. m. Art. 1 Abs. 1 GG betroffen. Dieses schützt den Substanzspender zum einen davor, dass seine personenbezogene Daten weiterverwendet werden (Recht auf informationelle Selbstbestimmung). Es schützt außerdem davor, dass der Biobankbetreiber Informationen über den Gesundheitszustand oder die genetische Veranlagung des Substanzspenders erlangt und den Substanzspender gegen dessen Willen darüber informieren will (Recht auf Nichtwissen). Schließlich schützt das allgemeine Persönlichkeitsrecht auch vor der Verletzung der geistigen Nähebeziehung des Substanzspenders zu seinen Körpersubstanzen (Recht auf bio-materielle Selbstbestimmung). Neben dem allgemeinen Persönlichkeitsrecht kann bei der Weiterverwendung

358 BVerfGE 54, 148 (153) »Eppler-Beschluss«; 72, 155 (170); 96, 56 (61).

359 Siehe dazu schon oben bei der Eigentumsgarantie des Biobankbetreibers unter § 2. C. III. ab Seite 50.

der Körpersubstanzen und Daten auch die **Freiheit der Ehe und Familie** aus Art. 6 Abs. 1 GG beeinträchtigt sein, wenn der Biobankbetreiber durch ungewollte Information des Substanzspenders Einfluss auf sein Ehe- und Familienleben nimmt. Um den Willen des Substanzspenders hinsichtlich seiner Inkenntnissetzung festzustellen, sind auch hier – ähnlich wie bei dem Recht auf Nichtwissen – ein behutsames Eingehen auf den Substanzspender und eine Prognose erforderlich, wie er, sein Eheparter oder seine Familie die Informationen aufnehmen würden. Schließlich kann die Weiterverwendung der Körpersubstanzen auch die **Eigentumsgarantie** des Substanzspenders aus Art. 14 Abs. 1 GG beeinträchtigen, wenn der Substanzspender – ausnahmsweise – noch Eigentümer der Körpersubstanzen ist.

Die Grundrechte des Substanzspenders können darüber hinaus auch eine Legitimation für die Weiterverwendung von Körpersubstanzen sowie Daten darstellen, soweit sie dem Substanzspender gestatten, sich an der Biobank mit seinen Körpersubstanzen und personenbezogenen Daten zu beteiligen. Zu diesen »**befreienden**« Grundrechten des Substanzspenders zählen die Eigentumsgarantie aus Art. 14 Abs. 1 GG (hinsichtlich der Weiterverwendung der Körpersubstanzen, die noch im Eigentum des Substanzspenders stehen) sowie die allgemeine Handlungsfreiheit aus Art. 2 Abs. 1 GG (hinsichtlich der Weiterverwendung der personenbezogenen Daten).

§ 4. Grundrechte Dritter

Die Weiterverwendung der Körpersubstanzen und Daten in einer Biobank kann aber nicht nur die Grundrechte des Biobankbetreibers und des Substanzspenders berühren, sondern auch die Grundrechte Dritter. Dazu zählen in erster Linie Forscher, die aufbereitete Körpersubstanzen und Daten für ihre Tätigkeit benötigen. Davon erfasst sind aber auch die Verwandten des Substanzspenders sowie Patienten, deren Krankheiten oder Leiden durch die Forschung geheilt, gelindert oder verhindert werden sollen.

A. Mittelbare Betroffenheit als relevante Grundrechtsbeeinträchtigung

Allerdings hat eine auf Biobanken bezogene Beschränkung der Weiterverwendung von Körpersubstanzen und Daten zunächst nur Auswirkungen auf die Biobank bzw. die Tätigkeit einer Biobank nur direkte Auswirkungen auf den Substanzspender. Aus diesem Blickwinkel erscheint es zweifelhaft, dass dabei die Grundrechte anderer Grundrechtsträger betroffen sind. Freilich kann sich die Beschränkung bzw. Tätigkeit einer Biobank mittelbar bzw. faktisch auf andere Grundrechtsträger auswirken, nämlich weil die Forscher eventuell keine entsprechenden Körpersubstanzen zur Verfügung haben und mangels Forschungsmöglichkeit eventuell keine Krankheiten geheilt werden können. Das wiederum spricht dafür, bei einer Beschränkung der Tätigkeit einer Biobank auch die Grundrechte der

Patienten und Forscher mit zu berücksichtigen. Ebenso kann die Tätigkeit einer Biobank auch weitere Grundrechte als die des Substanzspenders beeinträchtigen, in dem beispielsweise auch den Verwandten des Substanzspenders die Kenntnis über eine bestimmte genetische Krankheit aufgedrängt wird. Das führt zu der Frage, ob eine bloß faktische bzw. mittelbare Betroffenheit ausreicht, um eine rechtfertigungsbedürftige Grundrechtsbeeinträchtigung anzunehmen.

Zwar besteht in Literatur und Rechtsprechung Einigkeit, dass der Grundrechtsschutz auch Fälle faktischer und mittelbarer Betroffenheit erfassen *kann*[360], aber in diesen Fällen ist die Grenze zwischen einer (rechtfertigungsbedürftigen) Grundrechtsbeeinträchtigung und einer (irrelevanten) Belästigung – im Gegensatz zu Fällen eines sog. »klassischen«[361] Grundrechtseingriffs – besonders schwierig zu ziehen. Aus diesem Grund verwundert es nicht, dass über die Kriterien in Rechtsprechung und Literatur in hohem Maße Konfusion herrscht. Übereinstimmung besteht nur darin, dass ein ausreichend enger und zurechenbarer Zusammenhang zwischen der Maßnahme und der Belastung für den Grundrechtsträger vorhanden sein muss, die Maßnahme also ursächlich und zurechenbar zur Grundrechtsbeeinträchtigung geführt haben muss[362].

Bei einer bloßen Kausalitätsprüfung besteht jedoch das Problem, dass staatliches Handeln dann in einem viel größeren Umfang grundrechtseingreifend wäre und eine solche Ausdehnung der Grundrechtsbindung

---

360 Siehe z. B. BVerfGE 6, 273 (278); 105, 252 (273) »Glykol«; 105, 279 (303) »Osho«; BVerwGE 90, 112 (120); SACHS in: SACHS, Grundgesetz, Vor Art. 1 Rn. 83; DREIER in: DREIER, GG, Vorb. vor Art. 1 Rn. 125; LÜBBE-WOLFF, Die Grundrechte als Eingriffsabwehrrechte, S. 69 ff.

361 Zum Begriff siehe BVerwGE 90, 112 (121); BVerfGE 79, 174 (201); SACHS in: STERN, Staatsrecht III/1, S. 82 ff.; LÜBBE-WOLFF, Die Grundrechte als Eingriffsabwehrrechte, S. 42 ff.; ROTH, Faktische Eingriffe, S. 7 ff.; CREMER, Freiheitsgrundrechte, S. 147 ff.; DI FABIO, JZ 1993, 689 (694); BETHGE, VVDStRL 57 [1998], 7 (38); WEBER-DÜRLER, VVDStRL 57 [1998], 57 (60 ff. und 74); SACHS, JuS 1995, 303 (303 f.).

362 Siehe z. B. BVerfGE 66, 39 (60 ff.); DREIER in: DREIER, GG, Vorb. vor Art. 1 Rn. 127; SACHS in: STERN, Staatsrecht III/1, S. 128 f.; ROTH, Faktische Eingriffe, S. 129 ff.; DI FABIO, JZ 1993, 689 (695 ff.).

staatliches Handeln unkalkulierbar machen und lähmen könnte. Deshalb wird die Prüfung einer rechtfertigungsbedürftigen Grundrechtsbeeinträchtigung durch restriktive Anforderungen oftmals weiter eingeschränkt[363]. So wird teilweise verlangt, dass die Beeinträchtigung objektiv vorhersehbar sein muss[364] oder dass die Maßnahme das betreffende Grundrecht mehr als nur unerheblich belastet[365]. Ebenso wird danach entschieden, ob die Beeinträchtigung final erfolgte, also von demjenigen, der die Maßnahme vorgenommen hatte, gewollt oder zumindest in Kauf genommen wurde[366].

Es leuchtet jedoch nicht ein, warum sich der betroffene Grundrechtsträger nicht auch gegen unbeabsichtigte und unvorhergesehene Grundrechtsbeeinträchtigungen wehren können soll, denn diese Maßnahmen schränken seine Rechte doch ebenfalls ein. Den restriktiven Ansätzen kann daher nicht gefolgt werden[367]. Sie widersprechen zum einen der Rechtswegsgarantie des Art. 19 Abs. 4 GG, wonach der Rechtsweg eröffnet ist, »wenn jemand durch die öffentliche Gewalt in seinen Rechten verletzt« wird. Es muss demnach ausreichen, dass die Beeinträchtigung der öffentlichen Ge-

363 Einen umfassenden Überblick über die vertretenen Restriktionsansätze gibt ROTH, Faktische Eingriffe, S. 34 ff.

364 CREMER, Freiheitsgrundrechte, S. 159 ff. m. w. N.; WEBER-DÜRLER, VVDStRL 57 [1998], 57 (90 f.). Dagegen aber z. B. SACHS in: STERN, Staatsrecht III/1, S. 181; ROTH, Faktische Eingriffe, S. 141 ff., und DISCHER, JuS 1993, 463 (465).

365 Für ein Abstellen auf die »Intensität« der Grundrechtsbeeinträchtigung: BVerwGE 71, 183 (191); 87, 37 (43 f.); 90, 112 (121); STARCK in: VON MANGOLDT/KLEIN/STARCK, GG, Art. 1 Rn. 265 sowie Art. 2 Rn. 20; JARASS in: JARASS/PIEROTH, GG, Vorb. vor Art. 1 Rn. 27; DI FABIO, JZ 1993, 689 (695); STERN in: STERN, Staatsrecht IV/1, S. 926. Wohl auch HERDEGEN in: MAUNZ/DÜRIG, GG, Art. 1 Abs. 3 Rn. 39. Kritisch dazu aber SACHS in: STERN, Staatsrecht III/1, S. 157 f.; SCHULTE, Schlichtes Verwaltungshandeln, S. 91 f.; ROTH, Faktische Eingriffe, S. 267 ff.; CREMER, Freiheitsgrundrechte, S. 155 f.; WEBER-DÜRLER, VVDStRL 57 [1998], 57 (87) und DISCHER, JuS 1993, 463 (466).

366 BVerwGE 71, 183 (194); 90, 112 (120); WEBER-DÜRLER, VVDStRL 57 [1998], 57 (88 ff.); DI FABIO, JZ 1993, 689 (695); DI FABIO, JuS 1997, 1 (2); DISCHER, JuS 1993, 463 (465). Kritisch dazu BGHZ 37, 44 (47); SACHS in: STERN, Staatsrecht III/1, S. 140 ff. sowie S. 179 ff.; ROTH, Faktische Eingriffe, S. 39; CREMER, Freiheitsgrundrechte, S. 153 und 155; LÜBBE-WOLFF, NJW 1987, 2705 (2710); SACHS, JuS 1995, 303 (304 f.).

367 Siehe dazu ausführlich SACHS in: STERN, Staatsrecht III/1, S. 164 ff., 174 ff. sowie ROTH, Faktische Eingriffe, S. 225 ff. Ebenso SACHS in: SACHS, Grundgesetz, Vor Art. 1 Rn. 83 ff.; SACHS, JuS 1995, 303 (305 ff.).

walt zugerechnet werden kann. Für eine restriktive Handhabung besteht zum anderen auch kein Bedürfnis, weil eine Ausdehnung der Grundrechtsbindung keineswegs dazu führt, dass staatliches Handeln unkalkulierbar und gelähmt wird, sondern nur dazu, dass staatliches Handeln von einer hinreichenden Rechtfertigung getragen sein muss. Dafür spricht auch ein Vergleich mit den Beseitigungs- und Unterlassungsansprüchen im Zivilrecht (insbesondere § 1004 BGB), deren Fragestellung der bei den Grundrechtsbeeinträchtigungen entspricht[368]. Denn auch für diese Ansprüche kommt es nur darauf an, dass ein ursächliches und zurechenbares Verhalten des Störers vorliegt, ohne dass privates Handeln dadurch empfindlich gelähmt wäre.

Eine Beschränkung der Tätigkeit einer Biobank kann demnach zu einer rechtfertigungsbedürftigen Grundrechtsbeeinträchtigung von Forschern und Patienten führen. Voraussetzung ist aber, dass ein ursächlicher und zurechenbarer Zusammenhang zwischen der Beschränkung der Biobank und der Belastung für den Grundrechtsträger besteht. Das bedeutet selbstverständlich nicht, dass eine bloße Verursachung der Belastung ausreicht, sondern es werden nur *zurechenbare* Verursachungsbeiträge erfasst. Das ist nur dann der Fall, wenn sich das für das Grundrecht geschaffene Risiko im fraglichen Erfolg (Grundrechtsbeeinträchtigung) verwirklicht hat[369] und der Erfolg zudem Ausdruck derjenigen Gefahr ist, gegen die das betreffende Grundrecht Schutz bieten will[370]. Unerheblich ist hingegen, ob die Grundrechtsbeeinträchtigung – entsprechend der Adäquanztheorie im

[368] Siehe SACHS in: STERN, Staatsrecht III/1, S. 186 und S. 191.

[369] So ROTH, Faktische Eingriffe, S. 129 ff.

[370] Siehe zur Einschränkung auf den Schutzzweck des jeweiligen Grundrechts: BVerwGE 71, 183 (192); JARASS in: JARASS/PIEROTH, GG, Vorb. vor Art. 1 Rn. 27; ROTH, Faktische Eingriffe, S. 154 ff.; SCHULTE, Schlichtes Verwaltungshandeln, S. 96 f.; LÜBBE-WOLFF, NJW 1987, 2705 (2711); DISCHER, JuS 1993, 463 (466). Kritisch dazu SACHS in: SACHS, Grundgesetz, Vor Art. 1 Rn. 84; SACHS in: STERN, Staatsrecht III/1, S. 155 f., siehe aber auch S. 175 ff.; SACHS, JuS 1995, 303 (305), sowie CREMER, Freiheitsgrundrechte, S. 158, und DI FABIO, JZ 1993, 689 (696 f.).
Richtig betrachtet ist dieser Gesichtspunkt keine Frage des »Eingriffs« bzw. der »Beeinträchtigung«, sondern eine Frage der teleologischen Auslegung des Schutzbereichs der Grundrechte, also eine Frage, ob überhaupt das Grundrecht betroffen ist.

Zivilrecht – nur eine ganz ungewöhnliche und fernliegende Reaktion darstellt[371], denn sonst stellt man den »Pechvogel«, den eine unwahrscheinliche Beeinträchtigung dann doch trifft, abwehrrechtlich schutzlos[372].

B. Konsequenzen für Forscher

Aus diesen allgemeinen Ausführungen ergibt sich zum einen, dass neben den Grundrechten der Biobankbetreiber auch die Grundrechte derjenigen **Forscher** zu beachten sind, die für ihre Forschungsvorhaben auf die Tätigkeit einer Biobank angewiesen sind. Denn durch die Beschränkung der Tätigkeit einer Biobank wird ein Risiko für die Grundrechte der Forscher geschaffen, das sich aufgrund der genannten Abhängigkeit ursächlich und in zurechenbarer Weise auf die Grundrechte der Forscher auswirkt. Diese Beeinträchtigung der Grundrechte der Forscher ist letztlich vergleichbar einer direkten Regulierung der jeweiligen Forschungsvorhaben. Es bleibt jedoch noch zu prüfen, ob der Schutzzweck des jeweiligen Grundrechts des Forschers einen Schutz vor dieser mittelbaren bzw. faktischen Beeinträchtigung erfordert.

I. Wissenschaftsfreiheit nach Art. 5 Abs. 3 GG

Eine Beschränkung der Weiterverwendung von Körpersubstanzen und Daten in Biobanken führt in der Regel zu einer Beeinträchtigung der Wissenschaftsfreiheit der Forscher aus Art. 5 Abs. 3 S. 1 GG, weil dadurch die Forscher ihre Forschungsvorhaben nicht oder zumindest nicht wie geplant durchführen können[373]. Dabei ist es irrelevant, auf welche Art und Weise

[371] So aber SACHS in: STERN, Staatsrecht III/1, S. 191 m. w. N.; SACHS in: SACHS, Grundgesetz, Vor Art. 1 Rn. 90; SACHS, JuS 1995, 303 (306).

[372] Gegen die Übertragung der Adäquanztheorie auch ROTH, Faktische Eingriffe, S. 151 ff.

[373] Siehe zur Wissenschaftsfreiheit bereits ausführlich unter § 2. B. ab Seite 12.

die Beeinträchtigung erfolgt, denn die Wissenschaftsfreiheit gibt ein Recht auf Abwehr »jeder staatlichen Einwirkung auf den Prozess der Gewinnung und Vermittlung wissenschaftlicher Erkenntnisse«[374].

Demzufolge ist bei der Weiterverwendung der Körpersubstanzen und Daten in Biobanken auch die Wissenschaftsfreiheit der Forscher aus Art. 5 Abs. 3 GG zu beachten. Diese schützt die Forscher in der denkbar intensivsten Weise gegen Beschränkungen, denn durch Art. 5 Abs. 3 GG wird die Wissenschaftsfreiheit vorbehaltlos gewährleistet, darf also nur durch kollidierendes Verfassungsrecht beschränkt werden. Nicht vom Schutz der Wissenschaftsfreiheit erfasst sind lediglich die mit der Forschungstätigkeit – eventuell – verbundenen Verdienstmöglichkeiten[375].

II. Berufsfreiheit nach Art. 12 Abs. 1 GG

Außerdem könnte die Beschränkung der Weiterverwendung von Körpersubstanzen und Daten die Berufsfreiheit der Forscher aus Art. 12 Abs. 1 GG verletzen.

Wie im Rahmen der Erörterungen zur Berufsfreiheit der Biobankbetreiber bereits ausgeführt, ist unter Beruf im Sinne des Art. 12 Abs. 1 GG jede auf Dauer angelegte Tätigkeit zu verstehen, die der Schaffung und Aufrechterhaltung einer Lebensgrundlage dient[376]. Auch Wissenschaft kann

[374] Siehe BVerfGE 15, 256 (263 f.); 35, 79 (112) »Hochschul-Urteil«; 43, 242 (267); 47, 327 (367); 51, 369 (378); 88, 129 (136); 90, 1 (12); 97, 193 (209); 111, 333 (353). Ebenso die Literatur: OPPERMANN in: ISENSEE/KIRCHHOF, HbdStR VI, § 145 Rn. 34; PIEROTH/SCHLINK, Grundrechte, Rn. 623; JARASS in: JARASS/PIEROTH, GG, Art. 5 Rn. 126; PERNICE in: DREIER, GG, Art. 5 III (Wissenschaft) Rn. 34; SCHOLZ in: MAUNZ/DÜRIG, GG, Art. 5 Abs. III Rn. 119; FEHLING in: BONNER KOMMENTAR, GG, Art. 5 Abs. 3 (Wissenschaftsfreiheit) Rn. 108.

[375] Siehe dazu die Ausführungen zur Wissenschaftsfreiheit der Biobankbetreiber unter § 2. B. I. 1. f) auf Seite 20.

[376] Siehe oben unter § 2. D. auf Seite 54.

daher ein Beruf sein[377] und der Forscher sich somit auf die Berufsfreiheit berufen.

Fraglich ist aber, ob der Schutzzweck der Berufsfreiheit auch einen Schutz gegen faktische bzw. mittelbare Beeinträchtigungen gewährt. Das wird von einer Ansicht in der Literatur bejaht und vor allem damit begründet, dass sonst die Abwehrwirkung des Art. 12 Abs. 1 GG geschwächt würde[378]. Diese Ansicht würde allerdings dazu führen, dass fast jede belastende Regelung eine Beeinträchtigung der Berufsfreiheit darstellen würde, weil berufliche Aktivitäten weit verbreitet sind und beinahe jede Handlung als berufliche Aktivität angesehen werden kann. Das würde jedoch dem spezifischen Gewährleistungsinhalt der Berufsfreiheit nicht gerecht und der Schutz durch die Berufsfreiheit letztlich aufgeweicht. Deshalb ist mit der Rechtsprechung und herrschenden Ansicht in der Literatur zu verlangen, dass der fraglichen Beeinträchtigung subjektiv oder objektiv eine **berufsregelnde Tendenz** innewohnt[379]. Diese liegt nur dann vor, wenn die beeinträchtigende Maßnahme entweder gerade auf eine Berufsregelung zielt oder nach Entstehungsgeschichte und Inhalt im Schwerpunkt Tätigkeiten betrifft, die typischerweise beruflich ausgeübt werden[380]. Nur vor diesen Beeinträchtigungen schützt die Berufsfreiheit.

Eine Beschränkung der Weiterverwendung von Körpersubstanzen und Da-

377 SCHOLZ in: MAUNZ/DÜRIG, GG, Art. 12 Rn. 182; SCHMIDT, NJW 1973, 585 (586); TAUPITZ, Biomedizinische Forschung, S. 30; MORR, Biobanken, S. 66; BREWE, Embryonenschutz, S. 67.

378 MANSSEN in: VON MANGOLDT/KLEIN/STARCK, GG, Art. 12 Rn. 74 ff.; BREUER in: ISENSEE/KIRCHHOF, HbdStR VI, § 148 Rn. 30 ff.; WOLF, Staatliche Steuerung der Biotechnologie, S. 120.

379 Siehe BVerfGE 13, 181 (185 f.); 37, 1 (17); 38, 61 (79); 47, 1 (21); 49, 24 (47); 52, 42 (54); 81, 108 (121 f.); 82, 209 (223 f.); 95, 267 (302); 97, 228 (254); 98, 218 (258 f.); 110, 274 (288); 111, 191 (213); BVerwGE 87, 37 (43 f.); BVerwG NJW 1996, 3161 (3161); TETTINGER in: SACHS, Grundgesetz, Art. 12 Rn. 73; WIELAND in: DREIER, GG, Art. 12 Rn. 85; GUBELT in: VON MÜNCH/KUNIG, GG, Art. 12 Rn. 43; JARASS in: JARASS/PIEROTH, GG, Art. 12 Rn. 13a; PIEROTH/SCHLINK, Grundrechte, Rn. 823.

380 Siehe BVerfGE 13, 181 (185 f.); 47, 1 (21); 97, 228 (254); BVerwGE 87, 37 (43 f.); BVerwG NJW 1996, 3161 (3161); TETTINGER in: SACHS, Grundgesetz, Art. 12 Rn. 73; JARASS in: JARASS/PIEROTH, GG, Art. 12 Rn. 12; PIEROTH/SCHLINK, Grundrechte, Rn. 823.

ten in Biobanken bezweckt zunächst nur eine Berufsregelung der Biobankbetreiber, wirkt sich aber auch auf Forscher aus. Diese Auswirkung ist jedoch nur eine Folge der Abhängigkeit der Forscher von den Tätigkeiten einer Biobank. Hierbei kann nicht angenommen werden, dass aufgrund dieser Abhängigkeit stets auch eine Berufsregelung für Forscher bezweckt ist. Denn dabei würde übersehen, dass sich nicht jede Beschränkung der Tätigkeit einer Biobank auch auf Forscher auswirkt, sondern in einigen Fällen wird die Beschränkung allein den Biobankbetreiber treffen. Außerdem wird die Beschränkung in der Regel die Weiterverwendung der Körpersubstanzen und Daten ohne Rücksicht darauf erfassen, ob die Forschung bzw. Weiterverwendung berufsmäßig durchgeführt wird. Es fehlt also der Beschränkung der Weiterverwendung der Körpersubstanzen und Daten, zumindest hinsichtlich der Forscher, an einer subjektiv berufsregelnden Tendenz. Aber auch eine objektiv berufsregelnde Tendenz liegt nicht vor, da die Beschränkung im Schwerpunkt nicht die Berufsfreiheit der Forscher betrifft, sondern deren Wissenschaftsfreiheit. Denn die Berufsfreiheit ist lediglich hinsichtlich der – von der Forschungstätigkeit eventuell erhofften – Verdienstmöglichkeiten anwendbar[381]. Die Beschränkung erfüllt demzufolge nicht die qualifizierten Anforderungen an einen Eingriff in die Berufsfreiheit.

Eine Beschränkung der Weiterverwendung von Körpersubstanzen und Daten kann sich zwar (tatsächlich) auf die Berufsfreiheit der Forscher auswirken, aber mangels einer berufsregelnden Tendenz gewährt die Berufsfreiheit aus Art. 12 Abs. 1 GG dagegen keinen Schutz. Die Berufsfreiheit der Forscher wird folglich durch eine solche Beschränkung nicht verletzt.

[381] Siehe dazu bereits die Ausführungen zur Berufsfreiheit der Biobankbetreiber unter § 2. D. III. ab Seite 57.

III. Allgemeine Handlungsfreiheit nach Art. 2 Abs. 1 GG

Außerdem kann durch eine Beschränkung der Weiterverwendung der Körpersubstanzen und Daten das Recht der Forscher auf freie Entfaltung der Persönlichkeit aus Art. 2 Abs. 1 GG verletzt sein, dessen Schutzbereich sowohl die allgemeine Handlungsfreiheit als auch das allgemeine Persönlichkeitsrecht umfasst[382]. Hinsichtlich der Forscher kommt – ebenso wie bei den Biobankbetreibern – nur eine Verletzung der allgemeinen Handlungsfreiheit in Betracht. Aufgrund ihrer Subsidiarität zur Wissenschaftsfreiheit schützt sie aber nur die mit der Forschung – eventuell – verbundenen Verdienstmöglichkeiten[383], weil in allen anderen Fällen die Wissenschaftsfreiheit der Forscher Anwendung findet.

Fraglich ist allerdings, ob der Schutzzweck der allgemeinen Handlungsfreiheit einen Schutz vor mittelbaren bzw. faktischen Beeinträchtigungen erfordert. Dagegen wird vorgebracht, dass aufgrund des weiten Schutzbereichs der allgemeinen Handlungsfreiheit bei einer Einbeziehung mittelbarer bzw. faktischer Beeinträchtigungen die Gefahr bestünde, dass sie in jedem denkbaren Fall anwendbar wäre und dadurch die Klagebefugnis ins Uferlose wachsen und die Gericht überlasten würde. Deshalb wird häufig angenommen, dass die allgemeine Handlungsfreiheit in der Regel nur gegen »klassische« Eingriffe schütze[384]. Dabei vermischt man jedoch Eingriff und Schranken von Grundrechten. Die Annahme eines Eingriffs in die allgemeine Handlungsfreiheit führt nämlich nicht zu einer Unzulässigkeit der beeinträchtigenden Maßnahme, sondern nur dazu, dass sie von einer hinreichenden Rechtfertigung getragen sein muss. Mittelbare oder faktische Beeinträchtigungen der allgemeinen Handlungsfreiheit werden hierbei in

---

382 Siehe zum Recht auf freie Entfaltung der Persönlichkeit bereits ausführlich unter § 2. E. ab Seite 61.

383 Siehe dazu bereits die entsprechenden Ausführungen zu den Biobankbetreibern unter § 2. E. I. ab Seite 62.

384 Siehe z. B. Di Fabio in: Maunz/Dürig, GG, Art. 2 Rn. 48 f.; Dreier in: Dreier, GG, Art. 2 Abs. 1 Rn. 51; Pieroth/Schlink, Grundrechte, Rn. 380; Volkmann, JZ 2005, 261 (268).

der Regel auch einfach zu rechtfertigen sein, weil sie die allgemeine Handlungsfreiheit wohl selten sehr stark beeinträchtigen. Darüber hinaus ist das Argument der Überlastung der Gerichte im Hinblick auf die Rechtswegsgarantie des Art. 19 Abs. 4 GG ein sehr zweifelhaftes Argument, weil eine Überlastung der Gerichte nicht zu einer Beschränkung des individuellen Rechtsschutzes führen darf. In einem Rechtsstaat muss sich der Betroffene auch gegen Bagatelldelikte wehren können[385]. Deshalb hat ein Staat, der sich als Rechtsstaat versteht, Gerichte personell so auszustatten, dass sie in der Lage sind, tatsächlich Rechtsschutz zu gewähren.

Der Schutzzweck der allgemeinen Handlungsfreiheit erfordert somit auch den Schutz vor mittelbaren bzw. faktischen Beeinträchtigungen. Damit gewährt die allgemeine Handlungsfreiheit Forschern Schutz gegen Beschränkungen der Weiterverwendung von Körpersubstanzen und Daten in Biobanken. Sie führt dazu, dass entsprechende Beschränkungen von einer hinreichenden Rechtfertigung getragen sein müssen.

C. Konsequenzen für Patienten

Anders als bei den Forschern ist die Situation jedoch bei den **Patienten**. Deren Grundrechtsbeeinträchtigung bestünde höchstens darin, dass erforderliche Forschungsvorhaben nicht durchgeführt und dadurch ihre Krankheiten oder Leiden nicht geheilt, gelindert oder verhindert werden könnten. Zwar sind therapeutische Ziele auch verfassungsrechtlich relevant[386]. Allerdings sind sie auch von vielen anderen Umständen abhängig, etwa von den individuellen Fähigkeiten der Forscher oder auch den individuellen physischen Besonderheiten der Patienten. Es lässt sich daher höchstens

[385] Siehe beispielsweise SCHENKE in: BONNER KOMMENTAR, GG, Art. 19 Abs. 4 Rn. 144, und KOPP/SCHENKE, VwGO, Vor § 40 Rn. 52.

[386] IPSEN, JZ 2001, 989 (996); TAUPITZ, Patientenautonomie am Ende des Lebens, S. 389 f.; TAUPITZ, Biomedizinische Forschung, S. 35 sowie ausführlich BREWE, Embryonenschutz, S. 69 ff.

in Ausnahmefällen feststellen, dass eine Beschränkung der Weiterverwendung von Körpersubstanzen bzw. Daten in Biobanken für eine Behinderung der therapeutischen Ziele oder der Heilung von Krankheiten wirklich ursächlich ist. Deshalb werden die Rechtsgüter der Patienten durch eine Beschränkung der Tätigkeit einer Biobank regelmäßig nicht in *grundrechtsrelevanter* Art und Weise beeinträchtigt[387].

Allerdings ergibt sich aus Art. 2 Abs. 2 GG (Recht auf Leben und körperliche Unversehrtheit) nicht nur ein Abwehrrecht des Einzelnen gegen staatliche Beeinträchtigungen, sondern ebenso eine Schutzpflicht des Staates[388]. Aufgrund der genannten Unsicherheit bei der Feststellung einer relevanten Beeinträchtigung der therapeutischen Ziele ist zwar eine *Pflicht* des Staates abzulehnen, die Tätigkeit von Biobanken aktiv zu unterstützen. Dem Gesetzgeber ist jedoch ein Schutz*recht* zuzusprechen. Er kann demnach die therapeutische Ziele zumindest als verfassungsrechtliches Schutzgut heranziehen, um eine Einschränkung der Grundrechte des *Substanzspenders* zu legitimieren, also zur Begründung für eine *Erlaubnis* der Weiterverwendung von Körpersubstanzen und Daten in Biobanken.

D. Konsequenzen für Verwandte

Ebenso wie bei den Patienten ist auch bei den **Verwandten** des Substanzspenders eine relevante Grundrechtsbeeinträchtigung abzulehnen. Zwar können genetische Analysen an Körpersubstanzen neben Informationen über den Substanzspender auch Informationen über Verwandte erzeugen, die diese eventuell nicht haben wollen oder die sie möglicherweise nicht

[387] Siehe auch BREWE, Embryonenschutz, S. 72 zu Beschränkungen der Stammzellforschung.
[388] Siehe z. B. BVerfGE 39, 1 (42); 56, 54 (78); BVerfG NJW 2006, 751 (757) »Luftsicherheitsgesetz«; STARCK in: VON MANGOLDT/KLEIN/STARCK, GG, Art. 2 Rn. 229 ff.; STERN in: STERN, Staatsrecht III/1, S. 940 ff.; BREWE, Embryonenschutz, S. 73 ff.

von sich aus preisgeben würden[389]. Doch dieses Risiko, das eigene Nichtwissen zu verlieren, besteht auch in vielen anderen Fällen, beispielsweise bei Untersuchungen im Rahmen der Krebsvorsorge. Derartige Gefahren bewegen sich im Rahmen des allgemeinen Lebensrisikos, gegen das die Grundrechte keinen Schutz bieten können. Es fehlt mithin an der Zurechenbarkeit der Grundrechtsbeeinträchtigung zur Tätigkeit einer Biobank. Dessen ungeachtet kann der Gesetzgeber das Recht auf Nichtwissen der Verwandten als verfassungsrechtliches Schutzgut heranziehen und somit als Grund für eine Einschränkung der Weiterverwendung der Körpersubstanzen und Daten anführen.

E. Fazit

Die Beschränkung der Weiterverwendung von Körpersubstanzen und Daten in Biobanken tangiert – neben den Grundrechten der Biobankbetreiber – auch die Grundrechte derjenigen Forscher, die für ihre Forschungsvorhaben auf die Tätigkeit einer Biobank angewiesen sind. Betroffen ist in erster Linie deren Wissenschaftsfreiheit aus Art. 5 Abs. 3 GG, aber hinsichtlich der mit der Forschung – eventuell – verbundenen Verdienstmöglichkeiten auch deren allgemeine Handlungsfreiheit aus Art. 2 Abs. 1 GG.

Hingegen sind die Grundrechte der Patienten, deren Krankheiten oder Leiden durch die Forschung geheilt, gelindert oder verhindert werden sollen, regelmäßig nicht oder zumindest nicht in grundrechtsrelevanter Art und Weise betroffen; ebensowenig wie die Grundrechte der Verwandten des Substanzspenders. Der Gesetzgeber darf jedoch den Schutz der Patienten zur Verstärkung der Grundrechte der Biobankbetreiber und Forscher bzw. den Schutz der Verwandten zur Verstärkung der Grundrechte der Substanzspender heranziehen.

---

[389] Siehe zu diesem Problem bereits ZENTRALE ETHIKKOMMISSION, Körpermaterialien, S. 11; NATIONALER ETHIKRAT, Biobanken, S. 80.

§ 5. Grundrechtliche Besonderheiten bei toten Substanzspendern

Abschließend bleibt noch zu prüfen, welche verfassungsrechtlichen Besonderheiten bestehen, wenn der Substanzspender entweder im Zeitpunkt der Substanzentnahme bereits tot war oder mittlerweile gestorben ist.

Diese Frage hat für Biobanken vor allem aus zweierlei Gründen eine große Bedeutung. Zum einen wird in pathologischen Instituten eine Vielzahl an Körpersubstanzen gelagert, die im Rahmen einer Obduktion entnommen wurden und die sich vorzüglich für die Aufbewahrung in Biobanken eignen. Gerade derartige Sammlungen haben für die Forschung und damit gleichzeitig für die Aufbewahrung in Biobanken einen großen Wert, da sie oft schon vor sehr langer Zeit angelegt wurden und dadurch Aussagen über genetische Entwicklungen möglich machen. Aber auch für Biobanken, in denen keine bei Obduktionen entnommenen Körpersubstanzen aufbewahrt werden, ist diese Frage sehr wichtig. Denn der Biobankbetreiber wird nur in sehr wenigen Fällen genau wissen, ob der Substanzspender zum Zeitpunkt der Aufbewahrung oder Weiterverwendung der Körpersubstanzen und Daten noch lebt. Aus diesen Gründen ist es für die Beurteilung der Tätigkeit einer Biobank außerordentlich wichtig zu wissen, ob und welche Besonderheiten bei toten Substanzspendern bestehen.

A. Fortwirkende Grundrechte des Substanzspenders

Hierbei ist vor allem interessant, ob die Grundrechte lebender Substanzspender in gleicher Weise für tote Substanzspender gelten. Als Ausgangspunkt lässt sich hierbei festhalten, dass der Tod nicht nur menschlich, sondern auch rechtlich zu einschneidenden Veränderungen führt, weil ganz einfach keine handlungsfähige Person mehr existiert. Deshalb stellt sich die Frage, ob vom Biobankbetreiber nun gar keine Grundrechte mehr zu beachten sind. Zur Beantwortung dieser Frage ist jedes Grundrecht einzeln darauf zu untersuchen, welche Konsequenzen der Tod für das Grundrecht hat. Entsprechend den Ausführungen zu lebenden Substanzspendern lassen sich die Erörterungen auf die Menschenwürde (I.), das allgemeine Persönlichkeitsrecht (II.), die Freiheit der Ehe und Familie (III.) sowie die Eigentumsgarantie (IV.) begrenzen.

I. Menschenwürde nach Art. 1 Abs. 1 S. 1 GG

Bei toten Substanzspendern kann zunächst die Menschenwürde tangiert sein. Diese kommt nach inzwischen herrschender und richtiger Ansicht auch den Verstorbenen zu, wirkt also über das Ende des Lebens hinaus[390]. Denn es wäre mit dem Gebot der Unverletzlichkeit der Menschenwürde unvereinbar, wenn der Mensch nach seinem Tode herabgewürdigt oder er-

[390] BVerfGE 30, 173 (194) »Mephisto« im Anschluss an BGHZ 50, 133 (137 ff.) »Mephisto«; BVerfG NJW 1994, 783 (783); BVerfG NJW 1994, 783 (784); BVerfG NJW 2001, 594 (594) »Gedenkmünzen von Willy Brandt«; BVerfG NJW 2001, 2957 (2958 f.) »Wilhelm Kaisen«; zuletzt auch BVerfG NJW 2006, 3409 (3409) »Marlene Dietrich«. Siehe zur Literatur z. B. STERN in: STERN, Staatsrecht III/1, S. 1052; DREIER in: DREIER, GG, Art. 1 Abs. 1 Rn. 72 ff.; HERDEGEN in: MAUNZ/DÜRIG, GG, Art. 1 Abs. 1 Rn. 53; KUNIG in: VON MÜNCH/KUNIG, GG, Art. 1 Rn. 15; BASTON-VOGT, Allgemeines Persönlichkeitsrecht, S. 298 ff.; TAG, MedR 1998, 387 (388); WILLE, MedR 2007, 91 (91). Kritisch aber BIZER, Informationelle Selbstbestimmung, S. 276 ff. Ablehnend TRACHTERNACH, Erinnerungsschutz, S. 138 ff.

niedrigt werden dürfte[391]. Die Wahrnehmung dieses Rechts obliegt nicht den Erben, sondern aufgrund des höchstpersönlichen Charakters treuhänderisch den nahen Angehörigen des Verstorbenen[392], es sei denn, dass der Verstorbene zu seinen Lebzeiten eine bestimmte Person mit der Wahrnehmung seines postmortalen Würdeschutzes betrauen hat.

Doch bedeutet das Fortwirken der Menschenwürde keineswegs, dass der Tod keinerlei Auswirkungen auf Art. 1 Abs. 1 GG hat. Denn die Erinnerung an den Verstorbenen verblasst im Laufe der Zeit, und damit nimmt auch das Interesse an der Nichtverfälschung des Lebensbildes ab. Oder wie DREIER metaphorisch formuliert: »Das Bild des Verstorbenen in der Nachwelt verblasst, das Echo wird leiser«[393]. Aus diesem Grund kann der postmortale Würdeschutz nicht ewig währen, sein Schutz nimmt vielmehr immer weiter ab und hört schließlich ganz auf[394]. Bei der Tätigkeit einer Biobank kann folglich eine Verletzung der Menschenwürde des Substanzspenders desto eher ausgeschlossen werden, je länger der Tod des Substanzspenders zurückliegt. Bei der Weiterverwendung der Körpersubstanzen von »Ötzi«[395] wäre also beispielsweise dessen postmortale Menschenwürde nicht mehr zu beachten.

Hinzu kommt, dass die Feststellung einer Verletzung der Menschenwürde auch bei toten Substanzspendern – ebenso wie bei lebenden Substanzspendern – nur im jeweiligen Einzelfall erfolgen kann, weil es nicht möglich ist, den Schutzbereich der Menschenwürde abstrakt zu bestimmen.

---

391 Grundlegend: BVerfGE 30, 173 (194) »Mephisto«.

392 Siehe bereits BGHZ 50, 133 (138 ff.) »Mephisto«; R. MÜLLER, Körpersubstanzen, S. 57 f.; MORR, Biobanken, S. 33; FORKEL, JZ 1974, 593 (599); TAUPITZ, JZ 1992, 1089 (1094).

393 DREIER in: DREIER, GG, Art. 1 Abs. 1 Rn. 75.

394 BVerfGE 30, 173 (194) »Mephisto«, und zuvor bereits BGHZ 50, 133 (140 f.) »Mephisto«; DREIER in: DREIER, GG, Art. 1 Abs. 1 Rn. 75; HERDEGEN in: MAUNZ/DÜRIG, GG, Art. 1 Abs. 1 Rn. 53; DI FABIO in: MAUNZ/DÜRIG, GG, Art. 2 Abs. 1 Rn. 226; KUNIG in: VON MÜNCH/KUNIG, GG, Art. 1 Rn. 15; R. MÜLLER, Körpersubstanzen, S. 58; MORR, Biobanken, S. 33; WORTMANN, Vererblichkeit des Persönlichkeitsrechts, S. 83 f. Kritisch aber BIZER, Informationelle Selbstbestimmung, S. 278, nach dem der abnehmende zeitliche Schutz zu einer unzulässigen Relativierung der Menschenwürde führe.

395 Weltbekannte mumifizierte Leiche eines Vorzeitmenschen, benannt nach dem Fundort in den Ötztaler Alpen. Die Mumie ist etwa 5.300 Jahre alt.

Dabei muss der Anwendungsbereich der Menschenwürdegarantie auch bei toten Substanzspendern auf Bereiche beschränkt bleiben, in denen der absolute Kernbereich menschlicher Existenz in Frage gestellt wird. Eindeutige Beispiele hierfür sind das »Ausschlachten« des menschlichen Leichnams oder die besonders im Mittelalter verbreitete Stigmatisierung des Verstorbenen durch öffentliches Zuschaustellen seines verwesenden Leichnams. Mit diesen Beispielen kann das Weiterverwenden personenbezogener Daten und Körpersubstanzen in Biobanken keinesfalls gleichgestellt werden, insbesondere weil das Aufbewahren der Körpersubstanzen möglicherweise dem Interesse des Verstorbenen an einer Unterstützung der Wissenschaft dient.

Die Verletzung der postmortalen Menschenwürde des verstorbenen Substanzspenders kann folglich bei der Tätigkeit einer Biobank höchstens in Ausnahmefällen und dann nur wegen des Hinzutretens besonderer Umstände angenommen werden.

II. Allgemeines Persönlichkeitsrecht nach Art. 2 Abs. 1 i. V. m. Art. 1 Abs. 1 GG

Fraglich ist, ob nach dem Tod des Substanzspenders noch dessen allgemeines Persönlichkeitsrecht zu beachten ist.

1. Existenz eines postmortalen Persönlichkeitsrechts

Im Gegensatz zur Menschenwürde ist es beim allgemeinen Persönlichkeitsrecht umstritten, ob es nach dem Tod zu beachten bleibt, also ob es ein postmortales allgemeines Persönlichkeitsrecht gibt[396].

396 Strafrechtlich (§ 189 StGB) wie zivilrechtlich ist das postmortale Persönlichkeitsrecht zwar mittlerweile anerkannt. Grundlegend für die Zivilgerichte war BGHZ 50, 133 (136 ff.) »Me-

Das Bundesverfassungsgericht hat das Fortwirken des allgemeinen Persönlichskeitsrechts nach dem Tod des Betroffenen ausdrücklich abgelehnt und damit begründet, dass dieses Grundrecht die Existenz einer handlungsfähigen Person als unabdingbar voraussetze[397]. Der Grundrechtsschutz Verstorbener beschränke sich danach allein auf Art. 1 Abs. 1 GG. Postmortal geschützt sei lediglich »der allgemeine Achtungsanspruch, der dem Menschen kraft seines Personseins zusteht« und »der sittliche, personale und soziale Geltungswert, den die Person durch ihre eigene Lebensleistung erworben hat«[398].

Diese Ansicht ist jedoch abzulehnen[399]. Gegen sie spricht, dass sich die Menschenwürde, die postmortal fortwirkt, auch im allgemeinen Persönlichkeitsrecht manifestiert und neben Art. 2 Abs. 1 GG sogar dessen dogmatische Grundlage ist. Von daher liegt es geradezu nahe, dass das allgemeine Persönlichkeitsrecht nach dem Tod fortwirken kann. Natürlich

phisto«. Allerdings ist damit noch nicht zwangsläufig eine Aussage zum verfassungsrechtlichen postmortalen Persönlichkeitsrecht getroffen, denn vom einfach-rechtlichen Persönlichkeitsschutz werden oft auch Elemente der Menschenwürde erfasst.

397 BVerfGE 30, 173 (194) »Mephisto«; BVerfG NJW 2001, 594 (594) »Gedenkmünzen von Willy Brandt«; BVerfG NJW 2001, 2957 (2959) »Wilhelm Kaisen«; zuletzt auch BVerfG NJW 2006, 3409 (3409) »Marlene Dietrich«; BGHZ 165, 203 (205); BGH NJW 2007, 684 (685) »kinski-klaus.de«.
Dafür auch DI FABIO in: MAUNZ/DÜRIG, GG, Art. 2 Abs. 1 Rn. 226; HILLGRUBER in: UMBACH/CLEMENS, GG, Art. 2 Rn. 237; JARASS in: JARASS/PIEROTH, GG, Art. 2 Rn. 51; DAMMANN in: SIMITIS, BDSG, § 3 Rn. 17; BIZER, Informationelle Selbstbestimmung, S. 276 ff.; MAIER, Der Verkauf von Körperorganen, S. 36; TRACHTERNACH, Erinnerungsschutz, S. 77 ff.; MAND, MedR 2005, 565 (569). Unklar MORR, Biobanken, S. 32 f., die zwar ausführt, dass es keinen Grundrechtsschutz des Verstorbenen aus Art. 2 Abs. 1 i. V. m. Art. 1 Abs. 1 GG gebe, die aber ebenso ausführt, dass das Persönlichkeitsrecht des Verstorbenen nach dem Tod gewisse Folgewirkungen entfaltet.

398 BVerfG NJW 2001, 2957 (2959) »Wilhelm Kaisen«; BVerfG NJW 2006, 3409 (3409) »Marlene Dietrich«.

399 So auch STERN in: STERN, Staatsrecht III/1, S. 1052 f.; STERN in: STERN, Staatsrecht IV/1, S. 50 f.; DREIER in: DREIER, GG, Art. 1 Abs. 1 Rn. 74; HERDEGEN in: MAUNZ/DÜRIG, GG, Art. 1 Abs. 1 Rn. 53; GEDDERT-STEINACHER, Menschenwürde als Verfassungsbegriff, S. 70 ff. sowie BGHZ 15, 249 (259) »Cosima Wagner«; 50, 133 (136 ff.) »Mephisto«. In diese Richtung ebenfalls BGHZ 151, 26 (29 ff.) »Marlene Dietrich II«; HUBMANN, Das Persönlichkeitsrecht, S. 340 ff.; R. MÜLLER, Körpersubstanzen, S. 57 f.; BASTON-VOGT, Allgemeines Persönlichkeitsrecht, S. 300 ff.; HALÀSZ, Bio-materielle Selbstbestimmung, S. 162 ff.; SCHACK, GRUR 1985, 352 (355 f.); TAUPITZ, JZ 1992, 1089 (1094); BENDER, VersR 2001, 815 (817).

gibt es Betätigungen im Rahmen des allgemeinen Persönlichkeitsrechts, die tatsächliche Handlungsfähigkeit verlangen und deshalb nach dem Tod nicht mehr passend sind (z. B. Recht auf Kenntnis der eigenen Abstammung oder Bestimmung der eigenen Fortpflanzung). Aber es gibt ebenso Betätigungen, die keine menschliche Aktivität verlangen. Hierzu zählen insbesondere der Schutz der Ehre, der Schutz der Intimsphäre oder ganz allgemein der Schutz des Lebens- und Charakterbilds eines Menschen[400]. In diesen Fällen sind keine überzeugenden Gründe ersichtlich, die gegen die Annahme eines postmortalen allgemeinen Persönlichkeitsrechts sprechen.

Zudem ist die Rechtsprechung des Bundesverfassungsgerichts aufgrund der Beschränkung auf die postmortale Menschenwürde inkonsequent. Als Beispiel kann ein Beschluss zur Verwendung des Bildes des ehemaligen Bremer Bürgermeisters *Wilhelm Kaisen* im Wahlkampf durch eine rechtsradikale Partei angeführt werden[401]. In der Sache hat das Bundesverfassungsgericht in diesem Beschluss die Meinungsfreiheit politischer Parteien im Wahlkampf zur einschränkenden Auslegung des postmortalen Würdeschutzes herangezogen und damit eine bei Art. 1 Abs. 1 GG eigentlich ausgeschlossene Abwägung vorgenommen[402]. Hinzu tritt, dass das Bundesverfassungsgericht nur durch eine Ausdehnung der Menschenwürdegarantie zur Abwägung gekommen ist. Während nämlich bei lebenden Personen das Recht am eigenen Bild primär dem allgemeinen Persönlichkeitsrecht zugeordnet wird und nur in Ausnahmefällen der Menschenwürde, wendet das Bundesverfassungsgericht diesbezüglich bei verstorbenen Personen auf einmal die Menschenwürdegarantie an, obwohl diese bei lebenden Personen auf Bereiche beschränkt bleibt, in denen der absolute Kernbereich menschlicher Existenz in Frage gestellt wird. Statt auf Art. 1 Abs. 1 GG abzustellen, wäre es dogmatisch richtiger gewesen, das (ein-

---

[400] Siehe STERN in: STERN, Staatsrecht III/1, S. 1053.
[401] BVerfG, Beschluss vom 5. April 2001 – 1 BvR 932/94 = NJW 2001, 2957 ff.
[402] So die Kritik von DREIER in: DREIER, GG, Art. 1 Abs. 1 Rn. 74.

schränkungsfähige) allgemeine Persönlichkeitsrecht heranzuziehen[403].

Aus diesen Gründen ist entgegen der Ansicht des Bundesverfassungsgerichts ein postmortales allgemeines Persönlichkeitsrecht des Substanzspenders im Grundsatz anzuerkennen, dessen Schutz ebenso wie der postmortale Schutz der Menschenwürde im Laufe der Zeit abnimmt. Es kann von den nahen Angehörigen des Verstorbenen treuhänderisch geltend gemacht werden[404]. Der Verstorbene kann aber auch zu seinen Lebzeiten eine bestimmte Person mit der Wahrnehmung seines postmortalen Persönlichkeitsrechts betrauen.

2. Konsequenzen des postmortalen Persönlichkeitsrechts

Welche Konsequenzen hat nun aber die grundsätzliche Anerkennung eines postmortalen allgemeinen Persönlichkeitsrechts des Substanzspenders für die Tätigkeit einer Biobank, insbesondere für die Weiterverwendung der Körpersubstanzen und Daten?

Zur Beantwortung dieser Frage muss man sich zunächst bewusst machen, dass es sich bei dem postmortalen allgemeinen Persönlichkeitsrecht bei genauer Betrachtung nicht um den Schutz des *toten* Substanzspenders handelt, sondern um den Schutz des noch *lebenden* Substanzspenders über seinen Tod hinaus[405]. Denn die freie Entfaltung des Substanzspenders zu

---

403 So auch DREIER in: DREIER, GG, Art. 1 Abs. 1 Rn. 74.

404 BGHZ 50, 133 (140) »Mephisto«; 143, 214 (226 f.) »Marlene Dietrich«; 151, 26 (29) »Marlene Dietrich II«; STERN in: STERN, Staatsrecht III/1, S. 1053; HUBMANN, Das Persönlichkeitsrecht, S. 346 ff.; GEDDERT-STEINACHER, Menschenwürde als Verfassungsbegriff, S. 71; R. MÜLLER, Körpersubstanzen, S. 57 f.; BASTON-VOGT, Allgemeines Persönlichkeitsrecht, S. 318 ff.; HALÀSZ, Bio-materielle Selbstbestimmung, S. 168 f.; SCHACK, GRUR 1985, 352 (361); TAUPITZ, Recht im Tod, S. 8; TAUPITZ, Festschrift Eser, S. 1222; TAUPITZ, JZ 1992, 1089 (1094); GREGORITZA, Die Kommerzialisierung von Persönlichkeitsrechten Verstorbener, S. 64 f. Für die Wahrnehmung durch Erben hingegen SCHÜNEMANN, Die Rechte am menschlichen Körper, S. 265 ff.

405 Siehe GEDDERT-STEINACHER, Menschenwürde als Verfassungsbegriff, S. 71; BASTON-VOGT, Allgemeines Persönlichkeitsrecht, S. 300 ff.; SCHACK, GRUR 1985, 352 (355 f.); BENDER, VersR 2001, 815 (816).

Lebzeiten kann nur dann effektiv gewährleistet werden, wenn er auf den Schutz seines Persönlichkeitsbilds nach dem Tode vertrauen und in dieser Erwartung leben darf[406]. Mit der Anerkennung des postmortalen allgemeinen Persönlichkeitsrechts wird also den Vorwirkungen des Todes auf den Lebenden Rechnung getragen[407]. Daraus ergibt sich, dass der postmortale allgemeine Persönlichkeitsschutz nur insoweit bestehen kann, als er die freie Entfaltung des Substanzspenders zu Lebzeiten abzusichern hilft[408].

Das lässt sich am besten am **Recht auf informationelle Selbstbestimmung** erklären. Dieses dient zwar in erster Linie dazu, dass der Betroffene abschätzen kann, welche Informationen über ihn in bestimmten Bereichen seiner sozialen Umwelt bekannt sind[409]. Dieser Schutzzweck entfällt mit dem Tode, weil der Substanzspender dann nichts mehr abschätzen kann. Aber wenn der Substanzspender zu Lebzeiten damit rechnen müsste, dass nach seinem Tod ihn betreffende Daten, eventuell sogar seine Tagebuchaufzeichnungen, von jedermann beschafft und genutzt werden könnten, dann wäre er in seiner persönlichen Entfaltung wesentlich gehemmt. Er würde womöglich keine Tagebuchaufzeichnungen anfertigen. Ebenso wäre zu befürchten, dass er niemandem seine sensiblen Daten anvertraute, noch nicht einmal Ärzten. Aus diesem Grund muss der postmortale allgemeine Persönlichkeitsschutz auch für das Recht auf informationelle Selbstbestimmung gelten[410]. Wieso soll auch der Tod des

---

406 Siehe BGHZ 50, 133 (139) »Mephisto«; HERDEGEN in: MAUNZ/DÜRIG, GG, Art. 1 Abs. 1 Rn. 53; GEDDERT-STEINACHER, Menschenwürde als Verfassungsbegriff, S. 71; BASTON-VOGT, Allgemeines Persönlichkeitsrecht, S. 301 f.; BOENIGK, Postmortaler Persönlichkeitsschutz, S. 25; BENDER, VersR 2001, 815 (816). Kritisch dazu TRACHTERNACH, Erinnerungsschutz, S. 87 f.

407 Siehe BASTON-VOGT, Allgemeines Persönlichkeitsrecht, S. 300 ff.; SCHACK, GRUR 1985, 352 (355); BENDER, VersR 2001, 815 (816).

408 Siehe BASTON-VOGT, Allgemeines Persönlichkeitsrecht, S. 301 f.; SCHACK, GRUR 1985, 352 (355); BENDER, VersR 2001, 815 (823).

409 Siehe BVerfGE 65, 1 (43) »Volkszählung«. Ähnlich auch BVerfGE 100, 313 (381) »Telekommunikationsüberwachung«.

410 Für einen postmortalen Schutz des Rechts auf informationelle Selbstbestimmung ebenso BERGMANN/MÖRLE/HERB, Datenschutzrecht, § 3 Rn. 6 f.; STUMPER, DNA-Analysen, S. 81 f.; MORR, Biobanken, S. 33, und hinsichtlich der ärztlichen Schweigepflicht auch BENDER, VersR 2001, 815 (823). Dagegen aber DAMMANN in: SIMITIS, BDSG, § 3 Rn. 17;

Substanzspenders ausgerechnet zu einer Privilegierung der datenverarbeitenden Stelle führen und ihr ein uneingeschränktes Herrschaftsrecht über die Daten gewähren? Dafür ist kein plausibler Grund ersichtlich. Bei der Beschaffung und Nutzung personenbezogener Daten des verstorbenen Substanzspenders ist somit dessen nachwirkendes Recht auf informationelle Selbstbestimmung zu beachten, dessen Schutz aber im Laufe der Zeit abnimmt.

Ebenso ist das Nachwirken des **Rechts auf bio-materielle Selbstbestimmung** anzuerkennen. Dieses Recht dient bei Lebenden vor allem dazu, die geistige Nähebeziehung des Substanzspenders zu den abgetrennten Körpersubstanzen zu schützen[411]. Zwar ist die geistige Nähebeziehung mit dem Tod des Substanzspenders erloschen. Aber die Befürchtung, dass Körpersubstanzen nach dem Tod unkontrolliert verwendet werden könnten, kann bereits zu Lebzeiten zu einer Beeinträchtigung der persönlichen Entfaltung des Substanzspenders führen, in dem er beispielsweise kein Blut spendete oder keine diagnostischen Untersuchungen an seinen Körpersubstanzen durchführen ließe. Der Zeitpunkt der Weiterverwendung ist folglich grundsätzlich irrelevant. Allerdings ist die Feststellung, ob überhaupt eine geistige Nähebeziehung besteht, nach dem Tod des Substanzspenders besonders schwierig. Das darf jedoch nicht dazu führen, dass diese nach dem Tod des Substanzspenders nicht mehr beachtet werden muss. Denn wer sich mit dieser Unsicherheit nicht abfinden möchte, kann oft bereits zu Lebzeiten den Substanzspender um seine Einwilligung in die Weiterverwendung bitten. Deshalb ist ein nachwirkendes Recht auf biomaterielle Selbstbestimmung grundsätzlich anzuerkennen[412]. Erforderlich ist dazu aber die hypothetische Feststellung, dass die fragliche Weiterverwendung der Körpersubstanzen die geistige Nähebeziehung des Substanz-

SCHAFFLAND/WILTFANG, BDSG, § 3 Rn. 3; GOLA/SCHOMERUS, BDSG, § 3 Rn. 12; BIZER, Informationelle Selbstbestimmung, S. 275 und S. 278 f.; MAND, MedR 2005, 565 (569).

411 Siehe ausführlich oben unter § 3. C. III. 4. c) ab Seite 100.

412 Ähnlich auch R. MÜLLER, Körpersubstanzen, S. 65; BASTON-VOGT, Allgemeines Persönlichkeitsrecht, S. 305 ff.

spenders zu den abgetrennten Körpersubstanzen berühren würde, wenn der Substanzspender noch am Leben wäre.

Hingegen entfaltet das **Recht auf Nichtwissen** keine Wirkungen nach dem Tod des Substanzspenders, weil der Substanzspender nach dem Tod selbstverständlich kein Wissen mehr erwerben kann und damit keine Gefahr einer ungewollten Inkenntnissetzung droht. Die Ablehnung postmortaler Wirkungen des Rechts auf Nichtwissen hat auch keine Auswirkungen auf die persönliche Entfaltung des Substanzspenders zu Lebzeiten.

Somit führen lediglich das Recht auf informationelle Selbstbestimmung sowie das Persönlichkeitsrecht an den Körpersubstanzen zu einem **postmortalen Schutz der Selbstbestimmung** des Substanzspenders. Dieser Schutz ist nicht schon deshalb zwecklos, weil der verstorbene Substanzspender nicht mehr handlungsfähig ist. Der Selbstbestimmungsschutz sichert zwar unter anderem das Recht des Einzelnen, seinen Willen bezüglich seiner Angelegenheiten gegenüber anderen Personen und Stellen durchzusetzen. Diese Ausprägung des Schutzes der Selbstbestimmung verliert mit dem Tod zugegebenermaßen seine Bedeutung. Zusätzlich schützt die Selbstbestimmung aber auch den Einzelnen vor eigenmächtigem fremden Tätigwerden, also davor, dass in seinen geschützten Kompetenzbereich eingegriffen wird[413]. Dieser zweite Aspekt behält seinen Sinn, wenn es an der Existenz eines handlungsfähigen Bezugssubjekts fehlt. Er gewährleistet dann, dass andere Personen oder Stellen nicht beliebig in den Angelegenheiten des Verstorbenen tätig werden, sondern sich hierbei nach seinem Willen zu richten haben[414]. Aus diesem Fortwirken des Selbstbestimmungsschutzes folgt, dass sich die Verwendung von Körpersubstanzen sowie Daten eines toten Substanzspenders an dessen Willen zu orientieren hat, sofern postmortale persönlichkeitsrechtliche Interessen berührt werden. Insoweit besteht bei der Weiterverwendung von Körper-

[413] Siehe zu dieser zweifachen Wirkung des Selbstbestimmungsrechts ausführlich BASTON-VOGT, Allgemeines Persönlichkeitsrecht, S. 224 f. sowie 306 f.
[414] Siehe BASTON-VOGT, Allgemeines Persönlichkeitsrecht, S. 306 f.

substanzen und personenbezogenen Daten kein wesentlicher Unterschied zwischen einem lebenden und einem toten Substanzspender. Sowohl eine Einwilligung als auch ein Widerspruch des Substanzspenders bleiben somit nach dem Tod von Bedeutung[415]. Falls der Substanzspender zu Lebzeiten keine Bestimmungen getroffen hat, was den Regelfall darstellen dürfte, dann kommt es – ebenso wie beim einwilligungsunfähigen lebenden Substanzspender – entscheidend auf seinen mutmaßlichen Willen an[416]. Zur Feststellung dieses anzunehmenden bzw. mutmaßlichen Willens sind alle erkennbaren Indizien heranzuziehen und alle erreichbaren Informationsquellen auszuschöpfen; bei einem verstorbenen Substanzspender sind insbesondere die Hinterbliebenen zu befragen[417].

3. Ergebnis

Folglich ist entgegen der Ansicht des Bundesverfassungsgerichts das postmortale allgemeine Persönlichkeitsrecht des Substanzspenders im Grundsatz anzuerkennen. Nach dem Tod bleiben aber nicht mehr alle Ausprägungen des allgemeinen Persönlichkeitsrechts bestehen, sondern nur noch das Recht auf informationelle Selbstbestimmung sowie das Recht auf biomaterielle Selbstbestimmung. Diese Ausprägungen können von den nahen Angehörigen des Verstorbenen oder von einer von ihm bestimmten Person treuhänderisch geltend gemacht werden.

---

[415] Siehe TAUPITZ, JZ 1992, 1089 (1093); TAUPITZ, Recht im Tod, S. 8; TAUPITZ, Festschrift Eser, S. 1222; TAG, Festschrift Laufs, S. 1094; MAIER, Der Verkauf von Körperorganen, S. 38 f.; R. MÜLLER, Körpersubstanzen, S. 65; BASTON-VOGT, Allgemeines Persönlichkeitsrecht, S. 305 ff. m. w. N. auf S. 303 in Fn. 453; DEUTSCH, AcP 192 [1992], 161 (172 f.); TAG, MedR 1998, 387 (388); ZENTRALE ETHIKKOMMISSION, Körpermaterialien von Verstorbenen, S. 2 f.

[416] Siehe TAUPITZ, Festschrift Eser, S. 1222; BASTON-VOGT, Allgemeines Persönlichkeitsrecht, S. 310 f.; ZENTRALE ETHIKKOMMISSION, Körpermaterialien von Verstorbenen, S. 2 f.

[417] Siehe ausführlich BASTON-VOGT, Allgemeines Persönlichkeitsrecht, S. 310 f.

III. Freiheit der Ehe und Familie nach Art. 6 Abs. 1 GG

Eine Verletzung der Freiheit der Ehe und Familie nach Art. 6 Abs. 1 GG kommt bei toten Substanzspendern hingegen nicht mehr in Betracht, weil ein Toter kein Ehe- und Familienleben mehr haben kann.

IV. Eigentumsgarantie nach Art. 14 Abs. 1 GG

Auch die Eigentumsgarantie nach Art. 14 Abs. 1 GG wirkt nicht nach dem Tod des Einzelnen fort. Denn die Eigentumsgarantie schützt Nutzungs- und Verfügungsrechte und setzt daher die tatsächliche Handlungsfähigkeit voraus. Die Erbrechtsgarantie in Art. 14 Abs. 1 S. 1 GG (»*Das Eigentum und das Erbrecht werden gewährleistet.*«) bewirkt jedoch, dass lebzeitige Verfügungen des Substanzspenders über sein Eigentum auch noch nach seinem Tod beachtet werden müssen (Testierfreiheit).

V. Ergebnis

Zusammenfassend lässt sich festhalten, dass mit dem Tod des Substanzspenders einige Änderungen bei seinen Grundrechten eintreten. Es sind dann nur noch dessen postmortale Menschenwürde aus Art. 1 Abs. 1 GG und dessen postmortales allgemeines Persönlichkeitsrecht aus Art. 2 Abs. 1 i. V. m. Art. 1 Abs. 1 GG zu beachten. Da hinsichtlich der Tätigkeit einer Biobank das allgemeine Persönlichkeitsrecht aber das wichtigste Grundrecht des lebenden Substanzspenders darstellt und dieses auch noch nach dem Tod des Substanzspenders zu beachten bleibt, bestehen im Ergebnis ähnliche Anforderungen für die Weiterverwendung der Körpersubstanzen und Daten eines verstorbenen Substanzspenders. Ein nennenswerter Unterschied besteht lediglich in der zeitlich abnehmenden Intensität des postmortalen Persönlichkeitsschutzes, und darin, dass eine Verletzung nicht mehr vom Betroffenen selbst, sondern von den nahen Angehörigen des Verstorbenen (oder von einer von ihm bestimmten Person) treuhänderisch geltend gemacht werden kann.

B. Grundrechte der Angehörigen

Neben den (nachwirkenden) Grundrechten des verstorbenen Substanzspenders kann die Tätigkeit einer Biobank nach dem Tod des Substanzspenders auch die Grundrechte seiner nahen Angehörigen beeinträchtigen.

I. Begriffsbestimmung

Zunächst soll jedoch dargestellt werden, welche Personen zu den »Angehörigen« im hier gebrauchten Sinne zählen, insbesondere um diesen Begriff von den »Erben« oder »Verwandten« abzugrenzen. Diese Unterscheidung ist deswegen erforderlich, weil die »Erben« die Vermögensnachfolge des Verstorbenen antreten, die »Angehörigen« hingegen dessen höchstpersönliche Rechte wahrnehmen. Die Bezeichnung »Verwandte« weist hingegen lediglich auf eine gemeinsame genetische Abstammung hin.

Natürlich werden die Angehörigen in aller Regel auch die Erben des Verstorbenen sein, doch ist das nicht zwingend. Beispielsweise kann es sein, dass der Substanzspender kein Testament verfasst hat, obwohl er seit Jahren keinen Kontakt mehr zu seinen Kindern hatte. Zu den Erben und Verwandten wären in diesem Fall die Kinder zu zählen, nicht jedoch zu den Angehörigen. Gemeint sind damit nämlich nur diejenigen Personen, die dem Verstorbenen vor seinem Tod persönlich nahestanden, die also seinem engsten Familienkreis angehörten (in der Regel Ehegatte oder Lebenspartner und Kinder). Denn aufgrund der engen persönlichen Beziehung zum

Substanzspender sind diese Personen am ehesten in der Lage, die postmortale Menschenwürde und das postmortale allgemeine Persönlichkeitsrecht des verstorbenen Substanzspenders treuhänderisch in seinem Sinne geltend zu machen[418]. Dieser Unterschied lässt sich am Beispiel einer langjährigen Lebensgefährtin eines Verstorbenen zeigen: Ohne ein Testamtent gehört diese nicht zu den Erben oder Verwandten, kann aber am besten darüber Auskunft geben, welche Einstellungen der Verstorbene zur Weiterverwendung der Körpersubstanzen hatte. Aus diesem Grund obliegt die Wahrnehmung der postmortalen Rechte nicht den Erben oder Verwandten, sondern den Personen, die dem Verstorbenen nahestanden (»Angehörige«). Dementsprechend stellt auch das TRANSPLANTATIONSGESETZ (TPG) für die Zustimmung zur Organentnahme nicht auf Erben oder Verwandte ab, sondern auf »Angehörige« (§ 4 Abs. 2 TPG)[419]. Diese mussten zudem in den letzten zwei Jahren vor dem Tod des möglichen Organspenders zu diesem persönlichen Kontakt gehabt haben (§ 4 Abs. 2 S. 2 TPG). Zwar kann der Substanzspender zu Lebzeiten auch eine bestimmte Person mit der Wahrnehmung dieser Rechte beauftragen, doch dürfte diese Person ihm so nahegestanden haben, dass sie auch als sein »Angehöriger« angesehen werden kann.

II. Eigene Grundrechte der Angehörigen

Die Angehörigen können nicht nur die fortwirkenden höchstpersönlichen Rechte des verstorbenen Substanzspenders treuhänderisch geltend machen, sie können auch in eigenen Grundrechten verletzt sein:

[418] Für die Wahrnehmung durch die Erben hingegen SCHÜNEMANN, Die Rechte am menschlichen Körper, S. 267 ff., der darauf abstellt, dass der Erblasser höchstpersönliche Gründe habe, seine nahen Angehörigen von der Erbfolge auszuschließen. Dabei übersieht er jedoch, dass Verstorbene nicht stets ein Testament verfasst haben, sondern sich gerade junge Erblasser oft noch keine Gedanken um ihren Tod gemacht haben.

[419] Erfasst in auch der Lebensgefährte bzw. die Lebensgefährtin, denn gem. § 4 Abs. 2 S. 6 TPG steht dem nächsten Angehörigen »eine volljährige Person gleich, die dem möglichen Organspender bis zu seinem Tode in besonderer persönlicher Verbundenheit offenkundig nahegestanden hat«.

1. Allgemeines Persönlichkeitsrecht

Durch die besonders enge personale Verbundenheit mit dem verstorbenen Substanzspender befinden sich die nahen Angehörigen nach dem Todesfall oft in einer psychischen Ausnahmesituation, die bis zu einem Schockzustand führen kann. Hier gebietet es der Schutz ihres **Pietätsgefühls**, sie in ihrer Trauer nicht zu beeinträchtigen, um den seelischen Schmerz verarbeiten zu können. Ihnen ist deshalb ein Rückzugsraum zu gewähren, in dem sie mit ihrer Trauer allein sein können. Dem entspricht der Schutz der engeren persönlichen Lebenssphäre durch das allgemeine Persönlichkeitsrecht aus Art. 2 Abs. 1 GG i. V. m. Art. 1 Abs. 1 GG[420]. Wenn die Tätigkeit einer Biobank dazu führt, dass die Angehörigen in ihrer Trauer gestört werden, dann liegt eine Beeinträchtigung dieses Rechts der Angehörigen vor. Der Schutz ihres Pietätsgefühls nimmt aber im Laufe der Zeit ab, weil die Angehörigen ihre Trauer nach und nach überwinden.

2. Allgemeine Handlungsfreiheit

Nach einem Todesfall wollen die Angehörigen jedoch nicht nur in Ruhe trauern, sondern sie wollen sich ebenso um den Toten kümmern; vor allem soll er würdig bestattet werden. Angesprochen ist damit das Recht der Angehörigen auf **Totenfürsorge**. Dieses gewährt den Angehörigen – selbst wenn sie nicht Erben sind[421] – das Recht, den Leichnam sowie Leichenteile in Verwahrung zu nehmen, eine würdige Bestattung zu betreiben und sich

[420] Siehe OLG Düsseldorf AfP 2000, 574; OLG Jena NJW-RR 2005, 1566 (1567 f.); HUBMANN, Das Persönlichkeitsrecht, S. 266 f.; BIZER, Informationelle Selbstbestimmung, S. 279 f.; TRACHTERNACH, Erinnerungsschutz, S. 149 ff.; BENDER, VersR 2001, 815 (818 f.); TAUPITZ/PITZ/WICKLEIN, MedR 2005, 262 (264). Wohl auch R. MÜLLER, Körpersubstanzen, S. 59; HENGSTLER, KHuR 2003, 57 (62). Kritisch aber BASTON-VOGT, Allgemeines Persönlichkeitsrecht, S. 321 f.

[421] Nach allgemeiner Ansicht richtet sich die Totenfürsorge nicht nach dem Erbrecht: siehe beispielsweise EDENHOFER in: PALANDT, BGB, vor § 1922 Rn. 9.

um das Andenken des Verstorbenen zu kümmern[422].

Nach anderer Ansicht steht dieses Recht hingegen den Erben zu[423]. Das überzeugt nicht, weil die Erben – wie oben ausgeführt – keineswegs immer eine besonders enge personale Verbundenheit mit dem Verstorbenen gehabt haben müssen, sondern ihn vielleicht seit Jahren nicht mehr gesehen haben. Beispielsweise wird der Lebenspartner, mit dem der Substanzspender seit Jahrzehnten zusammen gelebt hat, seine persönlichen Interessen besser kennen als seine Kinder, zu denen er seit mehreren Jahren keinen Kontakt hatte. Aus diesem Grund ist das Recht auf Totenfürsorge den nahen Angehörigen des verstorbenen Substanzspenders zuzusprechen, da es für das Recht auf Totenfürsorge maßgeblich auf den mutmaßlichen Willen des Verstorbenen und damit auf eine Kenntnis seiner persönlichen Interessen ankommt.

Dieses Recht kann durch das Weiterverwenden der Körpersubstanzen des Substanzspenders beeinträchtigt sein, wenn der Verstorbene nach ihrem Willen mit diesen Körpersubstanzen bestattet werden soll. Allerdings ist das Recht der Angehörigen auf Totenfürsorge lediglich ihrer allgemeinen Handlungsfreiheit aus Art. 2 Abs. 1 GG zuzuordnen[424]. Zudem ist bei dem

---

[422] Siehe zum Recht auf Totenfürsorge JICKELI/STIEPER in: STAUDINGER, BGB, § 90 Rn. 31 ff.; MARLY in: SOERGEL, BGB, § 90 Rn. 15; HUBMANN, Das Persönlichkeitsrecht, S. 266 f.; R. MÜLLER, Körpersubstanzen, S. 59; BASTON-VOGT, Allgemeines Persönlichkeitsrecht, S. 320 f., sowie TAG, MedR 1998, 387 (392).

[423] So SCHÜNEMANN, Die Rechte am menschlichen Körper, S. 265 ff., und STEIN in: SOERGEL, BGB, § 1922 Rn. 18.

[424] So BVerfG NJW 1994, 783 (783 f.) hinsichtlich der Anordnung einer Obduktion sowie WILLE, Organknappheit, S. 74; WILLE, MedR 2007, 91 (91). Anders aber wohl SCHMITT-KAMMLER in: SACHS, Grundgesetz, Art. 6 Rn. 44, der auf dieses Recht im Rahmen der Kommentierung des Art. 6 GG eingeht, und R. MÜLLER, Körpersubstanzen, S. 59, sowie SPRANGER, Völker- und verfassungsrechtliche Aspekte der Organspende, S. 121, nach denen das Totensorgerecht ein in den Familienbeziehungen wurzelndes, besonderes Persönlichkeitsrecht der Angehörigen sei. In ähnlicher Weise ordnet HUBMANN, Das Persönlichkeitsrecht, S. 266 f., das Totensorgerecht dem allgemeinen Persönlichkeitsrecht zu. Gegen diese Einordnungen bei Art. 6 Abs. 1 GG und Art. 2 Abs. 1 i. V. m. Art. 1 Abs. 1 GG spricht aber, dass es bei der Totenfürsorge nicht um den Schutz eines abgeschirmten Bereiches persönlicher Entfaltung geht, sondern vielmehr um ein Recht auf bestimmte Handlungen im öffentlichen Bereich.

Recht auf Totenfürsorge zu beachten, dass es dem Willen des Verstorbenen dient[425]. Die Angehörigen können also keine Verfügungen treffen, die dem bekannten oder mutmaßlichen Willen des Verstorbenen widersprechen. Falls jedoch der Wille des Verstorbenen hinsichtlich der Weiterverwendung seiner Körpersubstanzen nicht mehr festgestellt werden kann, dann können die Angehörigen im Rahmen ihres Rechts auf Totenfürsorge eine eigene Entscheidung über die Weiterverwendung der Körpersubstanzen treffen (siehe § 4 TPG[426])[427]. Da das Recht auf Totenfürsorge der allgemeinen Handlungsfreiheit zuzurechnen ist, kann eine Beeinträchtigung im Prinzip ohne Weiteres gerechtfertigt werden. Allerdings wird es in vielen Fällen durch den postmortalen Würde- und Persönlichkeitsschutz des Verstorbenen verstärkt, was zu einer Erhöhung der Anforderungen an eine verfassungsrechtliche Rechtfertigung führt.

III. Ergebnis

Die Angehörigen können zum einen – treuhänderisch – die fortwirkenden höchstpersönlichen Rechte des verstorbenen Substanzspenders gel-

[425] Siehe MARLY in: SOERGEL, BGB, § 90 Rn. 13; EDENHOFER in: PALANDT, BGB, vor § 1922 Rn. 10; BASTON-VOGT, Allgemeines Persönlichkeitsrecht, S. 320 f.; WILLE, Organknappheit, S. 74. Einschränkend SPRANGER, Völker- und verfassungsrechtliche Aspekte der Organspende, S. 121.

[426] Dieses Recht der Angehörigen, eine eigene Entscheidung über Körpersubstanzen treffen zu können, zeigt sich nicht zuletzt im TPG. Nach dessen § 4 Abs. 1 S. 1 hat der Arzt für die Organentnahme bei toten Organspendern, sofern dem Arzt weder eine schriftliche Einwilligung noch ein schriftlicher Widerspruch des möglichen Organspenders vorliegt, dessen Angehörige zu befragen, ob diesen eine Erklärung des Organspenders zur Organspende bekannt ist. Wenn auch den Angehörigen eine solche Erklärung nicht bekannt ist, so ist die Organentnahme gem. § 4 Abs. 1 S. 2 TPG zulässig, wenn der Arzt die Angehörigen über die in Frage kommende Organentnahme unterrichtet hat und diese ihr zugestimmt haben. Bei ihrer Entscheidung haben die Angehörigen gem. § 4 Abs. 1 S. 3 TPG den mutmaßlichen Willen des möglichen Organspenders zu beachten.

[427] Anscheinend gegen die Möglichkeit der Angehörigen, im Rahmen ihres Rechts auf Totenfürsorge eine eigene Entscheidung treffen zu können: BASTON-VOGT, Allgemeines Persönlichkeitsrecht, S. 310, und WILLE, Organknappheit, S. 74 ff. Nach ihnen reiche es es nicht aus, dass kein entgegenstehender Wille des Substanzspenders festgestellt werden könne, sondern die beabsichtigte Nutzung der Körpersubstanzen müsse dem anzunehmenden Willen des verstorbenen Substanzspenders entsprechen.

tend machen. Zum anderen können sie auch in eigenen Grundrechten verletzt sein. In Betracht kommt dabei das allgemeine Persönlichkeitsrecht aus Art. 2 Abs. 1 GG i.V.m. Art. 1 Abs. 1 GG, welches dem Schutz ihres Pietätsgefühls dient. Außerdem zählt hierzu die allgemeine Handlungsfreiheit aus Art. 2 Abs. 1 GG, die ihr Recht auf Totenfürsorge schützt.

C. Grundrechte der Erben

Schließlich kann die Weiterverwendung der Körpersubstanzen in einer Biobank nach dem Tod des Substanzspenders auch die Eigentumsgarantie seiner Erben aus Art. 14 Abs. 1 GG beeinträchtigen., sofern sie an den abgetrennten Körpersubstanzen ein vermögenswertes Recht besitzen. Hierbei sind folgende zwei Konstellationen zu unterscheiden: die Körpersubstanzen wurden bereits vor dem Tod des Substanzspenders vom Körper abgetrennt (I.) oder die Körpersubstanzen wurden erst nach dem Tod abgetrennt (II.).

I. Abtrennung der Körpersubstanzen vor dem Tod

In der ersten Konstellation kann weitgehend auf die Ausführungen zur Eigentumsgarantie des lebenden Substanzspenders verwiesen werden[428]. Dort wurde festgestellt, dass der Substanzspender nach der Abtrennung der Körpersubstanzen an ihnen zivilrechtliches Eigentum erlangt. Nach seinem Tod geht dieses vermögenswerte Recht an den Körpersubstanzen auf seine Erben über[429]. Sie können sich in diesem Fall hinsichtlich der Weiterverwendung der Körpersubstanzen auf die Eigentumsgarantie aus Art. 14 Abs. 1 GG berufen. Allerdings ist zum einen zu beachten, dass

[428] Siehe oben unter § 3. E. auf Seite 120.
[429] Siehe unter anderem LEIPOLD in: MÜNCHKOMM, BGB, § 1922 Rn. 88; SIMON et al., Biomaterialbanken, S. 58.

der Substanzspender vor seinem Tod das Eigentum an den Körpersubstanzen in der Regel auf den Arzt, Forscher oder Biobankbetreiber übertragen hat[430]. Deshalb hatte er regelmäßig zum Todeszeitpunkt kein vermögenswertes Recht an den Körpersubstanzen, und somit konnten auch seine Erben dieses Recht nicht erben. Zum anderen kann das Eigentumsrecht der Erben an den Körpersubstanzen auch durch das Recht der Angehörigen auf Totenfürsorge eingeschränkt sein, beispielsweise wenn der Substanzspender mit den Körpersubstanzen begraben werden soll (z. B. bei amputierten Beinen).

II. Abtrennung der Körpersubstanzen nach dem Tod

Wenn die Körpersubstanzen hingegen erst nach dem Tod des Substanzspenders abgetrennt werden, dann stellt sich die Frage, ob die Erben an diesen »Leichensubstanzen« ebenfalls ein vermögenswertes Recht erwerben.

Zur Beantwortung dieser Frage ist zunächst die rechtliche Einordnung des **Leichnams** von Bedeutung. Nach fast einhelliger Ansicht ist der Leichnam zwar eine Sache, aber diese formal sachenrechtliche Einordnung wird von der persönlichkeitsrechtlichen Ebene überlagert[431]. Das führt

[430] Siehe zur Eigentumslage an abgetrennten Körpersubstanzen bereits oben im 2. Teil: unter § 2. C. II. ab Seite 40.

[431] Siehe JICKELI/STIEPER in: STAUDINGER, BGB, § 90 Rn. 28 ff. und Rn. 37; MARLY in: SOERGEL, BGB, § 90 Rn. 10 f.; HOLCH in: MÜNCHKOMM, BGB, § 90 Rn. 32; HEINRICHS in: PALANDT, BGB, vor § 90 Rn. 11; EDENHOFER in: PALANDT, BGB, § 1922 Rn. 37; ESER in: SCHÖNKE/SCHRÖDER, StGB, § 242 Rn. 10 und 21; TAUPITZ, Recht im Tod, S. 7; TAUPITZ, JZ 1992, 1089 (1093); DEUTSCH/SPICKHOFF, Medizinrecht, Rn. 609; SCHÜNEMANN, Die Rechte am menschlichen Körper, S. 251 ff.; R. MÜLLER, Körpersubstanzen, S. 60 f.; HALÀSZ, Bio-materielle Selbstbestimmung, S. 24 f.; MORR, Biobanken, S. 56; SIMON et al., Biomaterialbanken, S. 59; FORKEL, JZ 1974, 593 (596); TAG, Festschrift Laufs, S. 1083 ff.; TAG, MedR 1998, 387 (388 f.); LIPPERT, MedR 2001, 406 (407); SPRANGER, NJW 2005, 1084 (1087). Anders LEIPOLD in: MÜNCHKOMM, BGB, § 1922 Rn. 89, nach dem der Leichnam »nicht als Sache im Rechtssinn, sondern als Rest der Persönlichkeit« anzusehen sei. Wieder anders MAIER, Der Verkauf von Körperorganen, S. 41 f., der ein Eigentumsrecht der Angehörigen an dem Leichnam annimmt, welches nur partiell von der persönlichkeitsrechtlichen Ebene überlagert sei.

trotz der zum Teil unterschiedlichen Begründungen im Ergebnis dazu, dass am Leichnam keine vermögenswerten Rechte bestehen, sondern nur (beschränkte) Herrschaftsbefugnisse der Angehörigen im Rahmen ihres Rechts auf Totenfürsorge[432].

Unabhängig von dieser rechtlichen Einordnung des Leichnams soll es sich, nach teilweise vertretener Ansicht, bei vom Leichnam getrennten Körpersubstanzen (»**Leichensubstanzen**«) um eigentumsfähige Sachen handeln[433]. Wenn bereits die vom lebenden Körper getrennten Substanzen eigentumsfähige Sachen seien, so müsse dies erst recht für die von einer Leiche getrennten Substanzen gelten, denn der persönlichkeitsrechtliche Bezug zum Verstorbenen sei weitaus schwächer als beim lebenden Menschen. Dem ist zwar zuzugeben, dass das Persönlichkeitsrecht des lebenden Menschen vor dem Tod viel stärker ausgeprägt ist als nach dem Tod des Betroffenen. Allerdings hat der Persönlichkeits- und Würdeschutz nach dem Tod eine besondere Prägung, die sich daraus ergibt, dass der mutmaßliche Wille des Verstorbenen in der Regel dahin geht, so bestattet zu werden, wie er gestorben ist. Aus diesem Grund gebietet der nachwirkende Persönlichkeits- und Würdeschutz grundsätzlich den Zusammenhalt des Leichnams. Erreicht wird dies zum einen durch die treuhänderische Wahrnehmung der postmortalen Menschenwürde und des postmortalen allgemeinen Persönlichkeitsrechts durch die Angehörigen und zum anderen durch deren Recht auf Totenfürsorge. Das Eigentumsrecht der Erben an den Leichensubstanzen wäre deshalb nur eine leere Hülle, weil die Herrschafts- und Verfügungsbefugnis allein den Angehörigen im Rahmen ihres Rechts auf Totenfürsorge und im Rahmen der treuhänderischen

---

432 Allerdings kann der Leichnam teilweise durchaus als eigentumsfähige Sache angesehen werden, nämlich dann, wenn die Beziehung zur früheren Person vollständig gelöst ist, beispielsweise bei Moorleichen oder einem Skelett in der Anatomie: TAUPITZ, Recht im Tod, S. 7; TAUPITZ, JZ 1992, 1089 (1093); JICKELI/STIEPER in: STAUDINGER, BGB, § 90 Rn. 42; MARLY in: SOERGEL, BGB, § 90 Rn. 10; DEUTSCH/SPICKHOFF, Medizinrecht, Rn. 609.

433 JICKELI/STIEPER in: STAUDINGER, BGB, § 90 Rn. 38; SCHÜNEMANN, Die Rechte am menschlichen Körper, S. 282 f.; MAIER, Der Verkauf von Körperorganen, S. 42; R. MÜLLER, Körpersubstanzen, S. 63 f.; MORR, Biobanken, S. 56.

Geltendmachung der postmortalen Rechte des Verstorbenen zusteht. Deshalb ist eine eigentumsrechtliche Einordnung von Leichensubstanzen nicht sachgerecht[434]. Darüber hinaus besteht auch kein sonstiges »vermögenswertes Recht« im Sinne des Art. 14 Abs. 1 GG an den Leichensubstanzen, weil sie aufgrund des postmortalen Würde- und Persönlichkeitsschutzes des verstorbenen Substanzspenders und des Rechts der Angehörigen auf Totenfürsorge grundsätzlich dem Rechtsverkehr entzogen sein sollen.

Ebenso wie der Leichnam können aber in einigen Fällen auch Leichensubstanzen als eigentumsfähige Sachen bzw. vermögenswerte Rechte angesehen werden, nämlich wenn sie nicht mehr Gegenstand der Totenehrung sind, etwa weil die Beziehung zur früheren Person vollständig gelöst ist (»Moorleichen«) oder weil entsprechende Verfügungen des Verstorbenen oder der Angehörigen im Rahmen der Totenfürsorge vorliegen. Letzteres ist beispielsweise denkbar, wenn der verstorbene Substanzspender nach seinem ausdrücklichen Willen die Körpersubstanzen der Wissenschaft zur Verfügung stellen wollte[435]. Dann liegt gewissermaßen eine »**Entwidmung**« der Leichensubstanzen vor[436], so dass sie wie normale Körpersubstanzen von Lebenden behandelt werden können und an denen deshalb auch vermögenswerte (Eigentums-) Rechte bestehen können.

Zu klären bleibt jedoch, wem das vermögenswerte Recht an den Körpersubstanzen in diesem Fall zusteht. Denkbar wäre mit der »Entwidmung« ein unmittelbarer Erwerb dieses vermögenswerten Rechts durch die Erben[437]. Dagegen spricht jedoch, dass dem Verstorbenen zu Lebzeiten kei-

[434] Ablehnend gegenüber dem Eigentumsrecht an Leichensubstanzen auch SIMON et al., Biomaterialbanken, S. 59; MARLY in: SOERGEL, BGB, § 90 Rn. 12; HEINRICHS in: PALANDT, BGB, vor § 90 Rn. 11; ESER in: SCHÖNKE/SCHRÖDER, StGB, § 242 Rn. 21.

[435] Ebenso wäre zu urteilen, wenn zwar kein entsprechender Wille des Verstorbenen festgestellt werden könnte, aber auch kein entgegenstehender Wille und die Angehörigen im Rahmen der Ausübung ihres Rechts auf Totenfürsorge die Körpersubstanzen dem rechtsmedizinischen Institut überlassen hätten.

[436] Siehe MARLY in: SOERGEL, BGB, § 90 Rn. 12.

[437] Für einen Eigentumserwerb der Erben: SCHÜNEMANN, Die Rechte am menschlichen Körper, S. 251 ff. und 282 f.; R. MÜLLER, Körpersubstanzen, S. 66; BRUNNER, NJW 1953, 1173 (1173 f.) In diese Richtung auch LEIPOLD in: MÜNCHKOMM, BGB, § 1922 Rn. 89, sowie

nerlei vermögenswerte Rechtspositionen an seinem Körper zustanden, so dass der Leichnam und damit die erst später abgetrennten Körpersubstanzen nicht Bestandteil des Nachlasses sein können[438]. Zwar hätte der Substanzspender seine Körpersubstanzen zu Lebzeiten potentiell veräußern können[439]. Doch hat er es eben nicht getan, weshalb die Annahme dieses »Anwartschaftsrechts« an den Körpersubstanzen abzulehnen ist. Außerdem spricht gegen ein vermögenswertes Recht der Erben, dass die Bestimmung über die Weiterverwendung der Körpersubstanzen den Angehörigen im Rahmen ihres Rechts auf Totenfürsorge und ihrer treuhänderischen Wahrnehmung der postmortalen Rechte des Verstorbenen obliegt; nur sie können dadurch bestimmen, wer die Körpersubstanzen erhält. Gegen ein vermögenswertes Recht der Angehörigen spricht wiederum, dass diese zwar für die Nachwirkungen der Personensorge zuständig sind, jedoch gerade nicht für Vermögensfragen. Ein Eigentums- und damit Vermögensrecht an den Körpersubstanzen würde deshalb ihrer Position widersprechen. Für die sachgerechte Einordnung dieser Körpersubstanzen ist richtigerweise auf den Sinn und Zweck der »Entwidmung« der Leichensubstanzen abzustellen. Diese dient den Interessen des Verstorbenen daran, dass ein Dritter (z. B. Forscher) die Substanzen erhält. Das rechtfertigt es, erst bei dem Dritten ein Eigentumsrecht an den »entwidmeten« Leichensubstanzen anzunehmen und sie vorher als herrenlose, aneignungsunfähige Sache zu betrachten, über die lediglich im Rahmen des Rechts auf Totenfürsorge und der treuhänderischen Wahrnehmung der postmortalen Rechte des Verstorbenen Bestimmungen getroffen werden können[440]. Das

HEINRICHS in: PALANDT, BGB, vor § 90 Rn. 11, hinsichtlich künstlicher Körperteile.

438 Siehe HOLCH in: MÜNCHKOMM, BGB, § 90 Rn. 32; JICKELI/STIEPER in: STAUDINGER, BGB, § 90 Rn. 38; EDENHOFER in: PALANDT, BGB, § 1922 Rn. 37; STEIN in: SOERGEL, BGB, § 1922 Rn. 16; TAG, Festschrift Laufs, S. 1084; MORR, Biobanken, S. 56 f.; SPRANGER, NJW 2005, 1084 (1087).

439 Siehe zu diesem Einwand R. MÜLLER, Körpersubstanzen, S. 66.

440 In diese Richtung auch MARLY in: SOERGEL, BGB, § 90 Rn. 12; ESER in: SCHÖNKE/SCHRÖDER, StGB, § 242 Rn. 21. Für ein Eigentumsrecht der Angehörigen hingegen STEIN in: SOERGEL, BGB, § 1922 Rn. 17; JICKELI/STIEPER in: STAUDINGER, BGB, § 90 Rn. 38; MORR, Biobanken, S. 57. Nach SIMON et al., Biomaterialbanken, S. 59 hätten die Erben zwar ein Aneignungsrecht, welches sie aber nur mit Zustimmung der nahen Ange-

Recht auf Totenfürsorge kann man insofern als eine besondere Form des Eigentums ansehen, welches die ansonsten einschlägige eigentumsrechtliche Zuordnung verhindert.

Weder die Erben noch die Angehörigen haben demzufolge ein vermögenswertes Recht an den vom Leichnam abgetrennten Körpersubstanzen. Sie können sich deshalb hinsichtlich einer Weiterverwendung dieser Körpersubstanzen nicht auf die Eigentumsgarantie aus Art. 14 Abs. 1 GG berufen.

III. Ergebnis

Die Erben können sich somit nur hinsichtlich der Weiterverwendung vor dem Tod des Substanzspenders abgetrennter Körpersubstanzen auf Art. 14 Abs. 1 GG berufen, sofern der Substanzspender das Eigentum nicht, wie aber regelmäßig anzunehmen ist, auf andere Personen (z. B. Arzt) übertragen hat.

D. Fazit

Nach dem Tod des **Substanzspenders** sind bei der Weiterverwendung der Körpersubstanzen sowie Daten nur noch dessen postmortale Menschenwürde aus Art. 1 Abs. 1 GG und dessen postmortales allgemeines Persönlichkeitsrecht aus Art. 2 Abs. 1 i. V. m. Art. 1 Abs. 1 GG zu beachten. Zu den Rechten des verstorbenen Substanzspenders treten die Rechte seiner **Angehörigen.** Diese können zum einen – treuhänderisch – die fortwirkenden Rechte des verstorbenen Substanzspenders geltend machen. Zum anderen können sie auch in eigenen Grundrechten verletzt sein. In Betracht kommen dabei das allgemeine Persönlichkeitsrecht aus Art. 2 Abs. 1 GG i. V. m.

hörigen ausüben dürften.

Art. 1 Abs. 1 GG, welches dem Schutz ihres Pietätsgefühls dient und außerdem ihre allgemeine Handlungsfreiheit aus Art. 2 Abs. 1 GG, die ihr Recht auf Totenfürsorge schützt. Die **Erben** können hingegen in der Regel keine eigenen Grundrechte geltend machen. In Betracht käme nur die Eigentumsgarantie aus Art. 14 Abs. 1 GG hinsichtlich Körpersubstanzen, die dem Substanzspender vor seinem Tod entnommen wurden. Jedoch wird das Eigentum an diesen Körpersubstanzen regelmäßig bereits auf eine andere Person übergegangen sein.

Für die Tätigkeit von Biobanken bedeutet dies, dass sich die Weiterverwendung von Körpersubstanzen sowie Daten grundsätzlich an dem Willen des verstorbenen Substanzspenders zu orientieren hat. Wenn der Substanzspender zu Lebzeiten keine Bestimmungen darüber getroffen hat, kommt es entscheidend auf seinen mutmaßlichen Willen an. Falls jedoch der Wille des Verstorbenen nicht mehr festgestellt werden kann, dann können die Angehörigen im Rahmen ihres Rechts auf Totenfürsorge eine eigene Entscheidung über die Weitergabe und Weiterverwendung der Körpersubstanzen und Daten treffen.

Im Ergebnis bestehen bei der Weiterverwendung von Körpersubstanzen und Daten eines toten Substanzspenders ähnliche Anforderungen wie bei der Weiterverwendung der Körpersubstanzen und Daten eines lebenden Substanzspenders.

§ 6. Zusammenfassung

Zusammenfassend lässt sich festhalten, dass hinsichtlich der Weiterverwendung von Körpersubstanzen und Daten in Biobanken vor allem das allgemeine Persönlichkeitsrecht der Substanzspender, die Eigentumsgarantie der Biobankbetreiber und die Wissenschaftsfreiheit der Forscher zu beachten sind. Auf der einen Seite des Konflikts zwischen den gegenläufigen Grundrechten steht das Interesse der Forschung, durch das Auswerten der in Biobanken gesammelten Körpersubstanzen und Daten zu wichtigen und auf eine andere Weise oft nicht erreichbaren Erkenntnissen über Krankheiten und Gesundheitsrisiken zu gelangen. Hinzu tritt das Interesse der Biobankbetreiber, über ihr Eigentum an den Körpersubstanzen frei verfügen zu können und eine Biobank sinnvoll betreiben zu dürfen. Auf der anderen Seite steht hauptsächlich das allgemeine Persönlichkeitsrecht der Substanzspender, das ihnen unter anderem das Recht gewährt, über jede Verwendung der eigenen personenbezogenen Daten selbst zu bestimmen.

Zwischen den gegenläufigen Grundrechten gibt es kein eindeutiges Rangverhältnis, denn dem Grundgesetz kann grundsätzlich[441] keine Rangordnung der einzelnen Grundrechte entnommen werden. Auch aus den verschiedenen Einschränkungsmöglichkeiten der unterschiedlichen Grundrechte lässt sich kein eindeutiger Stellenwert der Grundrechte ableiten, denn auch scheinbar uneinschränkbare Grundrechte gelten nicht absolut. Der Konflikt zwischen den gegenläufigen Grundrechten ist vielmehr »nach Maßgabe der grundgesetzlichen Wertordnung und unter Berücksichtigung

441 Ausgenommen die besondere Wertigkeit der Menschenwürde.

der Einheit dieses Wertsystems durch Verfassungsauslegung« zu lösen[442]. Dabei muss der Konflikt nach dem Grundsatz *praktischer Konkordanz* gelöst werden, der fordert, dass »nicht eine der widerstreitenden Rechtspositionen bevorzugt und maximal behauptet wird, sondern alle einen möglichst schonenden Ausgleich erfahren«[443]. Erforderlich ist also eine Güterabwägung im Einzelfall[444]. Dabei muss die Abwägung den Wertprinzipien der Verfassung, insbesondere »der Bedeutung der miteinander kollidierenden Grundrechte, und dem rechtsstaatlichen Grundsatz der Verhältnismäßigkeit unter Wahrung der Einheit des Grundgesetzes« Rechnung tragen[445]. Lässt sich dies nicht erreichen, so ist »unter Berücksichtigung der falltypischen Gestaltung und der besonderen Umstände des Einzelfalles zu entscheiden, welches Interesse zurückzutreten hat«[446].

Folglich sind weder der wissenschaftliche Fortschritt und die in Art. 5 Abs. 3 GG garantierte Wissenschaftsfreiheit der Forscher noch die Eigentumsgarantie oder sonstige Grundrechte der Biobankbetreiber generell höherrangig gegenüber den Grundrechten der Substanzspender, insbesondere deren allgemeinem Persönlichkeitsrecht. Der Ausgleich zwischen den kollidierenden Grundrechten aller Beteiligten ist die Aufgabe des Gesetzgebers, der hierbei einen weiten Gestaltungsspielraum hat und grundsätzlich sowohl die Interessen der Wissenschaft und der Biobankbetreiber als auch der Substanzspender für schützenswerter halten kann. Aus diesem Grund kann an dieser Stelle kein Ergebnis hinsichtlich der Weiterverwendung von Körpersubstanzen und Daten in Biobanken gegeben werden. Es kann jedoch im folgenden Teil untersucht werden, ob bestimmte Regelungen verfassungskonform wären, die Biobanken bei ihrer Tätigkeit unterstützen könnten.

---

442 Siehe z. B. BVerfGE 30, 173 (193) »Mephisto«; BVerwGE 102, 304 (308); PERNICE in: DREIER, GG, Art. 5 III (Wissenschaft) Rn. 39 und Rn. 42.

443 BVerfGE 93, 1 (21); siehe u. a. auch BVerfGE 28, 243 (260 f.); 81, 278 (292); 93, 1 (21); JARASS in: JARASS/PIEROTH, GG, Vorb. vor Art. 1 Rn. 49.

444 BVerfGE 47, 327 (369); KANNENGIESSER in: SCHMIDT-BLEIBTREU/KLEIN, GG, Art. 5 Rn. 32.

445 BVerfGE 47, 327 (369 f.).

446 BVerfGE 35, 203 (225).

3. Teil:

Beispiele für gesetzliche Regelungen

§ 7. Gesetzgebungskompetenzen

Für eine gesetzliche Regelung der Weiterverwendung von Körpersubstanzen und Daten in Biobanken ist zunächst die Frage nach der Gesetzgebungskompetenz von Bedeutung. Deshalb ist in diesem Kapitel zu untersuchen, ob der Bundesgesetzgeber eine derartige Regelung treffen kann oder ob nur die Landesgesetzgeber dazu befugt sind. Maßgebend für die Abgrenzung der Gesetzgebungskompetenzen ist Art. 70 Abs. 1 GG, welcher lautet:

> *»Die Länder haben das Recht der Gesetzgebung, soweit dieses Grundgesetz nicht dem Bunde Gesetzgebungsbefugnisse verleiht.«*

Der Bund wäre demnach nur dann zu einer Regelung der Weiterverwendung von Körpersubstanzen und Daten in Biobanken befugt, wenn er sich dafür auf eine ausschließliche (Art. 71, 73 GG) oder konkurrierende (Art. 72, 74 GG) Gesetzgebungskompetenz stützen könnte.

A. Ausschließliche Gesetzgebungskompetenz

Für die Zuweisung einer ausdrücklichen Gesetzgebungskompetenz hinsichtlich der Tätigkeit von Biobanken kommt allein Art. 73 Abs. 1 Nr. 11 GG in Betracht. Dieser bestimmt, dass der Bund die ausschließliche Gesetzgebung hat über *»die Statistik für Bundeszwecke«*. Unter »Statistik« ist dabei die methodische Erhebung, Sammlung und Auswertung von

Daten und Fakten zu verstehen[447]. Voraussetzung ist aber, dass die Daten und Fakten in lesbarer Notation vorliegen[448]. Körpersubstanzen müssen jedoch erst in Daten umgewandelt werden, bevor sie überhaupt in Statistiken verwendet werden könnten. Deshalb kann zumindest eine gesetzliche Regelung der Weiterverwendung von *Körpersubstanzen* nicht unter die Norm des Art. 73 Abs. 1 Nr. 11 GG gefasst werden[449]. Aber auch eine Regelung der Weiterverwendung von *Daten* in Biobanken lässt sich nicht unter das konstitutive Merkmal »Statistik« fassen, denn das Charakteristikum der Statistik ist die rein *rezeptive Tätigkeit* bei der Ermittlung der Daten und deren *zahlenmäßige* Darstellung und Auswertung[450]. In der Biobank werden die Daten aber nicht nur zahlenmäßig ausgewertet, sondern in vielfältiger Weise analysiert. Deshalb hat der Bund für die Regelung der Weiterverwendung von Körpersubstanzen und Daten in Biobanken keine ausschließliche Gesetzgebungskompetenz aus Art. 73 Abs. 1 Nr. 11 GG.

B. Konkurrierende Gesetzgebungskompetenz

Dem Bund könnte aber eine konkurrierende Gesetzgebungskompetenz zustehen.

I. Art. 74 Abs. 1 Nr. 13 GG

Als konkurrierende Gesetzgebungskompetenz für den Bund hinsichtlich der Weiterverwendung der Körpersubstanzen und Daten in Biobanken

447 Siehe z. B. SCHWARTMANN in: BONNER KOMMENTAR, GG, Art. 73 Nr. 11 Rn. 5; HEINTZEN in: VON MANGOLDT/KLEIN/STARCK, GG, Art. 73 Rn. 100.

448 Siehe VON REDECKER/REIMER, Jahrbuch für Ostrecht 42 [2001], 361 (371); MORR, Biobanken, S. 107 f.

449 So auch VON REDECKER/REIMER, Jahrbuch für Ostrecht 42 [2001], 361 (371); MORR, Biobanken, S. 107 f.

450 Siehe MAUNZ in: MAUNZ/DÜRIG, GG, Art. 73 Rn. 167; SCHWARTMANN in: BONNER KOMMENTAR, GG, Art. 73 Nr. 11 Rn. 5.

kommt zum einen Art. 74 Abs. 1 Nr. 13 GG in Betracht. Danach erstreckt sich die konkurrierende Gesetzgebung auf

> *»die Regelung der Ausbildungsbeihilfen und die Förderung der wissenschaftlichen Forschung«.*

Die »Förderung der wissenschaftlichen Forschung« in Art. 74 Abs. 1 Nr. 13 GG umfasst sowohl Regelungen finanzieller als auch organisatorischer oder planerischer Maßnahmen[451]. Erfasst wird aber nur die *Förderung* der wissenschaftlichen Forschung und demnach nicht die Regelung der Forschung selbst[452]. Eine Regelung der Weiterverwendung von Körpersubstanzen und Daten in Biobanken, die Forschungszwecken dienen, würde zum Teil die medizinische und pharmazeutische Forschung unterstützen[453]. Allerdings könnten gesetzliche Regelungen für Biobanken auch die Forschung behindern, wenn die Weiterverwendung der Körpersubstanzen und Daten nämlich beschränkt würde. In diesem Fall würde es sich bei den beschränkenden Regelungen nicht um eine »Förderung der wissenschaftlichen Forschung« handeln. Deshalb besteht für den Bundesgesetzgeber zwar zum Teil eine konkurrierende Gesetzgebungskompetenz aus Art. 74 Abs. 1 Nr. 13 GG, aber nicht für Regelungen, die die Forschung behindern.

II. Art. 74 Abs. 1 Nr. 19 GG

Zudem kommt als Kompetenznorm des Bundes der Art. 74 Abs. 1 Nr. 19 GG in Betracht, nach dem der Bundesgesetzgeber die konkurrierende Gesetzgebungskompetenz hat für

---

451 Siehe u. a. MAUNZ in: MAUNZ/DÜRIG, GG, Art. 74 Rn. 179; STETTNER in: DREIER, GG, Art. 74 Rn. 72.

452 So ausdrücklich MAUNZ in: MAUNZ/DÜRIG, GG, Art. 74 Rn. 179.

453 So auch MORR, Biobanken, S. 108.

> *»Maßnahmen gegen gemeingefährliche oder übertragbare Krankheiten bei Menschen und Tieren, Zulassung zu ärztlichen und anderen Heilberufen und zum Heilgewerbe, sowie das Recht des Apothekenwesens, der Arzneien, der Medizinprodukte, der Heilmittel, der Betäubungsmittel und der Gifte«.*

Eine Regelung der Weiterverwendung von Körpersubstanzen und Daten in Biobanken könnte zu den »Maßnahmen gegen gemeingefährliche oder übertragbare Krankheiten« zählen. Gemeingefährliche Krankheiten sind solche, die zu schweren Gesundheitsschäden oder zum Tod führen können und weit verbreitet sind, ohne ansteckend zu sein[454]. Hierzu zählen auch Krebserkrankungen[455]. Demgegenüber ist eine übertragbare Krankheit eine »durch Krankheitserreger oder deren toxische Produkte, die unmittelbar oder mittelbar auf den Menschen übertragen werden, verursachte Krankheit« (siehe § 2 Nr. 3 Infektionsschutzgesetz – IfSG)[456]. Dazu zählen letztlich alle Infektionskrankheiten[457]. Biobanken dienen in vielen Fällen der Erforschung gemeingefährlicher oder übertragbarer Krankheiten, vor allem der Erforschung von Krebserkrankungen, daneben aber beispielsweise auch der Erforschung von Parkinson oder der Windpocken. Die Tätigkeit einer Biobank kann man in diesen Fällen zu den Maßnahmen gegen gemeingefährliche oder übertragbare Krankheiten zählen. In einigen Fällen wird die Tätigkeit einer Biobank allerdings nicht der Erforschung von gemeingefährlichen oder übertragbaren Krankheiten dienen, beispielsweise wenn Krankheiten erforscht werden sollen, die zwar zu schweren Gesundheitsschäden führen können, aber nicht weit verbreitet und auch nicht auf Menschen übertragbar sind.

[454] Siehe u. a. Maunz in: Maunz/Dürig, GG, Art. 74 Rn. 211; Oeter in: von Mangoldt/Klein/Starck, GG, Art. 74 Rn. 148; Stettner in: Dreier, GG, Art. 74 Rn. 91.

[455] Siehe Maunz in: Maunz/Dürig, GG, Art. 74 Rn. 211; Morr, Biobanken, S. 109.

[456] Siehe u. a. Oeter in: von Mangoldt/Klein/Starck, GG, Art. 74 Rn. 148; Degenhart in: Sachs, Grundgesetz, Art. 74 Rn. 71.

[457] Siehe u. a. Oeter in: von Mangoldt/Klein/Starck, GG, Art. 74 Rn. 148; von Redecker/Reimer, Jahrbuch für Ostrecht 42 [2001], 361 (373).

Darüber hinaus kann die Tätigkeit einer Biobank auch zum Teil dem Recht »der Arzneien« oder »der Heilmittel« zugeordnet werden. Unter Heilmittel versteht man hierbei Mittel, die der Besserung und Heilung von Krankheiten sowie der Vorbeugung und Schmerzlinderung dienen[458]. Hierzu zählen insbesondere Arzneimittel, weshalb die gesonderte Aufführung der Arzneien in Art. 74 Abs. 1 Nr. 19 GG überflüssig ist. Im Gegensatz zur früheren Rechtslage ist seit der Förderalismusreform nicht nur »der Verkehr« mit Arzneien und Heilmittel erfasst, sondern allgemein das Recht der Arzneien, weshalb nun auch die Herstellung solcher Arzneien geregelt werden kann, die beispielsweise von Ärzten zur unmittelbaren Anwendung bei eigenen Patienten hergestellt werden[459]. Nach dem Wortsinn der Begriffe »Heilmittel« und »Arzneien«, aber auch der einfachrechtlichen Ausformung des Begriffs »Arznei« in § 2 des Arzneimittelgesetzes, ist aber erforderlich, dass die Mittel im oder am menschlichen oder tierischen Körper angewandt werden. Nur in diesem Fall kann die Weiterverwendung der Körpersubstanzen folglich dem Recht der Arzneien oder Heilmittel in Art. 74 Abs. 1 Nr. 19 GG zugeordnet werden, nicht jedoch, wenn die Forschung an den Körpersubstanzen ohne Anwendung am Menschen oder Tier erfolgt, also beispielsweise unter dem Mikroskop.

Deshalb ergibt sich nur zum Teil aus Art. 74 Abs. 1 Nr. 19 GG eine Gesetzgebungskompetenz des Bundes für eine Regulierung der Weiterverwendung von Körpersubstanzen und Daten in Biobanken.

III. Art. 74 Abs. 1 Nr. 26 GG

Schließlich kommt für eine Regelung der Weiterverwendung von Körpersubstanzen und Daten in Biobanken noch die konkurrierende Gesetzgebungskompetenz des Bundes nach Art. 74 Abs. 1 Nr. 26 GG in Betracht. Danach erstreckt sich die konkurrierende Gesetzgebung auf

[458] MAUNZ in: MAUNZ/DÜRIG, GG, Art. 74 Rn. 219.
[459] Siehe BT-Drs. 16/813, S. 13.

> *»die medizinisch unterstützte Erzeugung menschlichen Lebens, die Untersuchung und die künstliche Veränderung von Erbinformationen sowie Regelungen zur Transplantation von Organen, Geweben und Zellen«.*

Mit der Formulierung »die Untersuchung und die künstliche Veränderung von Erbinformationen« meint das Grundgesetz das Gebiet der Gentechnologie[460]. Damit ist auch die Untersuchung von Körpersubstanzen in Biobanken erfasst[461]. Unklar ist jedoch, ob auch Regelungen über die *Aufbewahrung* der Körpersubstanzen in einer Biobank davon umfasst sind. Der Wortlaut und die Gesetzesmaterialien geben hierüber keinen Aufschluss[462]. Doch kann man die Aufbewahrung der Körpersubstanzen zumindest als Annexkompetenz bzw. als Kompetenz kraft Sachzusammenhangs mit in den Anwendungsbereich des Art. 74 Abs. 1 Nr. 26 GG einbeziehen, denn ohne die Speicherung bzw. Aufbewahrung der Körpersubstanzen lassen sich die Körpersubstanzen in der Regel nicht untersuchen[463]. Jede Aufspaltung der Gesetzgebungskompetenz wäre deshalb sachwidrig und würde den Zweck einer Regelung zu Biobanken beeinträchtigen[464]. In gleicher Weise wie Regelungen zur Aufbewahrung der Körpersubstanzen sind Regelungen hinsichtlich der Erhebung, Speicherung und Nutzung der *Daten* des Substanzspenders – zumindest als Annexkompetenz bzw. Kompetenz kraft Sachzusammenhangs – von Art. 74 Abs. 1 Nr. 26 GG erfasst[465]. Denn ohne die Einbeziehung der mit den Körpersubstanzen zusammenhängenden Daten des Substanzspenders lassen

[460] Siehe z. B. STETTNER in: DREIER, GG, Art. 74 Rn. 118; PIEROTH in: JARASS/PIEROTH, GG, Art. 74 Rn. 60.

[461] Siehe VON REDECKER/REIMER, Jahrbuch für Ostrecht 42 [2001], 361 (372); MORR, Biobanken, S. 109.

[462] Siehe bereits VON REDECKER/REIMER, Jahrbuch für Ostrecht 42 [2001], 361 (372), und MORR, Biobanken, S. 109.

[463] Siehe auch MORR, Biobanken, S. 109.

[464] So auch schon VON REDECKER/REIMER, Jahrbuch für Ostrecht 42 [2001], 361 (372), und MORR, Biobanken, S. 109.

[465] Siehe auch VON REDECKER/REIMER, Jahrbuch für Ostrecht 42 [2001], 361 (372); MORR, Biobanken, S. 109.

sich aus den Körpersubstanzen nur unzureichend Erbinformationen entnehmen. Gerade wegen der Verbindung der Daten mit den Körpersubstanzen sind Biobanken eine wichtige Ressource zur Aufklärung der Ursachen und Mechanismen von zahlreichen Krankheiten geworden. Eine Regelung der Weiterverwendung von Daten ist deshalb unerlässliche Voraussetzung für eine sachgerechte Regelung der Weiterverwendung von Körpersubstanzen in Biobanken.

Demzufolge besteht nach Art. 74 Abs. 1 Nr. 26 GG eine konkurrierende Bundeskompetenz für die Regelung der Weiterverwendung von Körpersubstanzen und Daten in Biobanken.

IV. Art. 72 Abs. 2 GG

Zu beachten ist bei konkurrierenden Gesetzgebungskompetenzen aber Art. 72 Abs. 2 GG, welcher bestimmt:

> *»Auf den Gebieten des Artikels 74 Abs. 1 Nr. 4, 7, 11, 13, 15, 19a, 20, 22, 25 und 26 hat der Bund das Gesetzgebungsrecht, wenn und soweit die Herstellung gleichwertiger Lebensverhältnisse im Bundesgebiet oder die Wahrung der Rechts- oder Wirtschaftseinheit im gesamtstaatlichen Interesse eine bundesgesetzliche Regelung erforderlich macht.«*

Demzufolge muss die Bundesgesetzgebung »erforderlich« sein, wenn die Regelung auf die Gesetzgebungskompetenzen aus Art. 74 Abs. 1 Nr. 13 GG (Förderung der wissenschaftlichen Forschung) oder aus Art. 74 Abs. 1 Nr. 26 GG (Untersuchung von Erbinformationen) gestützt wird, nicht jedoch für Regelungen aufgrund von Art. 74 Abs. 1 Nr. 19 GG (Untersuchung von Erbinformationen).

Hinsichtlich der Weiterverwendung von Körpersubstanzen und Daten in Biobanken ist eine bundeseinheitliche Regelung zur Wahrung der Rechts-

und Wirtschaftseinheit erforderlich. Denn eine zuverlässige und erfolgreiche medizinische Forschung ist in vielen Fällen auf eine große, d. h. die gesamte Bevölkerung betreffende Körpersubstanz- und Datenmenge sowie auf eine bundesweit homogene Struktur der gesammelten Körpersubstanzen und Daten angewiesen[466]. Hinzu kommt, dass die Körpersubstanzen und Daten in vielen Fällen aus verschiedenen Bundesländern stammen und eine Rechtsvielfalt auf Länderebene für den Aufbau von Biobanken hinderlich wäre.

Folglich ist eine bundesgesetzliche Regelung der Weiterverwendung von Körpersubstanzen und Daten in Biobanken erforderlich.

C. Fazit

Demzufolge kann der Bundesgesetzgeber Regelungen hinsichtlich der Weiterverwendung von Körpersubstanzen und Daten in Biobanken aufgrund der konkurrierenden Gesetzgebungskompetenzen aus Art. 74 Abs. 1 Nr. 13 GG (Förderung der wissenschaftlichen Forschung), Art. 74 Abs. 1 Nr. 19 GG (Maßnahmen gegen gemeingefährliche und übertragbare Krankheiten, Recht der Arzneien) und Art. 74 Abs. 1 Nr. 26 GG (Untersuchung und künstliche Veränderung von Erbinformationen) erlassen. Solange und soweit der Bund von seiner konkurrierenden Gesetzgebungszuständigkeit in diesem Bereich keinen Gebrauch gemacht hat, haben die Länder nach Art. 72 Abs. 1 GG die Befugnis zur Gesetzgebung.

[466] Siehe von Redecker/Reimer, Jahrbuch für Ostrecht 42 [2001], 361 (372 f.), und Morr, Biobanken, S. 110.

§ 8. Erlaubnis einer »globalen« Einwilligung

Eine der zentralen Fragen bei der Tätigkeit einer Biobank ist die mögliche Reichweite der Einwilligung der Substanzspender in die Weiterverwendung ihrer Körpersubstanzen und Daten. Aus diesem Grund wird im Folgenden untersucht, ob der Gesetzgeber eine Regelung – wie z. B. § 26 Abs. 1 S. 2 des geplanten Gendiagnostikgesetzes (GenDG)[467] – treffen darf, die es Substanzspendern gestatten würde, in eine noch unbestimmte Weiterverwendung ihrer Körpersubstanzen und Daten für Zwecke wissenschaftlicher Forschung einzuwilligen.

A. Bedürfnis für eine »globale« Einwilligung

Die Möglichkeit, für die Weiterverwendung der Körpersubstanzen und Daten eine »globale« Einwilligung zu erhalten, ist für Forscher und Biobankbetreiber existenziell, denn eine Zweckbindung der Einwilligung der Substanzspender auf ein konkretes Forschungsvorhaben kann dazu führen, dass Biobanken entwertet werden und Forschungsvorhaben nicht durch-

[467] Der § 26 soll die Einwilligung in genetische Untersuchungen zu Zwecken wissenschaftlicher Forschung regeln. Dessen Abs. 1 S. 2 lautet: *»Die Einwilligung kann für bestimmte Forschungszwecke oder Forschungsbereiche oder allgemein zu Zwecken wissenschaftlicher Forschung erteilt werden.«*

geführt werden können[468]. Bei der Forschung mit Körpersubstanzen muss nämlich stets mit einer Veränderung des ursprünglichen Zwecks gerechnet werden, weil sich aus der durchgeführten Forschung oder aus anderen Forschungsfeldern oft Anschlussfragen ergeben, die vorher nicht abzusehen waren, die jedoch mit den in der Biobank vorhandenen Körpersubstanzen und Daten beantwortet werden könnten[469]. Zwar könnte in derartigen Fällen auch versucht werden, von dem jeweiligen Substanzspender eine neue Nutzungserlaubnis einzuholen, doch wird dies in vielen Fällen nur mit unverhältnismäßigem Aufwand oder überhaupt nicht möglich sein, insbesondere wenn der Substanzspender bereits verstorben ist[470]. Wegen dieser Schwierigkeiten ist es für Biobankbetreiber und Forscher außerordentlich wichtig, von den Substanzspendern eine allgemeine (»globale«) Einwilligung erhalten zu dürfen, die nicht nur die Zustimmung zur Weiterverwendung ihrer Körpersubstanzen und Daten für ein konkretes Forschungsvorhaben enthält, sondern auch unbestimmte, erst in der Zukunft bestimmbare Forschungsprojekte umfasst.

B. Argumente gegen die Erlaubnis einer »globalen« Einwilligung

Trotz dieser Notwendigkeit wird vielfach die Auffassung vertreten, dass Substanzspender bzw. Probanden der Nutzung ihrer Körpersubstanzen und Daten für unbestimmte Forschungsprojekte nicht rechtswirksam zustimmen könnten[471]. Begründet wird diese Ansicht vor allem damit, dass

---

[468] Siehe NATIONALER ETHIKRAT, Biobanken, S. 59; ANTONOW, Zulässigkeit von Biobanken, S. 125; MAND, MedR 2005, 565 (572 f.).

[469] Siehe unter anderem NATIONALER ETHIKRAT, Biobanken, S. 59; MORR, Biobanken, S. 95; ANTONOW, Zulässigkeit von Biobanken, S. 125; MAND, MedR 2005, 565 (572).

[470] Siehe NATIONALER ETHIKRAT, Biobanken, S. 59; TAUPITZ in: NATIONALER ETHIKRAT, Wortprotokoll der Sitzung am 22. Mai 2003, S. 4 f.

[471] Siehe WELLBROCK in: NATIONALER ETHIKRAT, Wortprotokoll Jahrestagung Biobanken, S. 22 f.; WELLBROCK, MedR 2003, 77 (81); MORR, Biobanken, S. 97 f. In diese Rich-

eine weit gefasste Einwilligung nicht den Bestimmtheitsanforderungen einer informierten Einwilligung entspreche und sie das Prinzip der Zweckbindung einer Einwilligung aushöhle[472].

Diese Argumentation bezieht sich zwar vorwiegend auf das geltende einfache Recht, aber sie lässt sich zum Teil auch auf das Verfassungsrecht übertragen und erlangt dadurch Bedeutung für die Regelungsmöglichkeiten des Gesetzgebers. Denn das der Einwilligung zugrunde liegende Selbstbestimmungsrecht der Substanzspender basiert auf ihrem allgemeinen Persönlichkeitsrecht aus Art. 2 Abs. 1 i. V. m. Art. 1 Abs. 1 GG. Dieses Selbstbestimmungsrecht kann nach allgemeiner Ansicht nur bei einem entsprechenden Kenntnisstand richtig ausgeübt werden[473]. Daraus folgt die grundsätzliche Notwendigkeit, die Substanzspender über die für ihre Entscheidung wesentlichen Umstände aufzuklären[474]. Ihnen müssen also grundsätzlich alle Informationen gegeben werden, die für ihre Einwilligungsentscheidung relevant sein könnten. Nur so können sie den Nutzen und die Risiken des Eingriffs gegeneinander abwägen und eine selbstbestimmte Entscheidung treffen[475].

---

tung HALÀSZ, Bio-materielle Selbstbestimmung, S. 231 f., und ARNING/FORGÓ/KRÜGEL, DuD 2006, 700 (701 und 705). Gegen die Zulässigkeit allgemein gehaltener Einwilligungen auch SIMITIS in: SIMITIS, BDSG, § 4a Rn. 77; GOLA/SCHOMERUS, BDSG, § 4a Rn. 11. Nach WELLBROCK, MedR 2003, 77 (81), und MORR, Biobanken, S. 97 f., ist eine »globale« Einwilligung höchstens dann zulässig, wenn der Biobankbetreiber die Substanzspender in regelmäßigen Abständen über den Stand der Forschung und neue Studien informiert.

472 Siehe MORR, Biobanken, S. 97 f.; WELLBROCK, MedR 2003, 77 (81); WELLBROCK in: NATIONALER ETHIKRAT, Wortprotokoll Jahrestagung Biobanken, S. 22; SIMITIS in: SIMITIS, BDSG, § 4a Rn. 77.

473 Siehe BGHZ 29, 49 (49 f.); BGH NStZ 2000, 87 (88); SPICKHOFF in: SOERGEL, BGB, § 823 Anh I Rn. 117; SPRAU in: PALANDT, BGB, § 823 Rn. 151; SCHRÖDER/TAUPITZ, Menschliches Blut, S. 24; LAUFS, Berufsfreiheit, S. 17; DEUTSCH/SPICKHOFF, Medizinrecht, Rn. 187; HALÀSZ, Bio-materielle Selbstbestimmung, S. 209; NATIONALER ETHIKRAT, Biobanken, S. 51; LIPPERT, MedR 2001, 406 (407); MENZEL, DuD 2002, 146 (147); MENZEL, MedR 2006, 702 (704).

474 Siehe statt aller BGHZ 29, 46 (49 f.); DEUTSCH/SPICKHOFF, Medizinrecht, Rn. 187; SPICKHOFF in: SOERGEL, BGB, § 823 Anh I Rn. 117; SCHRÖDER/TAUPITZ, Menschliches Blut, S. 24; ULSENHEIMER, Arztstrafrecht, Rn. 60; LIPPERT, MedR 2001, 406 (407); TAG, Der Körperverletzungstatbestand, S. 332 ff.

475 Siehe zum Ziel der Aufklärung z. B. BGHZ 29, 176 (181); 90, 103 (106); BGH NStZ 2000, 87 (88); SCHRÖDER/TAUPITZ, Menschliches Blut, S. 24; TAUPITZ, AcP 191 [1991], 201

Ohne Kenntnis des konkreten Forschungsprojekts bzw. der Personen, an die die Körpersubstanzen und Daten weitergegeben werden, fehlen den Substanzspendern jedoch wichtige Informationen. Deshalb ließe sich argumentieren, dass die Substanzspender die Risiken einer »globalen« Einwilligung nicht richtig abschätzen können, weshalb diese Einwilligung keine selbstbestimmte Entscheidung sei und eine »globale« Einwilligung deshalb zum Schutz der Substanzspender verfassungsrechtlich nicht zulässig sein dürfe[476].

C. Argumente für die Erlaubnis einer »globalen« Einwilligung

Für die verfassungsrechtliche Zulässigkeit einer »globalen« Einwilligung lassen sich vor allem die Grundrechte der Biobankbetreiber und die Grundrechte der Forscher anführen. Denn wie bereits ausgeführt[477] kann die Zweckbindung der Einwilligung auf ein konkretes Forschungsvorhaben dazu führen, dass Biobanken entwertet werden und Forschungsvorhaben nicht durchgeführt werden können. Sofern den Biobankbetreibern und Forschern keine Möglichkeit eingeräumt wird, die Körpersubstanzen und Daten zu nutzen, würde man nicht nur die hohe Wertigkeit und Bedeutung der Wissenschaftsfreiheit im Grundgesetz verkennen[478]. Man würde in diesem Fall überhaupt keinen Ausgleich zwischen den kollidierenden Grundrechten vornehmen, sondern einseitig die Grundrechte der Sub-

---

(207 f.); HALÀSZ, Bio-materielle Selbstbestimmung, S. 213; WELLBROCK in: NATIONALER ETHIKRAT, Wortprotokoll Jahrestagung Biobanken, S. 22; ESER in: SCHÖNKE/SCHRÖDER, StGB, § 223 Rn. 40b f. m. w. N.

476 In diese Richtung WELLBROCK, MedR 2003, 77 (81), sowie MORR, Biobanken, S. 97 f., nach denen jedoch eine »globale« Einwilligung zulässig wäre, wenn der Biobankbetreiber die Substanzspender in regelmäßigen Abständen über den aktuellen Stand der Forschung und neue Studien informieren würde.

477 Siehe oben unter A. ab Seite 175.

478 Siehe MAND, MedR 2005, 565 (573) und wohl auch FORKEL, Festschrift Weber, S. 564.

stanzspender bevorzugen. Das widerspräche dem Grundsatz der praktischen Konkordanz, der fordert, dass alle widerstreitenden Rechtspositionen einen möglichst schonenden Ausgleich erfahren müssen.

Darüber hinaus kann eine »globale« Einwilligung durchaus eine selbstbestimmte Entscheidung des jeweiligen Substanzspenders sein. Denn wenn der Substanzspender über die Unsicherheit der konkreten zukünftigen Verwendung seiner Körpersubstanzen und Daten zutreffend aufgeklärt worden ist, dann kann er die Risiken einer »globalen« Einwilligung durchaus übersehen[479]. Es ist für ihn erkennbar, dass er sich auf Ungewissheiten einlässt[480]. Es leuchtet daher nicht ein, warum ihm dennoch das Recht versagt werden soll, allgemein der Weiterverwendung der Körpersubstanzen und Daten für Forschungsprojekte zuzustimmen, sofern er ausreichend darüber informiert ist, auf welche Unsicherheit er sich damit einlässt[481]. Gerade die Beachtlichkeit seiner Einwilligung trägt in solchen Fällen sei-

[479] Siehe NATIONALER ETHIKRAT, Biobanken, S. 59; ANTONOW, Zulässigkeit von Biobanken, S. 139 ff.; MAND, MedR 2005, 565 (573). Anders aber MORR, Biobanken, S. 97, nach der sich die vorherige Information aufgrund der Unbestimmtheit des Verwendungszwecks als »leere Worthülse« erweisen würde. Nach ihr ist erforderlich, dass der Biobankbetreiber die Substanzspender in regelmäßigen Abständen über den Stand der Forschung und neue Studien informiert.

[480] Siehe NATIONALER ETHIKRAT, Biobanken, S. 59; TAUPITZ in: NATIONALER ETHIKRAT, Wortprotokoll Jahrestagung Biobanken, S. 29; MAND, MedR 2005, 565 (573). Die DFG, Prädiktive genetische Diagnostik, S. 44; FINK, Biobanken, S. 95 ff., und ANTONOW, Zulässigkeit von Biobanken, S. 140 ff., verweisen hierbei auf Parallelen zum Auskunftverzicht bei der Einwilligung in den ärztlichen Heileingriff.

[481] Siehe DFG, Prädiktive genetische Diagnostik, S. 43 f.; ZENTRALE ETHIKKOMMISSION, Körpermaterialien, S. 7 f.; NATIONALER ETHIKRAT, Biobanken, S. 60; SAMW, Biobanken, S. 9; TAUPITZ in: NATIONALER ETHIKRAT, Wortprotokoll Jahrestagung Biobanken, S. 29 und S. 50; TAUPITZ in: NATIONALER ETHIKRAT, Wortprotokoll der Sitzung am 22. Mai 2003, S. 4 f.; FINK, Biobanken, S. 95 ff.; ANTONOW, Zulässigkeit von Biobanken, S. 141 f.; MAND, MedR 2005, 565 (573); FORKEL, Festschrift Weber, S. 564; SPRANGER, NJW 2005, 1084 (1087); SPRANGER, Jahrbuch für Wissenschaft und Ethik 11 [2006], 107 (117). Für die Zulässigkeit einer »globalen« Einwilligung wohl auch SIMON et al., Biomaterialbanken, S. 114 f. sowie S. 134, und MENZEL, MedR 2006, 702 (706). Nach BREYER, MedR 2004, 660 (665), ist eine »globale« Einwilligung hingegen nur dann zulässig, wenn keine DNS-Analyse der Körpersubstanzen beabsichtigt ist. Noch weiter einschränkend WELLBROCK, MedR 2003, 77 (81), und MORR, Biobanken, S. 97, nach denen eine allgemein gehaltene Einwilligung nur dann zulässig sein könne, wenn der Biobankbetreiber die Substanzspender in regelmäßigen Abständen über den Stand der Forschung und neue Studien informiere.

nem Selbstbestimmungsrecht Rechnung[482]. Eine derartige Einwilligung des Substanzspenders ist deshalb zu respektieren. Man darf nicht an die Stelle der Freiheit des Substanzspenders dessen Bevormundung setzen[483]. Im Übrigen ist zu berücksichtigen, dass der Substanzspender auch bei einer »globalen« Einwilligung weiterhin selbst über die Weiterverwendung seiner Körpersubstanzen und Daten entscheiden kann. Ihm steht nämlich das Recht zu, seine Einwilligung jederzeit in den Grenzen von Treu und Glauben zu widerrufen[484]. Folglich besteht für die generelle Ablehnung einer »globalen« Einwilligung kein gesteigertes Schutzbedürfnis der Substanzspender.

Allerdings muss aus der Einwilligungserklärung der Zweck der Weiterverwendung zumindest ansatzweise bestimmbar sein (z. B. Weiterverwendung für Forschungszwecke). Sonst wäre die Einwilligung eine leere Worthülse. Ebenso muss für den einzelnen Substanzspender ersichtlich sein, wer für die Weiterverwendung verantwortlich ist, also die Biobank. Denn nur dann kann er von seinem Widerrufsrecht wirklich Gebrauch machen. Unter diesen Voraussetzungen spricht nichts gegen die verfassungsrechtliche Zulässigkeit einer »globalen« Einwilligung.

Natürlich kann der Gesetzgeber eine »globale« Einwilligung zum Schutz der Substanzspender weiter einschränken, insbesondere um sie vor einer Überrumpelung zu schützen oder um Missbrauch zu verhindern. Denkbar wäre beispielsweise, eine »globale« Einwilligung nur für bestimmte Verwendungsarten zuzulassen[485] oder nur für solche Biobanken, die Vorkehrungen gegen einen Missbrauch der Körpersubstanzen und Daten ge-

---

[482] So ausdrücklich MAND, MedR 2005, 565 (573); ähnlich auch ZENTRALE ETHIKKOMMISSION, Körpermaterialien, S. 8; FORKEL, Festschrift Weber, S. 564.

[483] So prägnant FORKEL, Festschrift Weber, S. 564; ähnlich auch TAUPITZ in: NATIONALER ETHIKRAT, Wortprotokoll Jahrestagung Biobanken, S. 29.

[484] Siehe statt aller TAUPITZ in: NATIONALER ETHIKRAT, Wortprotokoll Jahrestagung Biobanken, S. 50; TAUPITZ in: NATIONALER ETHIKRAT, Wortprotokoll der Sitzung am 22. Mai 2003, S. 6; MORR, Biobanken, S. 98 f.; MAND, MedR 2005, 565 (573).

[485] Beispielsweise ist nach dem geplanten SCHWEIZER HUMANFORSCHUNGSGESETZ eine »globale« Einwilligung nur für die Forschung mit anonymisierten oder pseudonymisierten Körpersubstanzen und Daten zulässig (siehe Art. 41-43).

troffen haben. Ebenso könnte der Gesetzgeber eine »globale« Einwilligung auch für unzulässig erklären. In diesen Fällen müsste den Forschern oder Biobankbetreibern jedoch eine andere Möglichkeit gewährt werden, die Körpersubstanzen und Daten für die Forschung nutzen zu können, beispielsweise in bestimmten Fällen ohne Einwilligung forschen zu dürfen. Sonst würden ihre Grundrechte außer Betracht gelassen.

Schließlich spricht für die verfassungsrechtliche Zulässigkeit einer »globalen« Einwilligung, dass sie dem deutschen Recht keineswegs fremd ist. Sie gibt es bereits im TPG hinsichtlich der postmortalen Organspende. Nach dem Konzept des TPG soll man nämlich in eine postmortale Organentnahme einwilligen, ohne dass man weiß, wem das Organ letztlich übertragen wird, weil die Verteilung der Organe in der Regel von einer Vermittlungsstelle übernommen wird (§ 9 TPG)[486].

D. Kein Verstoß gegen die Datenschutzrichtlinie

Eine »globale« Einwilligung in die Weiterverwendung der Daten könnte allerdings aufgrund der Europäischen Datenschutzrichtlinie (DSRL)[487] unzulässig sein[488].

Dafür spricht auf den ersten Blick der Art. 6 Abs. 1 b DSRL, nach dem die Mitgliedstaaten vorsehen sollen, dass personenbezogene Daten nur

486 Natürlich wäre es aufgrund des allgemeinen Persönlichkeitsrechts und der Menschenwürde auch zulässig, der Organentnahme nur zugunsten einer bestimmten Person zuzustimmen. Dann hätte man einen »Widerspruch« i. S. d. § 2 Abs. 2 S. 1 TPG in die postmortale Organentnahme zugunsten anderer Personen.

487 Richtlinie 95/46/EG des Europäischen Parlaments und des Rates vom 24. Oktober 1995 zum Schutz natürlicher Personen bei der Verarbeitung personenbezogener Daten und zum freien Datenverkehr – abgedruckt im Amtsblatt Nr. L 281 vom 23. November 1995.

488 Dafür BRÜHANN in: NATIONALER ETHIKRAT, Wortprotokoll Jahrestagung Biobanken, S. 28. In diese Richtung auch ARNING/FORGÓ/KRÜGEL, DuD 2006, 700 (701), nach denen die rechtliche Zulässigkeit einer weit gefassten Einwilligung »zumindest zweifelhaft« sei.

für »festgelegte eindeutige und rechtmäßige Zwecke erhoben und nicht in einer mit diesen Zweckbestimmungen nicht zu vereinbarenden Weise weiterverarbeitet werden«. Eine »globale« Einwilligung wäre mit dieser Norm nur dann vereinbar, wenn man den »globalen« Zweck (z. B. Unterstützung der Forschung) als eindeutigen Zweck begreift[489]. Diese Frage kann hier aber letztlich dahinstehen. Denn jedenfalls können die Mitgliedstaaten nach Art. 13 Abs. 1 g DSRL Rechtsvorschriften erlassen, welche die Rechte aus Art. 6 Abs. 1 DSRL beschränken, sofern eine solche Beschränkung für den »Schutz der betroffenen Person und der Rechte und Freiheiten anderer Personen« notwendig ist, wie hier für Biobankbetreiber und Forscher. Aus diesem Grund könnte der deutsche Gesetzgeber den Art. 6 Abs. 1 b DSRL für die Regelung einer »globalen« Einwilligung wirksam beschränken.

Des Weiteren lässt sich für die Unzulässigkeit der Regelung einer »globalen« Einwilligung die Definition der »Einwilligung der betroffenen Person« in Art. 2 h DSRL anführen. Diese erfordert, dass die Willensbekundung »für den konkreten Fall und in Kenntnis der Sachlage erfolgt«. Auch hier ließe sich jedoch wieder argumentieren, dass der »globale« Zweck (die Unterstützung der Forschung) ein eindeutiger bzw. hinreichend konkreter Fall sei. Dafür spräche immerhin eine Auslegung dieser Voraussetzung im Lichte des Selbstbestimmungsrechts des Betroffenen. Auch hier kann diese Frage aber letztlich dahinstehen. Selbst wenn man eine »globale« Einwilligung nämlich nicht als hinreichende Einwilligung im Sinne der DSRL ansehen würde, ergebe sich daraus nicht per se die Unzulässigkeit der Regelung einer »globalen« Einwilligung. Denn die Mitgliedstaaten können gem. Art. 7 b-f DSRL Fälle vorsehen, in denen die Verarbeitung personenbezogener Daten auch ohne Einwilligung erfolgen darf, beispielsweise wenn die Verarbeitung zur Verwirklichung eines berechtigten Interesses erforderlich ist und sofern nicht das Interesse oder die Grundfreiheiten der betroffenen Person überwiegen (Art. 7 f DSRL). Die Regelung der »globalen« Einwil-

[489] So unter anderem ANTONOW, Zulässigkeit von Biobanken, S. 86 f.

ligung für die Weiterverwendung der Daten für Forschungszwecke würde dem berechtigten Interesse der Biobankbetreiber und Forscher sowie dem Selbstbestimmungsrecht der Substanzspender dienen und das Interesse der Substanzspender an einem Ausschluss der Verarbeitung überwiegen. Folglich dürfte der deutsche Gesetzgeber die Weiterverwendung personenbezogener Daten des Substanzspenders in Biobanken in bestimmten Fällen sogar ohne Einwilligung des Substanzspenders zulassen (z. B. wenn das Forschungsvorhaben sonst nicht durchgeführt werden kann). A maiore ad minus muss deshalb auch die Regelung einer »globalen« Einwilligung zulässig sein.

An die Verarbeitung *besonders sensibler Daten* stellt die DSRL in ihrem Art. 8 zwar höhere Anforderungen als an die Verarbeitung allgemeiner personenbezogener Daten. Aber auch dafür könnte der deutsche Gesetzgeber gem. Art. 8 Abs. 4 DSRL »vorbehaltlich angemessener Garantien aus Gründen eines wichtigen öffentlichen Interesses« im Wege einer Rechtsvorschrift Ausnahmen vorsehen. Die Unterstützung der wissenschaftlichen Forschung durch eine Regelung der Zulässigkeit einer »globalen« Einwilligung für die Weiterverwendung der Daten in Biobanken wäre ein solches wichtiges öffentliches Interesse[490]. Die von Art. 8 Abs. 4 DSRL geforderte angemessene Garantie ist hierbei bereits in § 40 Abs. 1 BDSG zu erblicken, wonach für Zwecke der wissenschaftlichen Forschung erhobene oder gespeicherte personenbezogene Daten nur für Zwecke der wissenschaftlichen Forschung verwendet werden dürfen. Diese Vorschrift stellt sicher, dass die einmal für Forschungszwecke erhobenen oder gespeicherten personenbezogenen Daten im Bereich der wissenschaftlichen Forschung verbleiben[491]. Deshalb darf der deutsche Gesetzgeber aufgrund des Art. 8 Abs. 4 DSRL auch eine Verarbeitung besonders sensibler Daten in bestimmten Fällen ohne Einwilligung des Substanzspenders zulassen (z. B. wenn das Forschungsvorhaben sonst nicht durchgeführt werden

[490] Siehe Erwägungsgrund 34 DSRL sowie ARNING/FORGÓ/KRÜGEL, DuD 2006, 700 (701).

[491] Siehe u. a. SIMITIS in: SIMITIS, BDSG, § 40 Rn. 43; TAUPITZ/PITZ/WICKLEIN, MedR 2005, 262 (265 f.).

kann) und dann kann er sie a maiore ad minus ebenso aufgrund einer »globalen« Einwilligung für zulässig erklären.

Demzufolge würde die Einführung einer »globalen« Einwilligung in die Weiterverwendung der Daten in Biobanken nicht gegen die DSRL verstoßen.

E. Besonderheiten bei toten Substanzspendern

Bezüglich der »globalen« Einwilligung bestehen keine großen Unterschiede bei toten Substanzspendern. Wenn der Substanzspender vor seinem Tod eine »globale« Einwilligung gegeben hat, dann bleibt sie auch nach seinem Tod wirksam, da die Angehörigen den Willen des Verstorbenen zu beachten haben. Wenn hingegen keine lebzeitige Erklärung des Substanzspenders vorliegt und auch kein ablehnender Wille des Verstorbenen festgestellt werden kann, dann können die Angehörigen grundsätzlich auch eine »globale« Einwilligung erteilen. Es ist jedoch zu beachten, dass der mutmaßliche Wille des Verstorbenen in der Regel dahin geht, so bestattet zu werden, wie er gestorben ist. Aus diesem Grund ist nur in Ausnahmefällen eine »globale« Einwilligung der Angehörigen in die Weiterverwendung der Körpersubstanzen des Verstorbenen zulässig.

F. Fazit

Der Gesetzgeber darf somit eine Regelung treffen, die es Substanzspendern gestattet, auch in eine noch unbestimmte Weiterverwendung ihrer Körpersubstanzen und Daten zu Zwecken wissenschaftlicher Forschung einzuwilligen.

§ 9. Erlaubnis der Weiterverwendung ohne Einwilligung

Nach den vorherigen Ausführungen darf der Gesetzgeber die Zulässigkeit einer »globalen« Einwilligung regeln, zumindest hinsichtlich der Weiterverwendung der Körpersubstanzen und Daten für Zwecke wissenschaftlicher Forschung. Das wirft die Frage auf, ob die Weiterverwendung überhaupt einer Einwilligung des Substanzspenders bedarf oder ob der Gesetzgeber auch regeln könnte, dass für die Weiterverwendung der Körpersubstanzen und Daten keine Einwilligung des Substanzspenders benötigt wird.

A. Beispiele für die Weiterverwendung ohne Einwilligung

Als internationales Beispiel für die Weiterverwendung von Gesundheitsdaten ohne Einwilligung könnte die isländische *Health Sector Database* herangezogen werden. Dabei handelt es sich um eine Datenbank, in der die Gesundheitsdaten der gesamten isländischen Bevölkerung zusammengeführt werden[492]. Dafür hatte das isländische Parlament 1998 mit dem »ACT ON A HEALTH SECTOR DATABASE« die rechtlichen Voraussetzungen geschaffen und darin vorgesehen, dass alle Krankenakten in die Datenbank eingespeist werden dürfen – sofern die Patienten dem nicht widersprechen[493].

Auch in Deutschland existieren vergleichbare Regelungen und zwar hinsichtlich der Krebsregistrierung. So sind beispielsweise in Baden-Württemberg nach § 4 des neuen Landeskrebsregistergesetzes Ärzte und Zahnärzte verpflichtet, Informationen über die Krebserkrankung ihrer Patienten an eine Vertrauensstelle zu melden[494]. Dabei haben sie zwar den Patienten zum frühestmöglichen Zeitpunkt über die Meldung zu unterrichten, benötigen für die Meldung aber nicht dessen Einwilligung[495]. Der Patient kann jedoch der Verarbeitung seiner Daten gegenüber dem Arzt oder Zahnarzt widersprechen.

B. Argumente für die Erlaubnis der Weiterverwendung ohne Einwilligung

Für die Zulässigkeit der Weiterverwendung ohne Einwilligung des Substanzspenders lassen sich die Grundrechte des Biobankbetreibers und des Forschers anführen, weil man deren Tätigkeit durch eine entsprechende Regelung signifikant unterstützen würde. Sie müssten dann vor der Weiterverwendung der Körpersubstanzen und Daten nicht erst den Substanzspender kontaktieren, was die Vorbereitungszeit für ein Forschungsprojekt

[492] Siehe hierzu ausführlich ANTONOW, Zulässigkeit von Biobanken, S. 45 ff., sowie B. JANSEN, DNA- Datenbanken, S. 124 ff.

[493] Siehe NATIONALER ETHIKRAT, Biobanken, S. 41; MORR, Biobanken, S. 127 f., sowie ANTONOW, Zulässigkeit von Biobanken, S. 46 ff.

[494] Zu den meldepflichtigen Informationen zählen sowohl Angaben zur Identifizierung des Patienten als auch epidemiologische und klinische Daten.

[495] Ablehnend gegenüber dieser Regelung MORR, Biobanken, S. 123.

sowie den Aufwand des Biobankbetreibers erheblich verringern würde.

Hinsichtlich der Weiterverwendung der Körpersubstanzen kommt hinzu, dass dem Biobankbetreiber in der Regel das Eigentum an den Körpersubstanzen zusteht[496]. Da die Eigentümerstellung im Allgemeinen ein umfassendes Verfügungsrecht an Sachen gewährt, fragt sich, warum gerade der Biobankbetreiber für die Weiterverwendung der Körpersubstanzen die Kosten und Mühen des Einholens einer Einwilligung auf sich nehmen soll. Das Einholen der Einwilligung dient doch den Interessen des Substanzspenders, weshalb von ihm ein aktives Handeln – z. B. Widerspruch – erwartet werden könnte, wenn er mit einer Weiterverwendung nicht einverstanden wäre. Dafür spricht zudem, dass der Substanzspender bei praxisnaher Betrachtung schon vor oder kurz nach der Abtrennung seiner Körpersubstanzen einer möglichen Weiterverwendung dieser Körpersubstanzen deutlich widersprochen hätte, wenn er die Forschung mit seinen Körpersubstanzen prinzipiell ablehnen würde[497].

C. Verhältnismäßigkeit als Grenze

Eine gesetzgeberische Regelung dergestalt, dass die Körpersubstanzen und Daten generell ohne eine Einwilligung des Substanzspenders in Biobanken weiterverwendet werden dürfen, wäre aber keinesfalls verfassungsrechtlich zulässig. Denn der Gesetzgeber darf bei seinen Regelungen nicht einseitig die Grundrechte der Biobankbetreiber und Forscher schützen, sondern muss die Grundrechte des Substanzspenders angemessen berücksichtigen und versuchen, die gegenläufigen Interessen so schonend wie möglich auszugleichen. Wegen des dabei zu beachtenden Grundsatzes der Verhältnismäßigkeit kann eine Weiterverwendung von Körpersubstanzen

[496] Siehe zur Eigentumslage oben im 2. Teil: unter § 2. C. II. ab Seite 40.
[497] Siehe zu diesem Gedanken: MENZEL, MedR 2006, 702 (707).

und Daten verfassungsrechtlich nur dann ohne Einwilligung des Substanzspenders zulässig sein, wenn diese Maßnahme zur Erreichung des vom Gesetzgeber verfolgten Zwecks (z. B. Förderung von Biobanken und von Forschungsvorhaben) geeignet, erforderlich und angemessen wäre[498]. Eine Weiterverwendung ist deshalb desto eher ohne Einwilligung des Substanzspenders zulässig, je geringer dabei die Beeinträchtigung der Grundrechte des Substanzspenders ist.

I. Anonymisierte Weiterverwendung

Keinen Bedenken begegnet aus diesem Blickwinkel die Weiterverwendung anonymisierter Körpersubstanzen und Daten in Biobanken bzw. ihre Weitergabe von der Biobank an die Forscher. Denn im Falle einer Anonymisierung ist eine Offenbarung »persönlicher Lebenssachverhalte« nicht zu befürchten, weil die Körpersubstanzen und Daten keine Informationen enthalten, durch die mit zumutbaren Bemühungen auf die Identität des Substanzspenders geschlossen werden kann[499]. Deshalb wird durch die anonymisierte Weiterverwendung weder das Recht des Substanzspenders auf informationelle Selbstbestimmung noch sein Recht auf Nichtwissen oder die Freiheit der Ehe und Familie beeinträchtigt.

Zwar können persönlichkeitsrechtliche Interessen an den Körpersubstanzen selbst bestehen (Recht auf bio-materielle Selbstbestimmung), doch ist dafür erforderlich, dass der Substanzspender noch eine ideelle Beziehung zu diesen Körpersubstanzen hat[500]. Wenn der Substanzspender die Körpersubstanzen kommentarlos beim Erbringer der medizinischen Dienstleistung (z. B. Arzt, Krankenhaus) zurückgelassen hat und nicht erwar-

[498] Siehe zum Grundsatz der Verhältnismäßigkeit unter anderem BVerfGE 47, 327 (369 f.); 65, 1 (44, 46, 54 ff.) »Volkszählungsgesetz«; 67, 100 (143); 77, 1 (46 f.); 78, 77 (85).

[499] Siehe zu dieser Frage ausführlich DAMMANN in: SIMITIS, BDSG, § 3 Rn. 5; MORR, Biobanken, S. 36 ff.; MAND, MedR 2005, 565 (566).

[500] Siehe zum Persönlichkeitsrecht an den Körpersubstanzen bereits ausführlich im 2. Teil: unter § 3. C. III. 4. ab Seite 93.

tet, sie je wiederzubekommen, kann aber man in der Regel davon ausgehen, dass der Substanzspender keine gesteigerte ideelle Beziehung zu den Körpersubstanzen hat, sonst hätte er dies deutlich zum Ausdruck gebracht[501]. Und selbst wenn er doch noch eine ideelle Beziehung zu den Körpersubstanzen hätte, dann wären seine persönlichkeitsrechtlichen Belange an den Körpersubstanzen nach Erfüllung ihres Primärzwecks nicht so gewichtig, dass der Gesetzgeber die Weiterverwendung dieser verbliebenen Körpersubstanzen verbieten müsste. Ein ausreichender Schutz des Persönlichkeitsrechts an den Körpersubstanzen kann dadurch gewährleistet werden, dass man dem Substanzspender das Recht zugesteht, einer weiteren Verwendung der Körpersubstanzen zu widersprechen, solange die Körpersubstanzen noch nicht anonymisiert sind. Erst Recht besteht ein ausreichender Schutz des Substanzspenders dann, wenn vor Durchführung von Forschungsvorhaben an anonymisierten Körpersubstanzen und Daten aus Biobanken eine Begutachtung durch eine Ethikkommission erfolgen muss[502].

Folglich sind die Grundrechte des Substanzspenders bei der anonymisierten Weiterverwendung von Körpersubstanzen und Daten allenfalls in stark abgeschwächter Form betroffen. Die Weiterverwendung anonymisierter Körpersubstanzen und Daten in Biobanken und deren Weitergabe für Forschungszwecke wäre somit verfassungsrechtlich auch ohne Einwilligung des Substanzspenders zulässig[503]. Diesem Ergebnis entspricht auch § 26 Abs. 5 des geplanten GenDG[504] und Art. 23 Abs. 1 der Empfehlung Rec(2006)4 des Europarates zur Forschung an menschlichen biologischen Materialien.

501 Siehe zu diesem Gedanken: MENZEL, MedR 2006, 702 (707).
502 Siehe die Forderung des NATIONALEN ETHIKRATES, Biobanken, S. 74 f.
503 Siehe NATIONALER ETHIKRAT, Biobanken, S. 56 f.; MORR, Biobanken, S. 135 f.; ANTONOW, Zulässigkeit von Biobanken, S. 105 ff.; einschränkend HALÀSZ, Bio-materielle Selbstbestimmung, S. 202 f., der nur die Weiterverwendung anonymisierter nicht-codierender Substanzen ohne Einwilligung für zulässig hält.
504 §§ 26- 33 GenDG regeln die Zulässigkeit von genetischen Untersuchungen zu Zwecken wissenschaftlicher Forschung. Nach § 26 Abs. 5 finden diese Vorschriften auf die Verwendung anonymisierter genetischer Proben und Daten keine Anwendung.

II. Pseudonymisierte Weiterverwendung

In vielen Fällen ist es allerdings wünschenswert, dass der Substanzspender identifizierbar bleibt, etwa um weitere Informationen über Krankheiten zu erhalten oder Ergebnisse zu kontrollieren. Hier stellt sich die Frage, ob nicht auch eine Pseudonymisierung ausreichend ist. Dabei werden die Identifikationsmerkmale (etwa Name, Anschrift) durch ein Kennzeichen ersetzt, das zwar eine Re-Identifizierung erlaubt, aber dies nur einem begrenzten Personenkreis, der den Schlüssel für die Entschlüsselung kennt. Gleichwohl werden pseudonymisierte Daten anders als anonymisierte Daten regelmäßig als personenbezogene Daten behandelt[505]. Begründet wird dies damit, dass ein Rückgriff auf die personenbezogenen Daten weiterhin möglich ist, wenn auch erschwert. Dennoch wird man auch in Fällen, in denen Forscher bzw. Biobankbetreiber keinen Zugang zum Entschlüsselungscode haben, sie also von sich aus keinen Personenbezug herstellen können, regelmäßig von einer zulässigen Weiterverwendung der Körpersubstanzen und Daten ausgehen dürfen[506]. Denn in diesen Fällen sind sie ebenso wie im Falle einer Anonymisierung vom Personenbezug abgeschnitten. Das führt dazu, dass die »codierten« Daten für diejenigen, die keinen Zugang zum Entschlüsselungscode haben, keine personenbezogenen Daten sind[507]. Ein hinreichender Schutz des Substanzspenders wird dadurch erreicht, dass seine Rechte (Recht auf informationelle Selbstbestimmung, Recht auf Nichtwissen sowie Recht auf die Freiheit der Ehe und Familie) hinsichtlich der Herausgabe des Entschlüsselungscodes beachtet werden müssen[508]. Es besteht daher kein Grund, die pseudonymisierte Weiterverwendung anders als die anonymisierte Weiterverwendung zu behandeln,

---

505 Siehe BIZER in: SIMITIS, BDSG, § 3 Rn. 217; SCHAFFLAND/WILTFANG, BDSG, § 3 Rn. 13; RYNNING, use of biobank samples, S. 110 f.

506 Siehe NATIONALER ETHIKRAT, Biobanken, S. 13 und S. 70 f.; ANTONOW, Zulässigkeit von Biobanken, S. 109; GOLA/SCHOMERUS, BDSG, § 3a Rn. 10; MAND, MedR 2005, 565 (568).

507 ANTONOW, Zulässigkeit von Biobanken, S. 109; MAND, MedR 2005, 565 (568). In diese Richtung auch SCHAFFLAND/WILTFANG, BDSG, § 3 Rn. 13.

508 In diese Richtung auch NATIONALER ETHIKRAT, Biobanken, S. 13.

wenn der Forscher bzw. Biobankbetreiber keinen Zugang zum Entschlüsselungscode hat. Die Grundrechte des Substanzspenders werden hierbei nur marginal beeinträchtigt und haben folglich in der Abwägung hinter den Grundrechten des Forschers und Biobankbetreibers zurückzutreten.

Unter diesen Voraussetzungen bestehen keine verfassungsrechtlichen Bedenken gegen eine pseudonymisierte *Weitergabe* der Körpersubstanzen und Daten von der Biobank an die Forscher oder gegen deren *Weiterverwendung beim Forscher*, selbst wenn dafür keine Einwilligung des Substanzspenders vorhanden ist. Dieses Ergebnis lässt sich zwar grundsätzlich auch auf die *Aufbewahrung* der Körpersubstanzen und Daten in der Biobank übertragen. Allerdings wird der Biobankbetreiber – im Gegensatz zu den Forschern – in der Regel Zugang zum Entschlüsselungscode haben.

III. Unverschlüsselte Weiterverwendung

Demgegenüber findet bei der Weiterverwendung von Körpersubstanzen und Daten in personenbezogener Form ein starker Eingriff in die Grundrechte des Substanzspenders statt. Hier ist nicht nur sein Recht auf biomaterielle Selbstbestimmung betroffen, sondern ebenso sein Recht auf informationelle Selbstbestimmung und ggf. sein Recht auf Nichtwissen sowie auf die Freiheit der Ehe und Familie. Aufgrund der damit verbundenen gesteigerten Eingriffsintensität haben die Grundrechte des Biobankbetreibers und die Grundrechte des Forschers regelmäßig hinter den Grundrechten des Substanzspenders zurückzutreten, weshalb man für die personenbezogene Weiterverwendung der Körpersubstanzen und Daten grundsätzlich die Einwilligung des Substanzspenders einzuholen hat[509].

Zwar können auch bei einer unverschlüsselten **Weitergabe der Körpersubstanzen und Daten** von der Biobank an den Forscher (bzw. deren

[509] Siehe BIZER, Informationelle Selbstbestimmung, S. 176 ff., 190 f. sowie 202 f.; MAND, MedR 2005, 565 (574); WELLBROCK, MedR 2003, 77 (79 und 81).

unverschlüsselter Weiterverwendung beim Forscher) die Grundrechte des Forschers überwiegen. Das kann aber nur dann angenommen werden, wenn und soweit das wissenschaftliche Interesse an der Durchführung des Forschungsvorhabens das Interesse des Substanzspenders am Ausschluss der Verwendung erheblich überwiegt und der Zweck der Forschung auf andere Weise (insbesondere durch Anonymisierung / Pseudonymisierung, globale Einwilligung) nicht oder nur mit unverhältnismäßigem Aufwand erreicht werden kann[510]. Begründet werden kann dies mit einem Vergleich zum Datenschutzrecht. Auch dort ist unter den genannten Voraussetzungen zugunsten der Forschung eine Nutzung personenbezogener Daten ohne konkrete Einwilligung des Betroffenen zulässig[511]. Diese Wertung lässt sich auf die Weitergabe der Körpersubstanzen und Daten von der Biobank an den Forscher bzw. auf deren Weiterverwendung beim Forscher übertragen und findet sich auch im geplanten GenDG (§ 26 Abs. 4 GenDG[512]). Dieser Ausnahmefall wird allerdings nur selten angenommen werden können, da der Zweck der Forschung regelmäßig auch nach Anonymisierung / Pseudonymisierung oder nach Einholen der Einwilligung des Substanzspenders erreicht werden kann. Im Zusammenhang mit der Weiterverwendung von Körpersubstanzen und Daten sind daher kaum konkrete Situationen denkbar, in denen eine unverschlüsselte Weitergabe der Körpersubstanzen und Daten von der Biobank an den Forscher bzw. deren unverschlüsselte Weiterverwendung beim Forscher erforderlich und damit ohne Einwilligung des Substanzspenders zulässig wäre.

---

[510] Siehe z. B. NATIONALER ETHIKRAT, Biobanken, S. 58; ZENTRALE ETHIKKOMMISSION, Körpermaterialien, S. 9 f.; MAND, MedR 2005, 565 (574). Kritisch dazu BIZER, Informationelle Selbstbestimmung, S. 191.

[511] Siehe etwa § 28 Abs. 6 Nr. 4 BDSG oder § 13 Abs. 2 Nr. 8 BDSG.

[512] Dieser bestimmt: *»Ist die Einholung einer Einwilligung nicht oder nur mit unverhältnismäßigem Aufwand möglich, so ist eine genetische Untersuchung oder Analyse bereits vorhandener personenbezogener genetischer Proben und die Erhebung, Verarbeitung und Nutzung personenbezogener genetischer Daten zu Zwecken wissenschaftlicher Forschung zulässig, wenn dies zur Durchführung wissenschaftlicher Forschung erforderlich ist, das wissenschaftliche Interesse an der Durchführung des Forschungsvorhabens das Interesse der betroffenen Person an dem Ausschluss der genetischen Untersuchung oder Analyse erheblich überwiegt und der Zweck der Forschung auf andere Weise nicht oder nur mit unverhältnismäßigem Aufwand erreicht werden kann.«*.

Anders verhält es sich jedoch bei der **Aufbewahrung der Körpersubstanzen und Daten in der Biobank** in personenbezogener Form. Für den Biobankbetreiber ist es nämlich in der Regel erforderlich, dass der Substanzspender identifizierbar bleibt, etwa um den Forschern die Kontrolle ihrer Ergebnisse zu ermöglichen oder um die Sammlung nachträglich mit weiteren Gesundheitsdaten oder Lebensstilveränderungen zu ergänzen[513]. Dies könnte er zwar auch bei der Aufbewahrung in pseudonymisierter Form, doch wäre dann die Kontaktierung des Substanzspenders sehr umständlich, weil es zurzeit noch keine – wie bei den Krebsregistern üblich – zentrale »Vertrauensstelle« gibt, welche die Pseudonymisierung übernehmen könnte[514]. Ohne eine solche unabhängige Einrichtung muss der Biobankbetreiber selbst die Körpersubstanzen und Daten pseudonymisieren und damit für den Schutz der Privatsphäre des Substanzspenders bei der späteren Weiterverwendung sorgen. Ihm bleibt deshalb meistens keine andere Wahl, als die *Aufbewahrung* der Körpersubstanzen und Daten in personenbezogener Form vorzunehmen bzw. zumindest Zugang zum Entschlüsselungscode zu haben. Er hat aus diesem Grund für die Aufbewahrung der Körpersubstanzen grundsätzlich die Einwilligung des Substanzspenders einzuholen. Denn das Einholen einer Einwilligung ist für die Grundrechte des Substanzspenders das mildere Mittel, weshalb die Aufbewahrung ohne Einwilligung nicht »erforderlich« und somit unzulässig wäre[515]. In einigen Fällen wird die Einholung einer Einwilligung jedoch nicht oder nur mit unverhältnismäßigem Aufwand möglich sein, beispielsweise weil der Substanzspender mittlerweile unbekannt verzogen ist. In diesen Fällen kann ein Ausgleich der kollidierenden Grundrechte nicht erreicht werden, sondern entweder die Grundrechte des Biobankbetreibers und Forschers oder die Grundrechte des Substanzspenders bevorzugt werden. Hier hat der Gesetzgeber unter Berücksichtigung »der besonderen Umstände des

513 Siehe auch MORR, Biobanken, S. 136; MAND, MedR 2005, 565 (568).
514 Für den Einsatz von unabhängigen Treuhändern bei Biobanken auch MORR, Biobanken, S. 137 ff.; WELLBROCK, MedR 2003, 77 (82); WELLBROCK, DuD 2007, 17 (20 f.).
515 Siehe z. B. BIZER, Informationelle Selbstbestimmung, S. 190 f.; MORR, Biobanken, S. 139; MAND, MedR 2005, 565 (574).

Einzelfalles zu entscheiden, welches Interesse zurückzutreten hat«[516]. Er könnte demzufolge auch die Aufbewahrung in personenbezogener Form für zulässig erklären, sofern gerade die Aufbewahrung der Körpersubstanzen und Daten *dieses* Substanzspenders notwendig sein sollte. Daran fehlt es aber beispielsweise, wenn sich entsprechende Körpersubstanzen und Daten auch von anderen Substanzspendern beschaffen lassen, von denen eine Einwilligung eingeholt werden kann[517]. In der Regel wird die Aufbewahrung gerade dieser Körpersubstanzen und Daten daher wohl nicht zwingend notwendig sein und damit der Biobankbetreiber diese ohne Einwilligung des Substanzspenders nicht aufbewahren dürfen.

Im Ergebnis lässt sich festhalten, dass sowohl für die Aufbewahrung der Körpersubstanzen und Daten in der Biobank in personenbezogener Form als auch für deren unverschlüsselte Weitergabe an den Forscher (bzw. deren Weiterverwendung beim Forscher) sowie für die Herausgabe des Entschlüsselungscodes an den Forscher regelmäßig die (ggf. globale) Einwilligung des Substanzspenders erforderlich ist. Eine Regelung, welche diese Handlung generell ohne Einwilligung zulassen würde, wäre nicht verhältnismäßig und deshalb verfassungsrechtlich unzulässig.

IV. Umstrittene Forschungsvorhaben

Die Grundrechte des Substanzspenders wären zudem dann verletzt, wenn die Körpersubstanzen und Daten, selbst im Falle einer Anonymisierung oder Pseudonymisierung, Forschungen zugeführt werden, über deren rechtliche oder ethische Vertretbarkeit unter Ärzten bzw. in der Öffentlichkeit erhebliche Uneinigkeit herrscht[518]. Denn wenn sich in der öffentli-

---

[516] BVerfGE 35, 203 (225).

[517] Siehe SIMITIS in: SIMITIS, BDSG, § 28 Rn. 269; BERGMANN/MÖRLE/HERB, Datenschutzrecht, § 28 Rn. 295.

[518] Siehe SCHRÖDER/TAUPITZ, Menschliches Blut, S. 65; ANTONOW, Zulässigkeit von Biobanken, S. 107; ZENTRALE ETHIKKOMMISSION, Körpermaterialien, S. 9 f.; TAUPITZ, Recht im

chen Diskussion beispielsweise eine ganz überwiegende Ablehnung gegenüber der Klonierung menschlicher Wesen abzeichnet, muss demjenigen, dessen Körpersubstanzen für derartige »züchterische« Gestaltungsformen verwendet werden sollen, selbst die Entscheidungsbefugnis darüber zustehen[519]. Dies gilt unabhängig davon, ob die fragliche Verwendung gesetzlich verboten ist (wie dies beim Klonen der Fall ist, § 6 ESchG).

V. Ausdrücklicher Widerspruch des Substanzspenders

Die Weiterverwendung der Körpersubstanzen und Daten ist ebenfalls ausgeschlossen, wenn der Substanzspender ausdrücklich einer Weiterverwendung widersprochen hat[520]. Denn sonst würde der Substanzspender einseitig den Interessen der Biobankbetreiber und Forscher unterworfen.

D. Besonderheiten bei toten Substanzspendern

Körpersubstanzen und Daten von toten Substanzspendern können grundsätzlich unter den gleichen Voraussetzungen wie bei lebenden Substanzspendern in Biobanken weiterverwendet werden. Ist danach die Einwilligung des Substanzspenders erforderlich und fehlt eine derartige lebzeitige Erklärung, können seine Angehörigen diese erteilen, sofern dies nicht im Widerspruch zu dem Willen des Verstorbenen steht[521].

Tod, S. 16 ff.; NITZ/DIERKS, MedR 2002, 400 (401); REYMOND et al., Proteomics 2003, 1387 (1392).

519 SCHRÖDER/TAUPITZ, Menschliches Blut, S. 65.

520 Siehe z. B. NATIONALER ETHIKRAT, Biobanken, S. 56 und S. 69; MENZEL, MedR 2006, 702 (705, 707).

521 Siehe NATIONALER ETHIKRAT, Biobanken, S. 21 und S. 85.

E. Fazit

Der Gesetzgeber dürfte somit regeln, dass die Weiterverwendung von Körpersubstanzen und Daten des Substanzspenders in Biobanken keiner Einwilligung des Substanzspenders bedarf, wenn die Körpersubstanzen und Daten vollständig anonymisiert sind. Ein Widerspruch des Substanzspenders ist jedoch in jedem Fall zu beachten. Außerdem dürfen die Körpersubstanzen und Daten ohne ausdrückliche Einwilligung des Substanzspenders keinen Forschungen zugeführt werden, über deren rechtliche oder ethische Vertretbarkeit erhebliche Uneinigkeit herrscht.

Gleiches gilt, wenn die Körpersubstanzen und Daten pseudonymisiert sind und der jeweilige Verwender (Biobankbetreiber bzw. Forscher) keinen Zugang zum Entschlüsselungscode hat.

Für die Weiterverwendung von Körpersubstanzen und Daten in personenbezogener Form bedarf es demgegenüber grundsätzlich einer Einwilligung des Substanzspenders. Hier kann der Gesetzgeber nur dann von einer Einwilligung absehen, wenn und soweit das wissenschaftliche Interesse an der Durchführung des Forschungsvorhabens oder das Interesse des Biobankbetreibers an der Aufbewahrung der Körpersubstanzen und Daten das Interesse des Substanzspenders am Ausschluss der Weitergabe oder Aufbewahrung erheblich überwiegt und der Zweck der Forschung oder Aufbewahrung auf andere Weise (insbesondere durch Anonymisierung / Pseudonymisierung, globale Einwilligung) nicht oder nur mit unverhältnismäßigem Aufwand erreicht werden kann.

4. Teil:

Schlussbetrachtung und Ergebnisse

Mediziner setzen große Hoffnungen in Biobanken und prognostizieren, dass Biobanken zur Weiterentwicklung der medizinischen Forschung und vor allem des Gesundheitswesens führen werden[522]. Es bleibt abzuwarten, ob sich diese Hoffnungen erfüllen und welche konkreten wissenschaftlichen Erfolge Biobanken einmal vorweisen können. Sie werden aber höchstwahrscheinlich zur Infrastruktur einer modernen medizinischen Wissenschaft gehören, stellen sie doch schon jetzt eine wichtige Ressource zur Aufklärung von Krankheiten dar. Trotz aller Hoffnungen sind Biobanken – ebenso wie andere hoffnungsvolle Bereiche der Medizin (Stichwort »Stammzellen«) – auch in die Kritik geraten. Vor allem wird befürchtet, dass die Körpersubstanzen und Daten unkontrolliert verwendet werden und so der Substanzspender zu einem bloßen Rohstoff verkommt. Im Kern handelt es sich letztlich um das allgemeine Problem, wie die Persönlichkeitsrechte des Einzelnen mit den Interessen der medizinischen Wissenschaft in Einklang gebracht werden können und ganz allgemein um die Frage, in welchen Fällen sich der Einzelne dem Fortschritt der Medizin unterzuordnen hat.

Zur Lösung dieses Grundproblems ist einer modernen Gesellschaft vor allem der Gesetzgeber in der Lage, weil er als Vertreter des Volkes die gesamte Gesellschaft repräsentiert und deshalb einen breiten gesellschaftlichen Konsens herbeiführen kann. Der Gesetzgeber ist dabei allerdings nicht vollkommen frei in seiner Gestaltungsmacht, sondern muss bei seinem Tätigwerden die Wertungen des Grundgesetzes beachten, insbesondere die Grundrechte der Betroffenen. Da die Regelungen im Grundgesetz aber sehr allgemein gehalten sind und erst auf den jeweiligen Fall konkretisiert werden müssen, ist es für den Gesetzgeber nicht immer leicht, seinen Gestaltungsspielraum richtig einzuschätzen und Regelungen zu treffen, die im Einklang mit den verfassungsrechtlichen Vorgaben stehen. Das Hauptziel der vorliegenden Arbeit bestand deshalb darin, die verfassungsrechtlichen Rahmenbedingungen für die Tätigkeiten von Biobanken auf-

[522] Siehe z. B. SAMW, Biobanken, S. 2.

zuzeigen, insbesondere die betroffenen Grundrechte der Beteiligten herauszuarbeiten. Die dabei gewonnenen zentralen Ergebnisse seien im Folgenden noch einmal herausgestellt. Für eine detaillierte Aufstellung sei aber auf die jeweiligen Zusammenfassungen und Zwischenergebnisse am Ende der jeweiligen Kapitel verwiesen.

A. Hinsichtlich der Grundrechte der Beteiligten ergaben sich folgende zentralen Ergebnisse:

1. Ein Blick auf die *Grundrechte des Biobankbetreibers* ergab, dass dieser bei der Weiterverwendung von Körpersubstanzen und Daten durch verschiedene Grundrechte geschützt ist, nämlich durch die Wissenschaftsfreiheit aus Art. 5 Abs. 3 GG (sofern Wissenschaftler auf die wissenschaftsbezogenen Entscheidungen in der Biobank einen maßgeblichen Einfluss haben oder die Biobank von Wissenschaftlern sogar selbst verwaltet wird), durch die Eigentumsgarantie aus Art. 14 Abs. 1 GG (hinsichtlich der Weiterverwendung der Körpersubstanzen, sofern der Biobankbetreiber keine juristische Person des öffentlichen Rechts ist), durch die Berufsfreiheit aus Art. 12 Abs. 1 GG (sofern die Biobank auf Gewinnerzielung angelegt ist und der Betreiber entweder »Deutscher« oder eine inländische juristische Person des Privatrechts ist) sowie durch die allgemeine Handlungsfreiheit aus Art. 2 Abs. 1 GG (für die Verdienstmöglichkeiten von ausländischen Biobankbetreibern sowie hinsichtlich der Weiterverwendung der Daten, sofern darauf nicht die Wissenschafts- oder Berufsfreiheit Anwendung finden).

2. Während die Grundrechte des Biobankbetreibers eine Beschränkung der Weiterverwendung von Körpersubstanzen sowie Daten verhindern können, können die *Grundrechte des Substanzspenders* gerade eine Legitimation für ein Verbot oder eine Beschränkung darstellen. Zu diesen »beschränkenden« Grundrechten zählt vor allem das allgemeine Persönlichkeitsrecht des Substanzspenders aus Art. 2 Abs. 1 GG i. V. m. Art. 1 Abs. 1 GG. Dieses schützt insbesondere vor der unerlaubten Weiterverwendung personenbezogener Daten des Substanzspenders (Recht auf informationelle Selbstbe-

stimmung), vor der ungewollten Information des Substanzspenders über seinen Gesundheitszustand oder seine genetische Veranlagung (Recht auf Nichtwissen) sowie vor der Verletzung der geistigen Nähebeziehung des Substanzspenders zu seinen Körpersubstanzen (Recht auf bio-materielle Selbstbestimmung). Neben dem allgemeinen Persönlichkeitsrecht kann bei der Weiterverwendung der Körpersubstanzen und Daten auch die Freiheit der Ehe und Familie aus Art. 6 Abs. 1 GG beeinträchtigt sein, wenn der Biobankbetreiber durch ungewollte Information des Substanzspenders Einfluss auf sein Ehe- und Familienleben nimmt. Darüber hinaus kann die Weiterverwendung der Körpersubstanzen auch die Eigentumsgarantie des Substanzspenders aus Art. 14 Abs. 1 GG beeinträchtigen, wenn der Substanzspender – ausnahmsweise – noch Eigentümer der Körpersubstanzen ist. Ebenso wie die Eigentumsgarantie wird auch die Menschenwürde des Substanzspenders aus Art. 1 Abs. 1 S. 1 GG bei der Tätigkeit einer Biobank nur in seltenen Fällen tangiert sein und dann nur wegen des Hinzutretens besonderer Umstände.

Darüber hinaus können die Grundrechte des Substanzspenders auch eine Legitimation für die Weiterverwendung von Körpersubstanzen sowie Daten in Biobanken darstellen, soweit sie dem Substanzspender nämlich gestatten, sich an der Biobank mit seinen Körpersubstanzen und personenbezogenen Daten zu beteiligen. Zu diesen »befreienden« Grundrechten des Substanzspenders zählen die Eigentumsgarantie aus Art. 14 Abs. 1 GG (hinsichtlich der Weiterverwendung der Körpersubstanzen, sofern der Substanzspender noch deren Eigentümer ist) sowie die allgemeine Handlungsfreiheit aus Art. 2 Abs. 1 GG (vor allem hinsichtlich der Weiterverwendung der personenbezogenen Daten).

3. Die Weiterverwendung der Körpersubstanzen und Daten in einer Biobank kann aber nicht nur die Grundrechte des Biobankbetreibers und des Substanzspenders tangieren, sondern auch die *Grundrechte Dritter*. Dazu zählen diejenigen Forscher, die aufbereitete Körpersubstanzen und Daten für ihre Tätigkeit benötigen. Sie können sich dabei auf die Wissen-

schaftsfreiheit aus Art. 5 Abs. 3 GG berufen und hinsichtlich der Verdienstmöglichkeiten auf die allgemeine Handlungsfreiheit aus Art. 2 Abs. 1 GG. Hingegen berührt die Tätigkeit einer Biobank nicht – zumindest nicht in grundrechtsrelevanter Art und Weise – die Grundrechte der Verwandten des Substanzspenders oder die Grundrechte von Patienten, deren Krankheiten oder Leiden durch die Forschung geheilt, gelindert oder verhindert werden sollen. Der Gesetzgeber darf jedoch den Schutz der Patienten zur Verstärkung der Grundrechte der Biobankbetreiber und Forscher bzw. den Schutz der Verwandten zur Verstärkung der Grundrechte der Substanzspender heranziehen.

4. Nach dem *Tod des Substanzspenders* sind bei der Weiterverwendung der Körpersubstanzen sowie Daten nur noch dessen postmortale Menschenwürde aus Art. 1 Abs. 1 GG und dessen postmortales allgemeines Persönlichkeitsrecht aus Art. 2 Abs. 1 i. V. m. Art. 1 Abs. 1 GG zu beachten. Hinzu treten dann die Rechte der Angehörigen des Substanzspenders. Diese können nicht nur – treuhänderisch – die fortwirkenden Rechte des verstorbenen Substanzspenders geltend machen, sondern auch in eigenen Grundrechten verletzt sein. In Betracht kommt dabei das allgemeine Persönlichkeitsrecht aus Art. 2 Abs. 1 GG i. V. m. Art. 1 Abs. 1 GG, welches dem Schutz ihres Pietätsgefühls dient und außerdem ihre allgemeine Handlungsfreiheit aus Art. 2 Abs. 1 GG, die ihr Recht auf Totenfürsorge schützt. Die Erben können hingegen in der Regel keine eigenen Grundrechte geltend machen. In Betracht käme nur die Eigentumsgarantie aus Art. 14 Abs. 1 GG hinsichtlich Körpersubstanzen, die dem Substanzspender vor seinem Tod entnommen wurden. Jedoch wird das Eigentum an diesen Körpersubstanzen regelmäßig bereits auf eine andere Person übergegangen sein.

B. Das Augenmerk der vorliegenden Untersuchung richtete sich nicht nur auf die Feststellung der verfassungsrechtlichen Rahmenbedingungen, sondern ein weiteres Ziel der Arbeit war es, dem Gesetzgeber konkrete Regelungsmöglichkeiten zu zeigen. Herausgegriffen wurden dazu zwei Hauptprobleme bei der Weiterverwendung von Körpersubstanzen und Daten in Biobanken, nämlich zum einen die Frage nach der möglichen Reichweite der Einwilligung des Substanzspenders und zum anderen die Frage, in welchen Fällen überhaupt eine Einwilligung des Substanzspenders erforderlich ist:

1. Für derartige Regelungen kann der Bundesgesetzgeber aufgrund der konkurrierenden Gesetzgebungskompetenzen aus Art. 74 Abs. 1 Nr. 13 GG (Förderung der wissenschaftlichen Forschung), Art. 74 Abs. 1 Nr. 19 GG (Maßnahmen gegen gemeingefährliche und übertragbare Krankheiten, Recht der Arzneien) und Art. 74 Abs. 1 Nr. 26 GG (Untersuchung und künstliche Veränderung von Erbinformationen) Regelungen hinsichtlich der Weiterverwendung von Körpersubstanzen und Daten in Biobanken erlassen.

2. Die Frage nach der konkreten Reichweite der Einwilligung des Substanzspenders in die Weiterverwendung seiner Körpersubstanzen und Daten ist die wohl praktisch bedeutsamste Frage bei der Tätigkeit einer Biobank. Um hier für Rechtssicherheit zu sorgen und die Wissenschaft zu unterstützten, darf der Gesetzgeber eine Regelung treffen, die es Substanzspendern gestattet, auch in eine noch unbestimmte Weiterverwendung ihrer Körpersubstanzen und Daten zu Zwecken wissenschaftlicher Forschung einzuwilligen (sog. »globale« Einwilligung). Eine derartige Regelung würde weder gegen Grundrechte noch gegen die Europäische Datenschutzrichtlinie verstoßen.

3. Über die Regelung der »globalen« Einwilligung hinaus darf der Gesetzgeber auch regeln, dass die Weiterverwendung von Körpersubstanzen und Daten des Substanzspenders in Biobanken keiner Einwilligung des Substanzspenders bedarf, wenn die Körpersubstanzen und Daten vollständig anonymisiert sind. Gleiches gilt, wenn sie pseudonymisiert weiterverwendet werden und der Verwender (Biobankbetreiber oder Forscher) keinen Zugang zum Entschlüsselungscode hat. Ein Widerspruch des Substanzspenders ist jedoch in jedem Fall zu beachten und die Körpersubstan-

zen und Daten dürfen keinen Forschungen zugeführt werden, über deren rechtliche oder ethische Vertretbarkeit erhebliche Uneinigkeit herrscht. Darüber hinaus bedarf es auch für die Weiterverwendung von Körpersubstanzen und Daten in personenbezogener Form grundsätzlich einer Einwilligung des Substanzspenders. Hier kann der Gesetzgeber nur dann von einer Einwilligung absehen, wenn und soweit das wissenschaftliche Interesse an der Durchführung des Forschungsvorhabens oder das Interesse des Biobankbetreibers an der Aufbewahrung der Körpersubstanzen und Daten das Interesse des Substanzspenders am Ausschluss der Weitergabe oder Aufbewahrung erheblich überwiegt und der Zweck der Forschung bzw. Aufbewahrung auf andere Weise (insbesondere durch Anonymisierung / Pseudonymisierung, globale Einwilligung) nicht oder nur mit unverhältnismäßigem Aufwand erreicht werden kann.

Es bleibt zu hoffen, dass der Gesetzgeber bei seinen Regelungen zur Weiterverwendung von Körpersubstanzen und Daten in Biobanken nicht den Forderungen nach einer paternalistischen Regelung der Tätigkeit von Biobanken folgt, sondern vielmehr eine liberale Regelung trifft, welche sowohl die Selbstverantwortung des Individuums unterstützt als auch die medizinische Wissenschaft fördert. Denn gerade eine von gesellschaftlichen Nützlichkeits- und politischen Zweckmäßigkeitsvorstellungen befreite Wissenschaft dient dem Staat und der Gesellschaft im Ergebnis am besten[523].

[523] BVerfGE 47, 327 (370); 111, 333 (354); PERNICE in: DREIER, GG, Art. 5 III (Wissenschaft) Rn. 18; TAUPITZ, Biomedizinische Forschung, S. 24.

Literaturverzeichnis

Antonow, K.:

▷ Der rechtliche Rahmen der Zulässigkeit für Biobanken zu Forschungszwecken, Baden-Baden: Nomos 2006 (zugl. Dissertation, Universität Düsseldorf 2005) (zitiert: ANTONOW, Zulässigkeit von Biobanken)

Arning, M./Forgó, N./Krügel, T.:

▷ Datenschutzrechtliche Aspekte der Forschung mit genetischen Daten, in: DuD, 2006, 700–705

Bartram, C. R.:

▷ Wie viel Vorsorge verträgt der Mensch? in: **Hillenkamp, T. (Hrsg.):** Medizinrechtliche Probleme der Humangenetik, Berlin [u.a.]: Springer 2002, S. 89–109

Baston-Vogt, M.:

▷ Der sachliche Schutzbereich des zivilrechtlichen allgemeinen Persönlichkeitsrechts, Tübingen: Mohr 1997 (zugl. Dissertation, Universität Bielefeld 1996) (zitiert: BASTON-VOGT, Allgemeines Persönlichkeitsrecht)

Bender, A. W.:

▷ Das postmortale allgemeine Persönlichkeitsrecht: Dogmatik und Schutzbereich, in: VersR, 2001, 815–825

Bergmann, L./Mörle, R./Herb, A.:

▷ Datenschutzrecht : Handkommentar zum Bundesdatenschutzgesetz, Datenschutzgesetze der Länder und Kirchen, Bereichsspezifischer Datenschutz, Stuttgart: Boorberg 2005, Stand: 10/2005 (zitiert: BERGMANN/MÖRLE/HERB, Datenschutzrecht)

Bethge, H.:

▷ Der Grundrechtseingriff, in: VVDStRL, 57 1998, 7–56

Bizer, J.:

▷ Forschungsfreiheit und informationelle Selbstbestimmung, Baden-Baden: Nomos 1992 (zugl. Dissertation, Universität Frankfurt (Main) 1992) (zitiert: BIZER, Informationelle Selbstbestimmung)

Blankenagel, A.:

▷ Wissenschaftsfreiheit aus der Sicht der Wissenschaftssoziologie: Zugleich ein Beitrag zum Problem der Privatuniversität, in: AöR, 105 1980, 35–78

▷ Rezension von Kirchbach, Johannes von: Wissenschaftsfreiheit und Arzneimittelkontrolle. Ein Beitrag zum Verständnis von Art. 5 Abs. 3, in: AöR, 116 1991, 494–495

▷ Vom Recht der Wissenschaft und der versteckten Ratlosigkeit der Rechtswissenschaftler bei der Betrachtung des- und derselben, in: AöR, 125 2000, 70–108

Blankenagel, M.:

▷ Wissenschaft zwischen Information und Geheimhaltung, Sinzheim: Pro-Universitate 2001 (zugl. Dissertation, Universität Bielefeld 1999) (zitiert: M. BLANKENAGEL, Wissenschaft)

Böckenförde, E.-W.:

▷ Schutzbereich, Eingriff, Verfassungsimmanente Schranken : Zur Kritik gegenwärtiger Grundrechtsdogmatik, in: Der Staat, 42 2003, 165–192

Boenigk, R. L.:

▷ Auswirkungen des postmortalen Persönlichkeitsschutzes auf die Schweigepflicht der Ärzte, Hamburg: Kovač 2004 (zugl. Dissertation, Universität Münster 2004) (zitiert: BOENIGK, Postmortaler Persönlichkeitsschutz)

Bonner Kommentar zum GG; Dolzer, R./Vogel, K./Graßhof, K. (Hrsg.):

▷ Bonner Kommentar zum Grundgesetz, Heidelberg: Müller 2007, Stand: 02/2007 (zitiert: BEARBEITER in: BONNER KOMMENTAR, GG)

Brewe, M.:

▷ Embryonenschutz und Stammzellgesetz, Berlin [u.a.]: Springer 2006 (zugl. Dissertation, Universität Mannheim 2005) (zitiert: BREWE, Embryonenschutz)

Breyer, P.:

▷ Der datenschutzrechtliche Schutz von Körpersubstanzen, die Patienten zu Analysezwecken entnommen wurden, in: MedR, 2004, 660–667

Brückl, D.:

▷ Rechtsfragen zur Verwendung von genetischen Informationen über den Menschen, Berlin: Weißensee 2001 (zugl. Dissertation, Universität Dresden 2001) (zitiert: BRÜCKL, Verwendung von genetischen Informationen)

Brunner, J.:

▷ Theorie und Praxis im Leichenrecht, in: NJW, 1953, 1173–1174

Classen, C. D.:

▷ Wissenschaftsfreiheit außerhalb der Hochschule, Tübingen: Mohr 1994 (zugl. Habilitationsschrift, Universität Tübingen 1993) (zitiert: CLASSEN, Wissenschaftsfreiheit)

Cremer, W.:

▷ Freiheitsgrundrechte, Tübingen: Mohr 2003 (zugl. Habilitationsschrift, Universität Rostock 2002)

Deutsch, E.:

▷ Das Persönlichkeitsrecht des Patienten, in: AcP, 192 1992, 161–180

Deutsch, E./Spickhoff, A.:

▷ Medizinrecht, 5. Auflage. Berlin [u.a.]: Springer 2003 (zitiert: DEUTSCH/SPICKHOFF, Medizinrecht)

DFG - Deutsche Forschungsgemeinschaft:

▷ Prädiktive genetische Diagnostik : Wissenschaftliche Grundlagen, praktische Umsetzung und soziale Implementierung, Bonn 2003 ⟨URL: http://www.dfg.de/aktuelles_presse/reden_stellungnahmen/2003/redstell/praed_genetische_diagnostik.html⟩ (zitiert: DFG, Prädiktive genetische Diagnostik)

Di Fabio, U.:

▷ Grundrechte im präzeptoralen Staat am Beispiel hoheitlicher Informationstätigkeit, in: JZ, 1993, 689–697

▷ Information als hoheitliches Gestaltungsmittel, in: JuS, 1997, 1–7

Dickert, T.:

▷ Naturwissenschaften und Forschungsfreiheit, Berlin: Duncker & Humblot 1991 (zugl. Dissertation, Universität Regensburg 1990)

Discher, T.:

▷ Mittelbarer Eingriff, Gesetzesvorbehalt, Verwaltungskompetenz: Die Jugendsekten-Entscheidungen, in: JuS, 1993, 463–471

Donner, H./Simon, J.:

▷ Genomanalyse und Verfassung, in: DÖV, 1990, 907–918

Dreier, H.:

▷ (Hrsg.): Grundgesetz : Kommentar, Band I: Artikel 1-19, 2. Auflage. Tübingen: Mohr Siebeck 2004 (zitiert: BEARBEITER in: DREIER, GG)

▷ (Hrsg.): Grundgesetz : Kommentar, Band II: Artikel 20-82, 2. Auflage. Tübingen: Mohr Siebeck 2006 (zitiert: BEARBEITER in: DREIER, GG)

Duttge, G.:

▷ Recht auf Datenschutz? in: Der Staat, 36 1997, 281–308

Ehrlich, S.:

▷ Gewinnabschöpfung des Patienten bei kommerzieller Nutzung von Körpersubstanzen durch den Arzt? Frankfurt am Main [u.a.]: Lang 2000 (zugl. Dissertation, Universität Mannheim 1999) (zitiert: EHRLICH, Gewinnabschöpfung)

Fink, S.:

▷ Einwilligung und vertragliche Regelungen zur Entnahme von Körpersubstanzen, deren Aufbewahrung und Verwendung in Biobanken, Dissertation, Universität Mannheim 2005 (zitiert: FINK, Biobanken)

Fisahn, A.:

▷ Ein unveräußerliches Grundrecht am eigenen genetischen Code, in: ZRP, 2001, 49–54

Forkel, H.:

▷ Verfügungen über Teile des menschlichen Körpers, in: JZ, 1974, 593–599

▷ Rechte an Körpersubstanzen und Freiheit der Wissenschaft, in: **Heinrich, B. et al. (Hrsg.):** Festschrift für Ulrich Weber zum 70. Geburtstag, Bielefeld: Gieseking 2004, S. 555–567 (zitiert: FORKEL, Festschrift Weber)

Freier, F. von:

▷ Getrennte Körperteile in der Forschung zwischen leiblicher Selbstverfügung und Gemeinbesitz, in: MedR, 2005, 321–328

Freund, G.:

▷ Nabelschnurblut und das Zustimmungserfordernis bei der Gewinnung und Verwendung menschlicher Körperstoffe, in: MedR, 2005, 453–458

Freund, G./Heubel, F.:

▷ Der menschliche Körper als Rechtsbegriff, in: MedR, 1995, 194–198

Freund, G./Weiss, N.:

▷ Zur Zulässigkeit der Verwendung menschlichen Körpermaterials für Forschungs- und andere Zwecke, in: MedR, 2004, 315–319

Friauf, K.-H.:

▷ Rechtsgutachten zur Auflösung der Akademie der Wissenschaften zu Berlin, in: WissR, Beiheft 12 1994, 77–115

Fritsche, K. M.:

▷ Das Verhältnis von Dereliktion und Vernichtungsabsicht, in: MDR, 1962, 714

Frowein, J. A.:

▷ Grundrecht auf Stiftung, in: **Frowein, J. A. (Hrsg.)**: Grundrecht auf Stiftung, Essen: Stifterverband für die Deutsche Wissenschaft 1976, Materialien aus dem Stiftungszentrum: Heft 9, S. 11–26

Gärditz, K.:

▷ Anmerkung zu BVerfG JZ 2007, 519, in: JZ, 2007, 521–523

Geddert-Steinacher, T.:

▷ Menschenwürde als Verfassungsbegriff : Aspekte der Rechtsprechung des Bundesverfassungsgerichts zu Art. 1 Abs. 1 Grundgesetz, Berlin: Duncker & Humblot 1990 (zugl. Dissertation, Universität Tübingen 1989) (zitiert: GEDDERT-STEINACHER, Menschenwürde als Verfassungsbegriff)

Geis, M.-E.:

▷ Der Kernbereich des Persönlichkeitsrechts, in: JZ, 1991, 112–117

▷ Das Selbstbestimmungsrecht der Universitäten, in: WissR, 37 2004, 2–25

Gola, P./Schomerus, R.:

▷ Bundesdatenschutzgesetz : Kommentar, 8. Auflage. München: Beck 2005 (zitiert: GOLA/SCHOMERUS, BDSG)

Gregoritza, A.:

▷ Die Kommerzialisierung von Persönlichkeitsrechten Verstorbener, Berlin: Duncker & Humblot 2003 (zugl. Dissertation, Universität Münster 2002)

Hain, K.-E.:

▷ Konkretisierung der Menschenwürde durch Abwägung, in: Der Staat, 45 2006, 189–214

Halàsz, C.:

▷ Das Recht auf bio-materielle Selbstbestimmung, Berlin [u.a.]: Springer 2004 (zugl. Dissertation, Universität Mannheim 2003) (zitiert: HALÀSZ, Bio-materielle Selbstbestimmung)

Hauser-Schäublin, B.:

▷ »Was die Europäer uns gebracht haben, ist der Körper.« Von der Undenkbarkeit des Körpers als Objekt, in: **Taupitz, J. (Hrsg.):** Kommerzialisierung des menschlichen Körpers, Berlin [u.a.]: Springer 2007, S. 21–35 (zitiert: HAUSER-SCHÄUBLIN, Undenkbarkeit des Körpers als Objekt)

Heinrich, O.:

▷ Die rechtliche Systematik der Forschungsförderung in Deutschland und den Europäischen Gemeinschaften unter Beachtung von Wissenschaftsfreiheit und Wettbewerbsrecht, Münster: LIT 2003 (zugl. Dissertation, Universität Köln 2003) (zitiert: HEINRICH, Forschungsförderung)

Hengstler, C.:

▷ Einwilligung zu postmortalen Organ- und Gewebeentnahmen für wissenschaftliche Interessen im Rahmen klinischer Sektionen, in: KHuR, 2003, 57–69

Herdegen, M.:

▷ Die Menschenwürde im Fluß des bioethischen Diskurses, in: JZ, 2001, 773–779

Höfling, W.:

▷ Verfassungsrechtliche Aspekte der Verfügung über menschliche Embryonen und »humanbiologisches Material«, Gutachten für die Enquete-Kommission des Deutschen Bundestages »Recht und Ethik der modernen Medizin«, Berlin 2001 ⟨URL: `http://www.bundestag.de/parlament/gremien/kommissionen/archiv14/medi/medi_gut_hoe.pdf`⟩, zitiert nach Dokumentseite (zitiert: HÖFLING, Humanbiologisches Material)

Hofmann, C.:

▷ Rechtsfragen der Genomanalyse, Frankfurt a.M. [u.a.]: Lang 1999 (zugl. Dissertation, Universität Mannheim 1999)

Hombert, T.:

▷ Der freiwillige genetische Massentest, Göttingen: Cuvillier 2003 (zugl. Dissertation, Universität Göttingen 2003)

Hubmann, H.:

▷ Das Persönlichkeitsrecht, 2. Auflage. Köln [u. a.]: Böhlau 1967

Hufen, F.:

▷ Entscheidungsbesprechung BVerwGE 74, 58 (Rechnungsprüfung bei Stiftung Volkswagenwerk), in: JuS, 1988, 224–226

Ipsen, J.:

▷ Der »verfassungsrechtliche Status« des Embryos in vitro, in: JZ, 2001, 989–996

Isensee, J./Kirchhof, P.:

▷ (Hrsg.): Handbuch des Staatsrechts der Bundesrepublik Deutschland, Freiheitsrechte, Band VI, 2. Auflage. Heidelberg: Müller 2001 (zitiert: BEARBEITER in: ISENSEE/KIRCHHOF, HbdStR VI)

Jansen, B.:

▷ Rechtliche und ethische Aspekte von DNA- Datenbanken im internationalen Vergleich, Dissertation, Universität Lüneburg 2004, ⟨URL: `http://deposit.d-nb.de/cgi-bin/dokserv?idn=979779413`⟩ (zitiert: B. JANSEN, DNA- Datenbanken)

Jansen, N.:

▷ Die Blutspende aus zivilrechtlicher Sicht, Dissertation, Universität Bochum 1978 (zitiert: N. JANSEN, Blutspende)

Jarass, H. D./Pieroth, B.:

▷ Grundgesetz für die Bundesrepublik Deutschland, 8. Auflage. München: Beck 2006 (zitiert: BEARBEITER in: JARASS/PIEROTH, GG)

Kamp, M.:

▷ Forschungsfreiheit und Kommerz, Berlin: Duncker & Humblot 2004 (zugl. Dissertation, Universität Köln 2003)

Karpen, U.:

▷ Diskussionsbeitrag, in: **Letzelter, F./Reinermann, H. (Hrsg.):** Wissenschaft, Forschung und Rechnungshoefe : Wirtschaftlichkeit und ihre Kontrolle, Berlin: Duncker & Humblot 1981, S. 297–298

▷ Das Spannungsverhältnis zwischen Wissenschaftsfreiheit und Wissenschaftsverwertung, in: **Schuster, H. J. (Hrsg.):** Handbuch des Wissenschaftstransfers, Berlin [u.a.]: Springer 1990, S. 71–88 (zitiert: KARPEN, Wissenschaftsverwertung)

Katzenmeier, C./Arnade, J.:

▷ Gentests beim Abschluss von Kranken- und Lebensversicherungen, in: ZMGR, 2004, 139–148

Keller, R.:

▷ Die Genomanalyse im Strafverfahren, in: NJW, 1989, 2289–2296

Kern, B.-R.:

▷ Unerlaubte Diagnostik – Das Recht auf Nichtwissen, in: **Dierks, C. et al. (Hrsg.):** Genetische Untersuchungen und Persönlichkeitsrecht, Berlin: Springer 2003, S. 55–69

Kimmich, H./Spyra, W./Steinke, W.:

▷ Das DNA-Profiling in der Kriminaltechnik und der juristischen Diskussion, in: NStZ, 1990, 318–323

Kleindiek, R.:

▷ Wissenschaft und Freiheit in der Risikogesellschaft : eine grundrechtsdogmatische Untersuchung zum Normbereich von Art. 5 Abs. 3 Satz 1 des Grundgesetzes, Berlin: Duncker & Humblot 1998 (zugl. Dissertation, Universität Gießen 1997) (zitiert: KLEINDIEK, Wissenschaft und Freiheit in der Risikogesellschaft)

Kloepfer, M.:

▷ Grundrechte als Entstehenssicherung und Bestandsschutz, München: Beck 1970 (zugl. Dissertation, Universität München 1969)

Kluth, W.:

▷ DNA-Diagnostik und Persönlichkeitsrecht: Grundrechtskollisionen, in: **Dierks, C. et al. (Hrsg.):** Genetische Untersuchungen und Persönlichkeitsrecht, Berlin: Springer 2003, S. 85–107

Kopp, F. O./Schenke, W.-R.:

▷ Verwaltungsgerichtsordnung : Kommentar, 14. Auflage. München: Beck 2005 (zitiert: KOPP/SCHENKE, VwGO)

Köttgen, A.:

▷ Die Freiheit der Wissenschaft und die Selbstverwaltung der Universität, in: **Neumann, F. L./Nipperdey, H. C./Scheuner, U. (Hrsg.):** Die Grundrechte : Handbuch der Theorie und Praxis der Grundrechte, Band 2: Die Freiheitsrechte in Deutschland, 2. Auflage. Berlin: Duncker & Humblot 1968, S. 291–329 (zitiert: KÖTTGEN, Grundrechte)

Krause, D. et al.:

▹ DNA-Muster und herkömmlicher Erkennungsdienst. Ein Vergleich, in: RM, 2005, 371–380

Kuhn, H.:

▹ Wissenschaftstransfer und Patentrecht, in: **Schuster, H. J. (Hrsg.):** Handbuch des Wissenschaftstransfers, Berlin [u.a.]: Springer 1990, S. 121–131 (zitiert: KUHN, Wissenschaftstransfer)

Lanz-Zumstein, M.:

▹ Die Rechtsstellung des unbefruchteten und befruchteten menschlichen Keimguts: Ein Beitrag zu zivilrechtlichen Fragen im Bereich der Reproduktions- und Gentechnologie, München: VVF 1990 (zugl. Dissertation, Universität Hamburg 1989) (zitiert: LANZ-ZUMSTEIN, Rechtsstellung menschlichen Keimguts)

Laufs, A.:

▹ Berufsfreiheit und Persoenlichkeitsschutz im Arztrecht, Heidelberg: Winter 1982 (zitiert: LAUFS, Berufsfreiheit)

Laufs, A./Uhlenbruck, W.:

▹ (Hrsg.): Handbuch des Arztrechts, 3. Auflage. München: Beck 2002

Laufs, A./Reiling, E.:

▹ Schmerzensgeld wegen schuldhafter Vernichtung deponierten Spermas? in: NJW, 1994, 775–776

Liermann, H.:

▹ Die Staatsaufsicht über Wissenschaftsstiftungen und ihre Grenzen, in: WissR, 9 1976, 248–256

Lippert, H.-D.:

▹ Forschung an und mit Körpersubstanzen – wann ist die Einwilligung des ehemaligen Trägers erforderlich? in: MedR, 2001, 406–410

▹ Gesetze und Gesetzesinitiativen zum genetischen Test, in: RM, 2004, 94–102

Loewenheim, U.:

▷ (Hrsg.): Handbuch des Urheberrechts, München: Beck 2003

Lorenz, D.:

▷ Allgemeines Persönlichkeitsrecht und Gentechnologie, in: JZ, 2005, 1121–1129

Losch, B.:

▷ Wissenschaftsfreiheit, Wissenschaftsschranken, Wissenschaftsverantwortung, Berlin: Duncker & Humblot 1993 (zugl. Habilitationsschrift, Universität Tübingen 1992) (zitiert: LOSCH, Wissenschaftsfreiheit)

Lübbe-Wolff, G.:

▷ Rechtsprobleme der behördlichen Umweltberatung, in: NJW, 1987, 2705–2712

▷ Die Grundrechte als Eingriffsabwehrrechte, Baden-Baden: Nomos 1988 (zugl. Habilitationsschrift, Universität Bielefeld 1987)

Lux, C.:

▷ Rechtsfragen der Kooperation zwischen Hochschulen und Wirtschaft, München: Vahlen 2002 (zugl. Dissertation, Universität Köln 2002) (zitiert: LUX, Kooperation zwischen Hochschulen und Wirtschaft)

Maier, J.:

▷ Der Verkauf von Körperorganen : zur Sittenwidrigkeit von Übertragungsverträgen, Heidelberg: Müller 1991 (zugl. Dissertation, Universiät Augsburg 1990) (zitiert: MAIER, Der Verkauf von Körperorganen)

Mand, E.:

▷ Biobanken für die Forschung und informationelle Selbstbestimmung, in: MedR, 2005, 565–575

Mangoldt, H. von/Klein, F./Starck, C.:

▷ (Hrsg.): Kommentar zum Grundgesetz, Band 1: Präambel, Artikel 1 bis 19, 5. Auflage. München: Vahlen 2005 (zitiert: BEARBEITER in: VON MANGOLDT/KLEIN/STARCK, GG)

Mangoldt, H. von/Klein, F./Starck, C. (Forts.):

▷ (Hrsg.): Kommentar zum Grundgesetz, Band 2: Artikel 20 bis 82, 5. Auflage. München: Vahlen 2005 (zitiert: BEARBEITER in: VON MANGOLDT/KLEIN/STARCK, GG)

Maunz, T./Dürig, G.:

▷ Grundgesetz : Kommentar, München: Beck 1958 (zitiert: BEARBEITER in: MAUNZ/DÜRIG, GG (1958))

▷ Grundgesetz : Kommentar, München: Beck 2006, Stand: 06/2006 (zitiert: BEARBEITER in: MAUNZ/DÜRIG, GG)

Mayen, T.:

▷ Der grundrechtliche Informationsanspruch des Forschers gegenüber dem Staat, Berlin: Duncker & Humblot 1992 (zugl. Dissertation, Universität Köln 1991) (zitiert: MAYEN, Informationsanspruch)

Menzel, H.-J.:

▷ Regelungsvorschlag zur Selbstbestimmung bei genetischen Untersuchungen, in: DuD, 2002, 146–149

▷ Datenschutzrechtliche Einwilligungen in medizinische Forschung : Selbstbestimmung oder Überforderung der Patienten? in: MedR, 2006, 702–707

Meusel, E.-J.:

▷ Veröffentlichungspflicht und Geheimhaltung, in: **Schuster, H. J. (Hrsg.):** Handbuch des Wissenschaftstransfers, Berlin [u.a.]: Springer 1990, S. 89–99 (zitiert: MEUSEL, Veröffentlichungspflicht)

▷ Rechtsprobleme der außeruniversitären Forschung, in: WissR, 25 1992, 124–138

▷ Die Grundrechtsfähigkeit von Forschungsförderungsorganisationen, in: WissR, Beiheft 11 1993, 81–89

▷ Außeruniversitäre Forschung in der Verfassung, in: **Flämig, C. et al. (Hrsg.):** Handbuch des Wissenschaftsrechts, Band 2, 2. Auflage. Berlin [u.a.]: Springer 1996, S. 1235–1280 (zitiert: MEUSEL, HbdWissR II)

Meyer, E.:
▷ Persönlichkeitsschutz durch »Recht auf Nichtwissen« am Beispiel der Genomanalyse, in: ArztR, 2001, 172–179

Meyer, I.:
▷ »Der Mensch als Datenträger?«, Berlin: Nomos 2001 (zugl. Dissertation, Humboldt-Universität Berlin 2000) (zitiert: MEYER, Mensch als Datenträger?)

Meyer, R.:
▷ Hämochromatose: Ist ein Screening mittels Gentest sinnvoll? in: DÄBl. 2001, A 672–A 673

Misera-Lang, K.:
▷ Dogmatische Grundlagen der Einschränkbarkeit vorbehaltloser Freiheitsgrundrechte, Frankfurt am Main [u.a.]: Lang 1999 (zugl. Dissertation, Universität Freiburg 1998) (zitiert: MISERA-LANG, Einschränkbarkeit vorbehaltloser Freiheitsgrundrechte)

Moeller-Herrmann, M.:
▷ Die Regelung prädiktiver Gentests, Marburg: Tectum 2006 (zugl. Dissertation, Universität Mannheim 2005)

Morr, U.:
▷ Zulässigkeit von Biobanken aus verfassungsrechtlicher Sicht, Frankfurt am Main: Lang 2005 (zugl. Dissertation, Universität Halle-Wittenberg 2005) (zitiert: MORR, Biobanken)

Müller, R.:
▷ Die kommerzielle Nutzung menschlicher Körpersubstanzen, Berlin: Duncker & Humblot 1997 (zugl. Dissertation, Universität Erlangen-Nürnberg 1995) (zitiert: R. MÜLLER, Körpersubstanzen)

Münch, I. von/Kunig, P.:

▷ (Hrsg.): Grundgesetz-Kommentar, Band 1: Präambel bis Art. 19, 5. Auflage. München: Beck 2000 (zitiert: BEARBEITER in: VON MÜNCH/KUNIG, GG)

Münchener Kommentar zum BGB; Rebmann, K./Säcker, F. J./Rixecker, R. (Hrsg.):

▷ Münchener Kommentar zum Bürgerlichen Gesetzbuch, Redakteur: Rinne, M. E., Band 6, Sachenrecht (§§ 854-1296), 4. Auflage. München: Beck 2004 (zitiert: BEARBEITER in: MÜNCHKOMM, BGB)

▷ Münchener Kommentar zum Bürgerlichen Gesetzbuch, Redakteur: Schlichting, G., Band 9, Erbrecht (§§ 1922-2385), 4. Auflage. München: Beck 2004 (zitiert: BEARBEITER in: MÜNCHKOMM, BGB)

▷ Münchener Kommentar zum Bürgerlichen Gesetzbuch, Redakteur: Säcker, F. J., Band 1, Allgemeiner Teil (§§ 1-240, ProstG), 5. Auflage. München: Beck 2006 (zitiert: BEARBEITER in: MÜNCHKOMM, BGB)

Nationaler Ethikrat:

▷ Wortprotokoll Jahrestagung Biobanken am 24. Oktober 2002, Berlin 2002 ⟨URL: `http://www.ethikrat.org/texte/protokolle.html`⟩ (zitiert: NATIONALER ETHIKRAT, Wortprotokoll Jahrestagung Biobanken)

▷ Wortprotokoll Sitzung am 22. Mai 2003, Berlin 2003 ⟨URL: `http://www.ethikrat.org/texte/protokolle.html`⟩ (zitiert: NATIONALER ETHIKRAT, Wortprotokoll der Sitzung am 22. Mai 2003)

▷ Biobanken für die Forschung, Berlin: Nationaler Ethikrat 2004 ⟨URL: `http://www.ethikrat.org/stellungnahmen/stellungnahmen.html`⟩ (zitiert: NATIONALER ETHIKRAT, Biobanken)

Nielsen, P. et al.:

▷ Neue Möglichkeiten in der Diagnose der hereditären Hämochromatose, in: DÄBl. 1995, A 2912–A 2921

Nitz, G./Dierks, C.:
▹ Nochmals: Forschung an und mit Körpersubstanzen – wann ist die Einwilligung des ehemaligen Trägers erforderlich? in: MedR, 2002, 400–403

Nixdorf, W.:
▹ Zur ärztlichen Haftung hinsichtlich entnommener Körpersubstanzen: Körper, Persönlichkeit, Totenfürsorge, in: VersR, 1995, 740–745

Ofner, H.:
▹ Gewinnung und Verwertung menschlicher Körpersubstanzen aus operativen Eingriffen, in: **Kopetzki, C./Mayer, H. (Hrsg.):** Biotechnologie und Recht, Wien: Manz 2002, S. 185–197

Ohly, A.:
▹ Die Einwilligung des Spenders von Körpersubstanzen und ihre Bedeutung für die Patentierung biotechnologischer Erfindungen, in: **Ann, C. et al. (Hrsg.):** Materielles Patentrecht : Festschrift für Reimar König zum 70. Geburtstag, Köln [u.a.]: Heymann 2003, S. 417–433 (zitiert: OHLY, Festschrift König)

Oppermann, T.:
▹ Zur Finanzkontrolle der Stiftung Volkswagenwerk, Frankfurt am Main [u.a.]: Metzner 1972 (zitiert: OPPERMANN, Stiftung Volkswagenwerk)

Palandt, O.:
▹ (Begr.): Bürgerliches Gesetzbuch, 66. Auflage. München: Beck 2007 (zitiert: BEARBEITER in: PALANDT, BGB)

Pfeffer, H.:
▹ Durchführung von HIV-Tests ohne den Willen des Betroffenen, Berlin: Duncker & Humblot 1989 (zugl. Dissertation, Universität Regensburg 1988) (zitiert: PFEFFER, HIV-Tests)

Pieroth, B./Schlink, B.:

▷ Staatsrecht, Band 2: Grundrechte, 22. Auflage. Heidelberg: Müller 2006 (zitiert: PIEROTH/SCHLINK, Grundrechte)

Präve, P.:

▷ Das Recht des Versicherungsnehmers auf gen-informationelle Selbstbestimmung, in: VersR, 1992, 279–284

Pschyrembel; Dornblüth, O./Pschyrembel, W. (Begr.):

▷ Klinisches Wörterbuch, 260. Auflage. Berlin: de Gruyter 2004

Radau, W. C.:

▷ Die Biomedizinkonvention des Europarates, Berlin [u.a.]: Springer 2006 (zugl. Dissertation, Universität Düsseldorf 2005) (zitiert: RADAU, Biomedizinkonvention)

Redecker, N. von/Reimer, E.:

▷ Staatliche Genbanken unter dem Grundgesetz – Estland als Vorbild für Deutschland, in: Jahrbuch für Ostrecht, 42 2001, 361–392

Redeker, K.:

▷ Wissenschaftsfreiheit und Rechnungsprüfung, in: DÖV, 1986, 946–951

Retzko, K. K.:

▷ Prädiktive Medizin versus ein (Grund-)Recht auf Nichtwissen, Aachen: Shaker 2006 (zugl. Dissertation, Universität Mainz 2005) (zitiert: RETZKO, Prädiktive Medizin)

Reymond, M. A. et al.:

▷ Ethical and regulatory issues arising from proteomic research and technology, in: Proteomics, 2003, 1387–1396

Roellecke, G.:

▷ Forschungsförderung für die Industrie : Zwischen Wirtschaftsfreiheit und Forschungsfreiheit, in: BB, 1981, 1905–1908

Rose, M. H. P.:

▷ Genomanalysen an Arbeitnehmern vor der Einstellung, Frankfurt am Main: Lang 1989 (zugl. Dissertation, Universität Bielefeld 1988) (zitiert: ROSE, Genomanalysen an Arbeitnehmern)

Roth, W.:

▷ Faktische Eingriffe in Freiheit und Eigentum, Berlin: Duncker & Humblot 1994 (zugl. Dissertation, Universität Mannheim 1994) (zitiert: ROTH, Faktische Eingriffe)

Rynning, E.:

▷ Public law aspects on the use of biobank samples – privacy versus the interests of research, in: **Hansson, M. G./Levin, M. (Hrsg.):** Biobank as resources for health, Uppsala: Research Program Ethics in Biomedicine 2003, S. 91–128 (zitiert: RYNNING, use of biobank samples)

Sachs, M.:

▷ Die relevanten Grundrechtsbeeinträchtigungen, in: JuS, 1995, 303–307

Sachs, M.:

▷ (Hrsg.): Grundgesetz : Kommentar, 3. Auflage. München: Beck 2003 (zitiert: BEARBEITER in: SACHS, Grundgesetz)

SAMW - Schweizerische Akademie der Medizinischen Wissenschaften:

▷ Biobanken: Gewinnung, Aufbewahrung und Nutzung von menschlichem biologischem Material, Basel: SAMW 2006 ⟨URL: `http://www.samw.ch/`⟩ (zitiert: SAMW, Biobanken)

Satzger, H.:

▷ DNA-Massentests – kriminalistische Wunderwaffe oder ungesetzliche Ermittlungsmethode? in: JZ, 2001, 639–649

Sauer, H.:

▷ Wissenschaftsfreiheit und Rechnungshofprüfung, in: DÖV, 1986, 941–945

Schack, H.:

▷ Das Persönlichkeitsrecht der Urheber und ausübenden Künstler nach dem Tode, in: GRUR, 1985, 352–361

▷ Urheber- und Urhebervertragsrecht, 3. Auflage. Tübingen: Mohr Siebeck 2005

Schaffland, H.-J./Wiltfang, N.:

▷ Bundesdatenschutzgesetz : Ergänzbarer Kommentar nebst einschlägigen Rechtsvorschriften, Berlin: Schmidt 2007, Stand: 04/2007 (zitiert: SCHAFFLAND/WILTFANG, BDSG)

Schimmelpfeng-Schütte, R.:

▷ Das Neugeborenen-Screening: Kein Recht auf Nichtwissen? Material für eine deutsche Gendatei? in: MedR, 2003, 214–218

Schmidt, W.:

▷ Wissenschaftsfreiheit als Berufsfreiheit, in: NJW, 1973, 585–590

Schmidt-Aßmann, E.:

▷ Verfassungs- und europarechtliche Grundlagen, in: **Flämig, C. et al. (Hrsg.):** Handbuch des Wissenschaftsrechts, Band 2, 2. Auflage. Berlin [u.a.]: Springer 1996, S. 1621–1633 (zitiert: SCHMIDT-ASSMANN, HbdWissR II)

Schmidt-Bleibtreu, B./Klein, F.:

▷ (Begr.): Kommentar zum Grundgesetz, 10. Auflage. Neuwied [u.a.]: Luchterhand 2004 (zitiert: BEARBEITER in: SCHMIDT-BLEIBTREU/KLEIN, GG)

Schmitt Glaeser, W.:

▷ Die Freiheit der Forschung, in: WissR, 7 1974, 107–134 und 177–192

Schneider, P. M.:

▷ Datenbanken mit genetischen Merkmalen von Straftätern, in: DuD, 1998, 330–333

Schnorbus, Y.:

▷ Schmerzensgeld wegen schuldhafter Vernichtung von Sperma – BGH, NJW 1994, 127, in: JuS, 1994, 830–836

Schönke, A./Schröder, H.:

▷ (Begr.): Strafgesetzbuch : Kommentar, 27. Auflage. München: Beck 2006 (zitiert: BEARBEITER in: SCHÖNKE/SCHRÖDER, StGB)

Schröder, M./Taupitz, J.:

▷ Menschliches Blut: verwendbar nach Belieben des Arztes? Stuttgart: Enke 1991 (zitiert: SCHRÖDER/TAUPITZ, Menschliches Blut)

Schulte, M.:

▷ Staat und Stiftung : Verfassungsrechtliche Grundlagen und Grenzen des Stiftungsrechts und der Stiftungsaufsicht, Heidelberg: Müller 1989 (zitiert: SCHULTE, Staat und Stiftung)

▷ Schlichtes Verwaltungshandeln, Tübingen: Mohr 1995 (zugl. Habilitationsschrift, Universität Münster 1994)

Schünemann, H.:

▷ Die Rechte am menschlichen Körper, Frankfurt am Main [u.a.]: Lang 1985 (zugl. Dissertation, Universität Göttingen 1984)

Seifart, W.:

▷ Stiftung und Rechnungskontrolle, in: **Letzelter, F./Reinermann, H. (Hrsg.):** Wissenschaft, Forschung und Rechnungshöfe : Wirtschaftlichkeit und ihre Kontrolle, Berlin: Duncker & Humblot 1981, S. 282–296

Simitis, S.:

▷ Allgemeine Aspekte des Schutzes genetischer Daten, in: **Schweizerisches Institut für Rechtsvergleichung (Hrsg.):** Genanalyse und Persönlichkeitsschutz, Zürich: Schulthess 1994, S. 107–127

Simitis, S.:

▷ (Hrsg.): Bundesdatenschutzgesetz, 6. Auflage. Baden-Baden: Nomos 2006 (zitiert: BEARBEITER in: SIMITIS, BDSG)

Simon, J.:

- ▷ Rechtliche Aspekte der Genomanalyse, in: **Rittner, C./Schneider, P. M./Schölmerich, P. (Hrsg.):** Genomanalyse und Gentherapie : Medizinische, gesellschaftspolitische, rechtliche und ethische Aspekte, Stuttgart [u.a.]: Gustav Fischer 1997, S. 149–168
- ▷ Gendiagnostik und Versicherung, in Zusammenarbeit mit Knoepffler, N. und Buyten, R., Baden-Baden: Nomos 2001

Simon, J. W. et al.:

- ▷ Biomaterialbanken – Rechtliche Rahmenbedingungen, Berlin: MWV 2006 (zitiert: SIMON et al., Biomaterialbanken)

Soergel, H. T./Siebert, W.; Wolf, M. (Hrsg.):

- ▷ Bürgerliches Gesetzbuch : Kommentar, Band 1, Allgemeiner Teil 1 (§§ 1-103), 13. Auflage. Stuttgart [u.a.]: Kohlhammer 2000 (zitiert: BEARBEITER in: SOERGEL, BGB)
- ▷ Bürgerliches Gesetzbuch : Kommentar, Band 14, Sachenrecht 1 (§§ 854-984), 13. Auflage. Stuttgart [u.a.]: Kohlhammer 2002 (zitiert: BEARBEITER in: SOERGEL, BGB)
- ▷ Bürgerliches Gesetzbuch : Kommentar, Band 21, Erbrecht 1 (§§ 1922-2063), 13. Auflage. Stuttgart [u.a.]: Kohlhammer 2002 (zitiert: BEARBEITER in: SOERGEL, BGB)
- ▷ Bürgerliches Gesetzbuch : Kommentar, Band 12, Schuldrecht 10 (§§ 823-853, ProdHG, UmweltHG), 13. Auflage. Stuttgart [u.a.]: Kohlhammer 2005 (zitiert: BEARBEITER in: SOERGEL, BGB)

Spickhoff, A.:

- ▷ Forschung an nicht-einwilligungsfähigen Notfallpatienten, in: MedR, 2006, 707–715

Spranger, T. M.:

- ▷ Die Rechte des Patienten bei der Entnahme und Nutzung von Körpersubstanzen, in: NJW, 2005, 1084–1090

Spranger, T. M. (Forts.):

▷ Rechtsprobleme bei der Nutzung von Bestandteilen des menschlichen Körpers, in: Jahrbuch für Wissenschaft und Ethik, 11 2006, 107–121

▷ Völker- und verfassungsrechtliche Aspekte der Organspende, in: **Breyer, F./Engelhard, M. (Hrsg.):** Anreize zur Organspende, Bad Neuenahr-Ahrweiler: Europäische Akademie zur Erforschung von Folgen wissenschaftlich-technischer Entwicklungen, November 2006, Graue Reihe Nr. 39, S. 111–125

Starck, C.:

▷ Forschungsfreiheit und ihre Grenzen, in: **Starck, C. (Hrsg.):** Verantwortung der Wissenschaft, Tübingen: Mohr Siebeck 2005, S. 71–93

Staudinger, J. v.:

▷ (Begr.): J. von Staudingers Kommentar zum Bürgerlichen Gesetzbuch, Neubearbeitung 2004, Band 3, Sachenrecht (§§ 925 - 984), Berlin: Sellier- de Gruyter 2004 (zitiert: BEARBEITER in: STAUDINGER, BGB)

▷ (Begr.): J. von Staudingers Kommentar zum Bürgerlichen Gesetzbuch, Neubearbeitung 2004, Band 1, Allgemeiner Teil 3 (§§ 90 - 133), Berlin: Sellier- de Gruyter 2004 (zitiert: BEARBEITER in: STAUDINGER, BGB)

Steinkemper, U.:

▷ Die verfassungsrechtliche Stellung der Privathochschule und ihre staatliche Förderung, Berlin: Duncker & Humblot 2002 (zugl. Dissertation, Universität Freiburg 2001) (zitiert: STEINKEMPER, Die verfassungsrechtliche Stellung der Privathochschule)

Steinmüller, W.:

▷ Genetisches Selbstbestimmungsrecht, in: DuD, 1993, 6–10

Stern, K.:

▷ Allgemeine Lehren der Grundrechte, 1. Halbband, unter Mitwirkung von Sachs, M., in: **Stern, K. (Hrsg.):** Das Staatsrecht der Bundesrepublik Deutschland, Band III/1, München: Beck 1988, §§ 58–76 (zitiert: STERN, Staatsrecht III/1)

Stern, K. (Forts.):

▷ Allgemeine Lehren der Grundrechte, 2. Halbband, unter Mitwirkung von Sachs, M., in: **Stern, K. (Hrsg.):** Das Staatsrecht der Bundesrepublik Deutschland, Band III/2, München: Beck 1994, §§ 77–96 (zitiert: STERN, Staatsrecht III/1)

▷ Die einzelnen Grundrechte, 1. Halbband, in Verbindung mit Sachs, M. und Dietlein, J., in: **Derselbe: (Hrsg.):** Das Staatsrecht der Bundesrepublik Deutschland, Band IV/1, München: Beck 2006, §§ 97–113 (zitiert: STERN, Staatsrecht IV/1)

Sternberg-Lieben, D.:

▷ Die objektiven Schranken der Einwilligung im Strafrecht, Tübingen: Mohr Siebeck 1997 (zugl. Habilitationsschrift, Universität Tübingen 1995)

Stumper, K.:

▷ DNA-Analysen und ein Recht auf Nichtwissen, in: DuD, 1995, 511–517

▷ Informationelle Selbstbestimmung und DNA-Analysen, Frankfurt am Main [u.a.]: Lang 1996 (zugl. Dissertation, Technische Hochschule Darmstadt 1996) (zitiert: STUMPER, DNA-Analysen)

Tag, B.:

▷ Zum Umgang mit der Leiche, in: MedR, 1998, 387–394

▷ Der Körperverletzungstatbestand im Spannungsfeld zwischen Patientenautonomie und Lex artis, Berlin [u.a.]: Springer 2000 (zugl. Habilitationsschrift, Universität Heidelberg 1999/2000) (zitiert: TAG, Der Körperverletzungstatbestand)

▷ Gedanken zur Zulässigkeit von Sektionen, in: **Kern, B.-R. et al. (Hrsg.):** Humaniora : Medizin – Recht – Geschichte; Festschrift für Adolf Laufs zum 70. Geburtstag, Heidelberg [u.a.]: Springer 2006, S. 1079–1105 (zitiert: TAG, Festschrift Laufs)

Targiel, J.:

- ▷ Commercialisation of Human Bodily Substances and Human Genetic Information within the Area of Bio- and Tissue-Banks with special Emphasis to Estonia, Iceland, the UK and Germany, in: JIBL, 2006, 244–264

Taupitz, J.:

- ▷ Wem gebührt der Schatz im menschlichen Körper? in: AcP, 191 1991, 201–246
- ▷ Privatrechtliche Rechtspositionen um die Genomanalyse: Eigentum, Persönlichkeit, Leistung, in: JZ, 1992, 1089–1099
- ▷ Anmerkung zu BGZ 124, 52 ((Vernichtung einer Spermakonserve), in: JR, 1995, 22–25
- ▷ Der deliktsrechtliche Schutz des menschlichen Körpers und seiner Teile, in: NJW, 1995, 745–752
- ▷ Das Recht im Tod: freie Verfügbarkeit der Leiche? Dortmund: Humanitas 1996, Berliner Medizinethische Schriften: Heft 10 (zitiert: TAUPITZ, Recht im Tod)
- ▷ Das Recht auf Nichtwissen, in: **Hanau, P./Lorenz, E./Matthes, H.-C. (Hrsg.):** Festschrift für Günther Wiese zum 70. Geburtstag, Neuwied [u.a.]: Luchterhand 1998. – Kapitel 39, S. 583–602 (zitiert: TAUPITZ, Festschrift Wiese)
- ▷ Genetische Diagnostik und Versicherungsrecht, Karlsruhe: Versicherungswirtschaft 2000
- ▷ Landesbericht Deutschland, in: **Taupitz, J. (Hrsg.):** Zivilrechtliche Regelungen zur Absicherung der Patientenautonomie am Ende des Lebens, Berlin [u.a.]: Springer 2000, S. 273–489 (zitiert: TAUPITZ, Patientenautonomie am Ende des Lebens)
- ▷ Der rechtliche Rahmen des Klonens zu therapeutischen Zwecken, in: NJW, 2001, 3433–3440
- ▷ Biomedizinische Forschung zwischen Freiheit und Verantwortung, Berlin [u.a.]: Springer 2002 (zitiert: TAUPITZ, Biomedizinische Forschung)

Taupitz, J. (Forts.):

▷ Gentests beim Abschluss von Personenversicherungsverträgen: Problemorientierte Differenzierung oder Methodendiskriminierung? in: RPG, 2002, 43–57

▷ Zellkulturen aus Verstorbenen, in: **Arnold, J. et al. (Hrsg.):** Menschengerechtes Strafrecht : Festschrift für Albin Eser zum 70. Geburtstag, München: Beck 2005, S. 1205–1224 (zitiert: TAUPITZ, Festschrift Eser)

Taupitz, J.:

▷ (Hrsg.): Kommerzialisierung des menschlichen Körpers, Berlin [u.a.]: Springer 2007

Taupitz, J./Guttmann, J.:

▷ Rechtswissenschaftliche Aspekte, in: **Propping, P. et al. (Hrsg.):** Prädiktive genetische Testverfahren, Freiburg [u.a.]: Alber 2006, S. 59–110 (zitiert: TAUPITZ/GUTTMANN, Prädiktive genetische Testverfahren)

Taupitz, J./Moeller-Herrmann, M.:

▷ Rechtliche Regelung der Gentechnik, in: **Ganten, D./Ruckpaul, K. (Hrsg.):** Grundlagen der Molekularen Medizin, 2. Auflage. Berlin [u.a.]: Springer 2003, S. 735–785

Taupitz, J./Pitz, A./Wicklein, M.:

▷ Postmortale Gewebeentnahme: Verbietet das Datenschutzrecht den Kontakt zwischen Arzt und Angehörigen? in: MedR, 2005, 262–269

Taupitz, J./Schlüter, J.:

▷ Heterologe künstliche Befruchtung: Die Absicherung des Samenspenders gegen unterhalts- und erbrechtliche Ansprüche des Kindes, in: AcP, 205 2005, 591–644

Taupitz, J./Wicklein, M.:

▷ Biobanken: Im Spannungsfeld zwischen Forschung und Persönlichkeitsschutz, in: BioFokus Nr. 74, Zürich: Verein »Forschung für Leben« 2007 ⟨URL: `http://forschung-leben.ch`⟩, S. 3–7 (zitiert: TAUPITZ/WICKLEIN, Biobanken)

Tiedemann, I. K.:

▷ Voraussetzungen und Grenzen rechtlicher Regelungen für die Tätigkeit von Ethik-Kommissionen bei Forschungsvorhaben am Menschen, in: ZRP, 1991, 54–61

Tinnefeld, M.-T.:

▷ Persönlichkeitsrecht und Modalitäten der Datenerhebung im Bundesdatenschutzgesetz, in: NJW, 1993, 1117–1119

Tjaden, M.:

▷ Genanalyse als Verfassungsproblem, Frankfurt am Main [u.a.]: Lang 2001 (zugl. Dissertation, Universität Mannheim 2000)

Trachternach, C.:

▷ Erinnerungsschutz – Zum Persönlichkeitsschutz nach einem Todesfall, Herdecke: GCA 2004 (zugl. Dissertation, Universität Bielefeld 2004) (zitiert: TRACHTERNACH, Erinnerungsschutz)

Tröger, J.:

▷ Drittmittel aus Sicht der Universität, in: **Tag, B./Tröger, J./Taupitz, J. (Hrsg.):** Drittmitteleinwerbung - Strafbare Dienstpflicht? Berlin [u.a.]: Springer 2004, S. 5–14 (zitiert: TRÖGER, Drittmittel)

Trute, H.-H.:

▷ Die Forschung zwischen grundrechtlicher Freiheit und staatlicher Institutionalisierung, Tübingen: Mohr 1994 (zugl. Habilitationsschrift, Universität Heidelberg 1992) (zitiert: TRUTE, Forschung zwischen Freiheit und Institutionalisierung)

▷ Die Forschung an humanen Stammzellen als Ordnungsproblem des Wissenschaftsrechts, in: **Hanau, P. et al. (Hrsg.):** Wissenschaftsrecht im Umbruch : Gedächtnisschrift für Hartmut Krüger, Berlin: Duncker & Humblot 2001, S. 385–406 (zitiert: TRUTE, Gedächtnisschrift Krüger)

Ulsenheimer, K.:

▷ Arztstrafrecht in der Praxis, 3. Auflage. Heidelberg: Müller 2003 (zitiert: ULSENHEIMER, Arztstrafrecht)

Umbach, D. C./Clemens, T.:

▷ (Hrsg.): Grundgesetz : Mitarbeiterkommentar und Handbuch, Band I: Art. 1 - 37 GG, Heidelberg: Müller 2002 (zitiert: BEARBEITER in: UMBACH/CLEMENS, GG)

Vesting, J.-W./Müller, S.:

▷ DNA-Analyse und Recht: Pleiten, Pech und Pannen? in: KJ, 1996, 466–483

Voigt, D.:

▷ Kostendeckende Tätigkeiten von Nonprofit-Organisationen unter dem Schutz des Art. 12 Abs. 1 S. 1 GG? in: GewArch, 2005, 56–60

Volkmann, U.:

▷ Veränderungen der Grundrechtsdogmatik, in: JZ, 2005, 261–271

Voß, A.:

▷ Vernichtung tiefgefrorenen Spermas als Körperverletzung? Lage: Jacobs 1997 (zugl. Dissertation, Universität Bielefeld 1997) (zitiert: VOSS, Vernichtung tiefgefrorenen Spermas)

Wahl, R.:

▷ Freiheit der Wissenschaft als Rechtsproblem, in: Freiburger Universitätsblätter, 95 1987, 19–35

Weber-Dürler, B.:

▷ Der Grundrechtseingriff, in: VVDStRL, 57 1998, 57–99

Weichert, T.:

▷ Der Schutz genetischer Informationen, in: DuD, 2002, 133–145

Wellbrock, R.:

▷ Genomanalysen und das informationelle Selbstbestimmungsrecht, in: CR, 1989, 204–210

▷ Datenschutzrechtliche Aspekte des Aufbaus von Biobanken für Forschungszwecke, in: MedR, 2003, 77–82

Wellbrock, R. (Forts.):

- ▷ Generische Datenschutzmodelle für Biomaterialbanken, in: DuD, 2007, 17–21

Wiese, G.:

- ▷ Genetische Analyse bei Arbeitnehmern, in: RdA, 1986, 120–130
- ▷ Gibt es ein Recht auf Nichtwissen? in: **Jayme, E. et al. (Hrsg.):** Festschrift für Hubert Niederländer zum siebzigsten Geburtstag am 10. Februar 1991, Heidelberg: Winter 1991, S. 475–488 (zitiert: WIESE, Festschrift Niederländer)
- ▷ Genetische Analysen an Arbeitnehmern, in: DuD, 1993, 274–280
- ▷ Genetische Analysen und Rechtsordnung, Neuwied [u.a.]: Luchterhand 1994
- ▷ Das »Recht auf Nichtwissen« – Die genetische Veranlagung von Arbeitnehmern, in: RPG, 2002, 81–89

Wille, S.:

- ▷ Die Organknappheit im Spannungsverhältnis zwischen Sozialpflicht und Selbstbestimmung, Hamburg: Kovač 2006 (zugl. Dissertation, Universität Mannheim 2005) (zitiert: WILLE, Organknappheit)
- ▷ Sozialpflicht zur Organspende? in: **Breyer, F./Engelhard, M. (Hrsg.):** Anreize zur Organspende, Bad Neuenahr-Ahrweiler: Europäische Akademie zur Erforschung von Folgen wissenschaftlich-technischer Entwicklungen, November 2006, Graue Reihe Nr. 39, S. 7–26
- ▷ Das Recht des Staates zur postmortalen Organentnahme, in: MedR, 2007, 91–94

Wolf, A.:

- ▷ Staatliche Steuerung der Biotechnologie am Beispiel des Klonens von Menschen, Berlin: Duncker & Humblot 2005 (zugl. Dissertation, Universität Saarbrücken 2004) (zitiert: WOLF, Staatliche Steuerung der Biotechnologie)

Wortmann, F.:

▷ Die Vererblichkeit vermögensrechtlicher Bestandteile des Persönlichkeitsrechts, Berlin: Duncker & Humblot 2005 (zugl. Dissertation, Universität Münster 2003) (zitiert: WORTMANN, Vererblichkeit des Persönlichkeitsrechts)

Zentrale Ethikkommission bei der Bundesärztekammer:

▷ Die (Weiter-)Verwendung von menschlichen Körpermaterialien von Verstorbenen für Zwecke medizinischer Forschung, Köln 19.05.2003 ⟨URL: `http://www.zentrale-ethikkommission.de/10/PDF/KoerpermatErg01.pdf`⟩ (zitiert: ZENTRALE ETHIKKOMMISSION, Körpermaterialien von Verstorbenen)

▷ Die (Weiter-)Verwendung von menschlichen Körpermaterialien für Zwecke medizinischer Forschung, Köln 20.02.2003 ⟨URL: `http://www.zentrale-ethikkommission.de/10/PDF/Koerpermat.pdf`⟩ (zitiert: ZENTRALE ETHIKKOMMISSION, Körpermaterialien)

FSC
www.fsc.org
MIX
Papier | Fördert
gute Waldnutzung
FSC® C083411

Kolibri 360 GmbH
Ferdinand-Jühlke-Straße 7
99095 Erfurt, Deutschland
produktsicherheit@kolibri360.de